# 名师名校名校长

凝聚名师共识
回应名师关怀
打造名师品牌
培育名师群体

郭永远题

# 高中数学
# 教材典例探究

毋小艳 / 主编

辽宁大学出版社
Liaoning University Press

**图书在版编目（CIP）数据**

高中数学教材典例探究/毋小艳主编. —沈阳：
辽宁大学出版社，2022.11
（名师名校名校长书系）
ISBN 978-7-5698-0733-2

Ⅰ.①高…　Ⅱ.①毋…　Ⅲ.①中学数学课－教材－研
究－高中　Ⅳ.①G633.602

中国版本图书馆 CIP 数据核字（2022）第 072653 号

高中数学教材典例探究

GAOZHONG SHUXUE JIAOCAI DIANLI TANJIU

出　版　者：辽宁大学出版社有限责任公司
　　　　　　（地址：沈阳市皇姑区崇山中路 66 号　　邮政编码：110036）
印　刷　者：沈阳海世达印务有限公司
发　行　者：辽宁大学出版社有限责任公司
幅面尺寸：170mm×240mm
印　　张：17
字　　数：310 千字
出版时间：2022 年 11 月第 1 版
印刷时间：2022 年 11 月第 1 次印刷
责任编辑：李珊珊
封面设计：高梦琦
责任校对：渠铖铖

书　　号：ISBN 978-7-5698-0733-2
定　　价：58.00 元

联系电话：024-86864613
邮购热线：024-86830665
网　　址：http://press.lnu.edu.cn
电子邮件：lnupress@vip.163.com

# 编委会

主　编：毋小艳

编　委：李燕燕　罗　猛

# 高中数学课程学习哪些内容

　　最新版高中数学教材课程的设置，面向全体学生，力争让所有的学生都能获得良好的数学教育，在数学方向上能有不同的发展，重在提升学生的数学学科核心素养，真正落实以学生发展为本、立德树人的根本任务。

　　高中数学分为哪些模块？要学习哪些内容？提升哪些学科素养？在学习中如何更好地使用数学课本？这些是我们在学习高中数学时要充分了解的。

　　高中数学课程一共分成三个部分，分别是必修课程、选择性必修课程和选修课程。

　　必修课程为学生发展提供共同基础，既是高中学业水平考试内容，也是高考的内容要求。内容如下表所示：

| 模块主题 | 内容设置 | |
|---|---|---|
| 模块主题一：<br>预备知识（必修第一册<br>第一、二章） | 集合与常用逻辑用语 | 集合的概念 |
| | | 集合间的基本关系 |
| | | 集合的基本运算 |
| | | 充分条件与必要条件 |
| | | 全称量词与存在量词 |
| | 一元二次函数、方程、<br>不等式 | 等式性质与不等式性质 |
| | | 基本不等式 |
| | | 二次函数与一元二次方程、不等式 |

| 模块主题 | 内容设置 | |
|---|---|---|
| 模块主题二：<br>函数（必修第一册<br>第三、四、五章） | 函数的概念与性质 | 函数的概念及其表示 |
| | | 函数的基本性质 |
| | | 幂函数 |
| | | 函数的应用（一） |
| | 指数函数与对数函数 | 指数 |
| | | 指数函数 |
| | | 对数 |
| | | 对数函数 |
| | | 函数的应用（二） |
| | 三角函数 | 任意角和弧度制 |
| | | 三角函数的概念 |
| | | 诱导公式 |
| | | 三角函数的图像与性质 |
| | | 三角恒等变换 |
| | | 函数 $y = A\sin(\omega x + \varphi)$ |
| | | 三角函数的应用 |
| 模块主题三：<br>几何与代数（必修<br>第二册第六、七、八章） | 平面向量及其应用 | 平面向量的概念 |
| | | 平面向量的运算 |
| | | 平面向量的基本定理及坐标表示 |
| | | 平面向量的应用 |
| | 复数 | 复数的概念 |
| | | 复数的四则运算 |
| | | 复数的三角表示 |
| | 立体几何初步 | 基本立体图形 |
| | | 立体图形的直观图 |
| | | 简单几何体的表面积与体积 |

| 模块主题 | 内容设置 | |
|---|---|---|
| 模块主题三：<br>几何与代数（必修第二册第六、七、八章） | 立体几何初步 | 空间点、直线、平面之间的位置关系 |
| | | 空间直线、平面的平行 |
| | | 空间直线、平面的垂直 |
| 模块主题四：<br>概率与统计（必修第二册第九、十章） | 统计 | 随机抽样 |
| | | 用样本估计总体 |
| | | 统计案例 |
| | 概率 | 随机事件与概率 |
| | | 事件的相互独立性 |
| | | 频率与概率 |
| 模块主题五：<br>数学建模活动与数学探究活动 | 数学建模活动与数学探究活动 | |

选择性必修课程是立志通过高考进入高等学校的学生必须要学习的内容，这一部分不在学业水平考试范围内，是高考考查的内容。内容如下表所示：

| 模块主题 | 内容设置 | |
|---|---|---|
| 模块主题：<br>几何与代数（选择性必修一第一、二、三章） | 空间向量与立体几何 | 空间向量及其运算 |
| | | 空间向量基本定理 |
| | | 空间向量及其运算的坐标表示 |
| | | 空间向量的应用 |
| | 直线与圆的方程 | 直线的倾斜角与斜率 |
| | | 直线的方程 |
| | | 直线的交点坐标与距离公式 |
| | | 圆的方程 |
| | | 直线与圆、圆与圆的位置关系 |

| 模块主题 | 内容设置 | |
|---|---|---|
| 模块主题：<br>几何与代数（选择性必修一第一、二、三章） | 圆锥曲线的方程 | 椭圆 |
| | | 双曲线 |
| | | 抛物线 |
| 模块主题：<br>函数（选择性必修二第四、五章） | 数列 | 数列的概念 |
| | | 等差数列 |
| | | 等比数列 |
| | | 数学归纳法 |
| | 一元函数的导数及其应用 | 导数的概念及其意义 |
| | | 导数的运算 |
| | | 导数在研究函数中的应用 |
| 模块主题：<br>概率与统计（选择性必修三第六、七、八章） | 计数原理 | 分类加法计数原理与分步乘法计数原理 |
| | | 排列与组合 |
| | | 二项式原理 |
| | 随机变量及其分布 | 条件概率与全概率公式 |
| | | 离散型随机变量及其分布列 |
| | | 离散型随机变量的数字特征 |
| | | 二项分布与超几何分布 |
| | | 正态分布 |
| | 成对数据的统计分析 | 成对数据的统计相关性 |
| | | 一元线性回归模型及其应用 |
| | | 列联表与独立性检验 |
| 模块主题：<br>数学建模活动与数学探究活动 | 数学建模活动与数学探究活动 | |

选修课程是在必修课程和选择性必修课程的基础上，针对希望进一步学习一些数学课程的学生设置的，一共分为五类。内容如下表所示：

| 类型 | 方向 | 课程 |
|------|------|------|
| A 类课程 | 学习数理类（数学、物理、计算机、精密仪器等） | 微积分、空间向量与代数、概率与统计 |
| B 类课程 | 学习经济、社会类（数理经济、社会学等）和部分理工类（化学、生物、机械类等） | 微积分、空间向量与代数、应用统计、模型 |
| C 类课程 | 学习人文类（语言、历史） | 逻辑推理初步、数学模型、社会调查与数据分析 |
| D 类课程 | 学习体育、艺术类（包括音乐、美术） | 美与数学、音乐中的数学、美术中的数学、体育运动中的数学 |
| E 类课程 | 了解数学 | 拓宽视野、日常生活、地方特色的数学课程，还包括大学数学的先修课程 |

选修性课程的选修情况列为综合素质评价的内容，不同高校不同专业招生时，根据专业需要会对选修课程中的内容进行命题考试。

本书内容与高中数学的教学内容紧密联系，汇聚了作者多年的教学智慧，毋小艳编写约 17 万字的内容、李燕燕编写约 10 万字的内容、罗猛编写约 4 万字的内容，因时间有限，书中难免存在不足之处，恳请同仁指正。

# 目录

第 一 章

# 集合与常用逻辑用语

　　集合是高中数学的第一课，是学生学会用数学语言表达世界的第一步，在本单元的学习中，学生能初步体会到数学语言的简洁和严谨，也能感受到数学语言的抽象和丰富。具体到知识点中，包括集合的概念、集合间的基本关系和集合的基本运算。在《普通高中数学课程标准》中有具体的要求：

　　（1）集合的概念与表示：①通过实例，了解集合的含义，理解元素与集合的属于关系。②针对具体问题，能在自然语言和图形语言的基础上，用符号语言刻画集合。③在具体的情境中，了解全集与空集的含义。

　　（2）集合的基本关系：理解集合之间包含与相等的关系，能识别给定集合的子集。

　　（3）集合的基本运算：①理解两个集合的并集与交集的含义，能求两个集合的并集与交集。②理解在给定集合中一个子集的补集的含义，能求给定子集的补集。③能使用韦恩图表达集合的基本关系与基本运算，体会图形对理解抽象概念的作用。集合是高考的常客，基本占据了每年高考第一题的位置，是为学生进入考试状态打下基础的。

　　逻辑用语在新版教材中做出了调整，由原来的选修内容调整到了必修第一册的第一章。常用逻辑用语是数学语言的重要组成部分，这部分的学习能培养学生的逻辑推理素养。在本单元的学习中，学生的数学语言会更有条理，更加严谨和准确。具体到知识点，在《普通高中数学课程标准》中有具体的要求：

　　（1）必要条件、充分条件、充要条件：①通过对典型数学命题的梳理，理解必要条件的意义，理解性质定理与必要条件的关系；②理解充分条件的意义，理解判定定理与充分条件的关系；③理解充要条件的意义，理解数学定义与充

1

要条件的关系。

（2）全称量词与存在量词：通过已知的数学实例，理解全称量词与存在量词的意义。

（3）全称量词命题与存在量词命题的否定：①能正确使用存在量词对全称量词命题进行否定。②能正确使用全称量词对存在量词命题进行否定。充分必要条件的综合性比较强，与其他章节知识点的联系比较紧密，学习过程中应牢牢抓住定义。全称量词命题和存在量词命题的否定，结构清晰，利用定义可以轻松解决。

**典例 1－1**：《必修第一册》第 8 页例 1

写出集合 $\{a, b\}$ 的所有子集，并指出哪些是它的真子集。

答案：集合 $\{a, b\}$ 的所有子集为 $\varPhi$，$\{a\}$，$\{b\}$，$\{a, b\}$，真子集为 $\varPhi$，$\{a\}$，$\{b\}$。

**引申**：《必修第一册》第 8 页练习第 1 题

写出集合 $\{a, b, c\}$ 的所有子集。

答案：集合 $\{a, b\}$ 的所有子集为 $\varPhi$，$\{a\}$，$\{b\}$，$\{c\}$，$\{a, b\}$，$\{a, c\}$，$\{b, c\}$，$\{a, b, c\}$。

【若集合 $A$ 中有 $n$ 个元素，则集合 $A$ 的子集个数为 $2^n$，真子集个数为 $2^n - 1$】

**高考链接**：2012·湖北卷·1

已知集合 $A = \{x \mid x^2 - 3x + 2 = 0, x \in \mathbf{R}\}$，$B = \{x \mid 0 < x < 5, x \in \mathbf{N}^*\}$，则满足条件 $A \subseteq C \subseteq B$ 的集合 $C$ 的个数为（　　）

A. 2　　　　　　B. 3　　　　　　C. 4　　　　　　D. 5

答案：C。

因为 $A = \{1, 2\}$，$B = \{1, 2, 3, 4\}$，则满足条件 $A \subseteq C \subseteq B$ 的集合 $C$ 的个数即求集合 $\{3, 4\}$ 的子集个数。

**典例 1－2**：《必修第一册》第 9 页习题 1.2 拓广探索第 5 题（2）

已知集合 $A = \{x \mid 0 < x < a\}$，$B = \{x \mid 1 < x < 2\}$，若 $B \subseteq A$，求实数 $a$ 的取值范围。

答案：$\{a \mid a \geqslant 2\}$。

因为 $B \subseteq A$，则 $a \geqslant 2$，且 $a > 0$，所以 $a \geqslant 2$。

**引申**：《必修第一册》第 35 页复习参考题 1 综合运用第 9 题

已知集合 $A = \{1, 3, a^2\}$，$B = \{1, a + 2\}$，是否存在实数 $a$，使得 $A \cup$

$B = A$？若存在，试求出实数 $a$ 的值；若不存在，请说明理由。

答案：$\because A \cup B = A , \therefore B \subseteq A , \therefore a + 2 = 3$ 或 $a + 2 = a^2$，则 $a = 1$（舍）或 $a = -1$（舍）或 $a = 2$。

【集合运算或集合关系中含参的问题涉及了分类讨论，这部分的讨论点集中在根据集合中元素的互异性检验参数的取值。分类讨论是高中数学中重要的数学思想，原则是不重不漏】

**高考链接：** 2020·新课标全国一卷·2

设集合 $A = \{x \mid x^2 - 4 \leq 0\}$，$B = \{x \mid 2x + a \leq 0\}$，且 $A \cap B = \{x \mid -2 \leq x \leq 1\}$，则 $a = ($　　$)$

A. $-4$　　　　　　B. $-2$　　　　　　C. 2　　　　　　D. 4

答案：B。

因为 $A = \{x \mid x^2 - 4 \leq 0\} = [-2, 2]$，$B = \{x \mid x \leq -\dfrac{a}{2}\}$，

由题意得，$-\dfrac{a}{2} = 1$，则 $a = -2$。

**典例 1-3：**《必修第一册》第 14 页习题 1.3 综合运用第 4 题

已知集合 $A = \{x \mid 3 \leq x < 7\}$，$B = \{x \mid 2 < x < 10\}$，求 $\complement_R(A \cup B)$，$\complement_R(A \cap B)$，$(\complement_R A) \cap B$，$A \cup (\complement_R B)$。

答案：$\complement_R(A \cup B) = \{x \mid x \leq 2$ 或 $x \geq 10\}$，

$\complement_R(A \cap B) = \{x \mid x < 3$ 或 $x \geq 7\}$，

$(\complement_R A) \cap B = \{x \mid 2 < x < 3$ 或 $7 \leq x < 10\}$，

$A \cup (\complement_R B) = \{x \mid x \leq 2$ 或 $3 \leq x < 7$ 或 $x \geq 10\}$。

**引申：**《必修第一册》第 35 页复习参考题 1 综合运用第 8 题

已知集合 $A = \{(x, y) \mid 2x - y = 0\}$，$B = \{(x, y) \mid 3x + y = 0\}$，$C = \{(x, y) \mid 2x - y = 3\}$ 求 $A \cap B$，$A \cap C$，并解释它们的几何意义。

答案：$A \cap B = \{(0, 0)\}$，其几何意义是两直线相交于点 $(0, 0)$，所以 $A \cap B$ 是单元素集合；$A \cap C = \varPhi$，其几何意义是两直线平行无交点，所以 $A \cap C$ 是空集。

【集合运算是高考中的高频考点，能准确求出描述法、列举法给出的数集、点集的交集、并集、补集，掌握集合运算的性质，如 $A \subseteq B$ 时，$A \cap B = A$，$A \cup B = B$；$\complement_U(A \cup B) = (\complement_U A) \cap (\complement_U B)$ 等】

**高考链接：** 2021 年·新课标全国卷二·1

已知集合 $U = \{1, 2, 3, 4, 5\}$ ，$M = \{1, 2\}$ ，$N = \{3, 4\}$ 则 $C_U(M \cup N) = ($ ）

A. $\{5\}$      B. $\{1, 2\}$      C. $\{3, 4\}$      D. $\{1, 2, 3, 4\}$

答案：A。

因为 $M \cup N = \{1, 2, 3, 4\}$ ，所以 $C_U(M \cup N) = \{5\}$ 。

**典例 1 – 4：**《必修第一册》第 23 页习题 1.4 综合运用第 4 题

已知 $A = \{x \mid x$ 满足条件 $p\}$ ，$B = \{x \mid x$ 满足条件 $q\}$ 。

（1）如果 $A \subseteq B$ ，那么 $p$ 是 $q$ 的什么条件？

（2）如果 $B \subseteq A$ ，那么 $p$ 是 $q$ 的什么条件？

（3）如果 $A = B$ ，那么 $p$ 是 $q$ 的什么条件？

答案：（1）$p$ 是 $q$ 的充分条件；

（2）$p$ 是 $q$ 的必要条件；

（3）$p$ 是 $q$ 的充要条件。

**引申：**《必修第一册》第 34 页复习参考题 1 第 4 题

请用"充分不必要条件""必要不充分条件""充要条件""既不充分也不必要条件"填空：

（1）三角形两边上的高相等是这个三角形为等腰三角形的_____；

（2）$x \in A$ 是 $x \in A \cup B$ 的_____；

（3）$x \in A$ 是 $x \in A \cap B$ 的_____；

（4）$x, y$ 为无理数是 $x + y$ 为无理数的_____。

答案：（1）充分不必要条件      （2）充分不必要条件

（3）必要不充分条件      （4）既不充分也不必要条件

【充分必要条件的判断方法：定义法和集合法。定义法即 $p \Rightarrow q$ 时，"前充分后必要"，集合法简记为"小充分，大必要"。课本上在典例 4 处提供了集合法判断充分必要条件的依据】

**高考链接 1：** 2021 年·新课标全国甲卷·7

等比数列 $\{a_n\}$ 的公比为 $q$ ，前 $n$ 项和为 $S_n$ ，设甲：$q > 0$ ，乙：$\{S_n\}$ 是递增数列，则（ ）

A. 甲是乙的充分条件但不是必要条件

B. 甲是乙的必要条件但不是充分条件

C. 甲是乙的充要条件

D. 甲既不是乙的充分条件也不是乙的必要条件

答案：B。

因为 $q > 0$，在 $a_1 < 0$ 时，$\{S_n\}$ 不是递增数列，即甲推不出乙，反之成立，所以甲是乙的必要但不充分条件。

**高考链接2**：2019 年·天津卷·3

设 $x \in \mathbf{R}$，则"$x^2 - 5x < 0$"是"$|x - 1| < 1$"的（　　）

A. 充分而不必要条件　　　　　　B. 必要而不充分条件

C. 充分必要条件　　　　　　　　D. 既不充分也不必要条件

答案：B。

定义法和集合法都可以。因为 $x^2 - 5x < 0$ 的解集为 $A = \{x \mid 0 < x < 5\}$，$|x - 1| < 1$ 的解集为 $B = \{x \mid 0 < x < 2\}$，由于 $B \subseteq A$，且 $B \neq A$，所以 $x^2 - 5x < 0$ 是 $|x - 1| < 1$ 的必要不充分条件。

**典例1-5**：《必修第一册》第31页例5

写出下列命题的否定，并判断真假：

（1）任意两个等边三角形都相似；

（2）$\exists x \in \mathbf{R}$，$x^2 - x + 1 = 0$。

答案：（1）存在两个等边三角形，它们不相似；（假命题）

　　　　（2）$\forall x \in \mathbf{R}$，$x^2 - x + 1 \neq 0$。（真命题）

【全称量词命题的否定与存在量词命题的否定，在课程标准中明确指出只掌握含一个量词的，否定分两步：一改量词，二否结论。对于全称量词命题和存在量词命题的真假判断，采用正难则反的原则】

**高考链接**：2015 年·新课标全国卷一·3

设命题 $p$：$\exists n \in \mathbf{N}^*$，$n^2 > 2^n$，则 $\neg p$ 为（　　）

A. $\forall n \in \mathbf{N}^*$，$n^2 > 2^n$　　　　　　B. $\exists n \in \mathbf{N}^*$，$n^2 \leqslant 2^n$

C. $\forall n \in \mathbf{N}^*$，$n^2 \leqslant 2^n$　　　　　　D. $\exists n \in \mathbf{N}^*$，$n^2 = 2^n$

答案：C。

# 第 二 章
## 一元二次函数、方程和不等式

　　这部分内容在旧版教材中是高二学习的内容，在新版教材中调整到高一的预备知识中还是很有必要的。不等关系、函数与方程的思想是学生进入高中后要逐步建立起来的，从初中的具体到高中的抽象，通过熟悉的知识，由浅入深，也会让学生慢慢适应。知识层面上，在《普通高中数学课程标准》中有具体的要求：

　　（1）等式与不等式的性质、基本不等式。①等式与不等式的性质：梳理等式的性质，理解不等式的概念，掌握不等式的性质。②基本不等式：掌握基本不等式 $\sqrt{ab} \leqslant \dfrac{a+b}{2}(a \geqslant 0，b \geqslant 0)$。结合具体实例，能用基本不等式解决简单的最大值或最小值问题。

　　（2）从函数观点看一元二次方程和一元二次不等式。①从函数观点看一元二次方程：会结合一元二次函数的图像，判断一元二次方程实根的存在性及实根的个数，了解函数的零点与方程根的关系。②从函数观点看一元二次不等式：经历从实际情境中抽象出一元二次不等式的过程，了解一元二次不等式的现实意义。能借助一元二次函数求解一元二次不等式，并能用集合表示一元二次不等式的解集；借助一元二次函数的图像，了解一元二次不等式与相应函数、方程的联系。本章突出情境创设，能让学生从函数的角度理解方程和不等式，体会知识之间的关联，注重培养学生的数学抽象、逻辑推理、数学建模和数学运算等素养。

　　**典例 2 - 1：《必修第一册》第 38 页例 1**
　　比较 $(x+2)(x+3)$ 和 $(x+1)(x+4)$ 大小。

答案：$\because (x+2)(x+3) - (x+1)(x+4) = 2 > 0$，

$\therefore (x+2)(x+3) > (x+1)(x+4)$。

**引申**：《必修第一册》第 43 页习题 2.1 第 12 题

火车站有某公司待运的甲种货物 1530 t，乙种货物 1150 t。现计划用 A、B 两种型号的货厢共 50 节运送这批货物。已知 35 t 甲种货物和 15 t 乙种货物可装满一节 A 型车货厢，25 t 甲种货物和 35 t 乙种货物可装满一节 B 型货厢，据此安排 A，B 两种货厢的节数，共有几种方案？若每节 A 型货厢的运费是 0.5 万元，每节 B 型货厢的运费是 0.8 万元，哪种方案的运费较少？

答案：记 A，B 两种货厢分别有 $x$ 节，$(50-x)$ 节，由题意知

$$\begin{cases} 35x + 25(50-x) \geqslant 1530 \\ 15x + 35(50-x) \geqslant 1150，\text{解得，} x=28，\text{或} x=29，\text{或} x=30。 \\ x \in \mathbf{N} \end{cases}$$

一共有 3 种方案：

① A 型 28 节，B 型 22 节；

② A 型 29 节，B 型 21 节；

③ A 型 30 节，B 型 20 节。

方案③运费最少，为 $30 \times 0.5 + 20 \times 0.8 = 31$（万元）。

【实际应用中不等关系的建立需要审清题意，正确引入变量，注意变量的实际意义，构建不等式或不等式组，根据不等关系解决实际问题；在比较大小的过程中，可以利用作差法，也可以根据中间量或函数的单调性来比较大小。不等关系中的大小比较是高考的高频考点】

**高考链接**：2011 年·陕西卷·3

设 $0 < a < b$，则下列不等式中正确的是（　　）

A. $a < b < \sqrt{ab} < \dfrac{a+b}{2}$ 　　　　 B. $a < \sqrt{ab} < \dfrac{a+b}{2} < b$

C. $a < \sqrt{ab} < b < \dfrac{a+b}{2}$ 　　　　 D. $\sqrt{ab} < a < \dfrac{a+b}{2} < b$

答案：B。

法一：特殊值代入，令 $a=1$，$b=4$。

法二：$b - \dfrac{a+b}{2} = \dfrac{b-a}{2} > 0$，$\therefore b > \dfrac{a+b}{2}$。

**典例 2 - 2**：《必修第一册》第 42 页例 2

已知 $a > b > 0$，$c < 0$，求证 $\dfrac{c}{a} > \dfrac{c}{b}$。

答案：因为 $a > b > 0$，所以 $ab > 0$，$\dfrac{1}{ab} > 0$，

在 $a > b$ 两边同乘以 $\dfrac{1}{ab}$，得 $\dfrac{1}{a} < \dfrac{1}{b}$，

因为 $c < 0$，所以 $\dfrac{c}{a} > \dfrac{c}{b}$。

**引申 1**：《必修第一册》第 57 页复习参考题 2 第 2 题

用不等号"$>$"或"$<$"填空：

(1) 若 $a > b$，且 $\dfrac{1}{a} > \dfrac{1}{b}$，则 $ab$ ＿＿＿＿＿ 0；

(2) 若 $c > a > b > 0$，则 $\dfrac{a}{c-a}$ ＿＿＿＿＿ $\dfrac{b}{c-b}$；

(3) 若 $a > b > c > 0$，则 $\dfrac{a}{b}$ ＿＿＿＿＿ $\dfrac{a+c}{b+c}$。

答案：(1) $<$；(2) $>$；(3) $>$。

**引申 2**：《必修第一册》第 42 页习题 2.1 第 5 题

已知 $2 < a < 3$，$-2 < b < -1$，求 $2a + b$ 的取值范围。

答案：因为 $2 < a < 3$，所以 $4 < 2a < 6$，且 $-2 < b < -1$，

所以 $2 < 2a + b < 5$。

【不等式的性质是研究不等式的前提，包括对称性、传递性、可加性、可乘性等，在使用不等式的性质时一定要注意到性质成立的前提条件，使用过程中是否变号要判断清楚。另外，不等式的性质在多次重复使用时，要注意边界值是否能够同时取到】

**高考链接 1**：2019 年·新课标全国卷二·6

若 $a > b$，则（　　　）

A. $\ln(a - b) > 0$  B. $3^a < 3^b$

C. $a^3 > b^3$  D. $|a| > |b|$

答案：C。

因为 $y = x^3$ 在 **R** 上是增函数，所以 $a^3 > b^3$。

**高考链接2：** 2020年·新课标全国卷三·10

设 $a = \log_3 2$，$b = \log_5 3$，$c = \dfrac{2}{3}$，则（　　）

A. $a < c < b$ 　　　　　　　B. $a < b < c$

C. $b < c < a$ 　　　　　　　D. $c < a < b$

答案：A。

因为 $a - c = \log_3 2 - \log_3 3^{\frac{2}{3}} < 0$，$\therefore a < c$。同理可得 $b > c$。

**典例2-3：**《必修第一册》第45页例2

已知 $x$，$y$ 都是正数，求证：

（1）如果积 $xy$ 等于定值 $P$，那么当 $x = y$ 时，和 $x + y$ 有最小值 $2\sqrt{P}$；

（2）如果和 $x + y$ 等于定值 $S$，那么当 $x = y$ 时，积 $xy$ 有最大值 $\dfrac{1}{4}S^2$。

答案：因为 $x$，$y$ 都是正数，所以 $\dfrac{x + y}{2} \geqslant \sqrt{xy}$。

（1）当积 $xy$ 等于定值 $P$ 时，$\dfrac{x + y}{2} \geqslant \sqrt{P}$，

所以 $x + y \geqslant 2\sqrt{P}$，当且仅当 $x = y$ 时，等号成立，和 $x + y$ 有最小值 $2\sqrt{P}$。

（2）当和 $x + y$ 等于定值 $S$ 时，$\sqrt{xy} \leqslant \dfrac{S}{2}$，

所以 $xy \leqslant \dfrac{S^2}{4}$，当且仅当 $x = y$ 时，等号成立，积 $xy$ 有最大值 $\dfrac{1}{4}S^2$。

**引申1：**《必修第一册》第48页习题2.2第1题

（1）已知 $x > 1$，求 $x + \dfrac{1}{x - 1}$ 的最小值；

（2）求 $\sqrt{x(10 - x)}$ 的最大值。

答案：（1）因为 $x > 1$，所以 $x - 1 > 0$，

$$x + \frac{1}{x - 1} = x - 1 + \frac{1}{x - 1} + 1 \geqslant 2\sqrt{(x - 1)\left(\frac{1}{x - 1}\right)} + 1 = 3，$$

当且仅当 $x = 2$ 时，等号成立，所以 $x + \dfrac{1}{x - 1}$ 的最小值为3。

（2）因为 $x(10 - x) \geqslant 0$，所以 $0 \leqslant x \leqslant 10$，

$$\sqrt{x(10 - x)} \leqslant \frac{x + 10 - x}{2} = 5，$$

当且仅当 $x = 5$ 时，等号成立。

所以 $\sqrt{x(10-x)}$ 的最大值为 5。

**引申 2**：《必修第一册》第 58 页复习参考题 2 综合运用第 5 题

若 $a$，$b > 0$，且 $ab = a + b + 3$，求 $ab$ 的取值范围。

答案：因为 $a + b \geqslant 2\sqrt{ab}$，所以 $a + b + 3 = ab \geqslant 2\sqrt{ab} + 3$，

解得 $\sqrt{ab} \geqslant 3$，所以 $ab \geqslant 9$，

当且仅当 $a = b$ 时，等号成立，

所以 $ab$ 的取值范围为 $[9, +\infty)$。

【基本不等式的应用体现在以下几个方面：（1）利用基本不等式判断或证明相关不等式的成立；（2）利用基本不等式比较大小（正数的算术平均数不小于其几何平均数）；（3）利用基本不等式求最值：①和或积为定值；②构造和或积为定值；③已知 $ax + by$ 或 $\dfrac{m}{x} + \dfrac{n}{y}$ 其中一个，求另一个最值用系数代换；④已知 $ax + by + cxy = d$，求正数 $ax + by$ 或 $xy$ 的最值可以用和积转化】

**高考链接 1**：2021 年·新课标全国卷乙·8

下列函数中最小值为 4 的是（　　）

A. $y = x^2 + 2x + 4$　　　　　　　B. $y = |\sin x| + \dfrac{4}{|\sin x|}$

C. $y = 2^x + 2^{2-x}$　　　　　　　D. $y = \ln x + \dfrac{1}{\ln x}$

答案：C。

（1）$y = x^2 + 2x + 4 = (x + 1)^2 + 3$，所以 $y_{\min} = 3$。

（2）$y = |\sin x| + \dfrac{4}{|\sin x|}$，

因为 $y = t + \dfrac{4}{t}$，$t \in (0, 1]$ 在 $(0, 1]$ 上递减，所以 $y_{\min} = 5$。

（3）$y = 2^x + 2^{2-x} = 2^x + \dfrac{4}{2^x} \geqslant 2\sqrt{4} = 4$。

（4）$y \geqslant 2$ 或 $y \leqslant -2$。

**高考链接 2**：2021 年·新高考全国一·5

已知 $F_1$，$F_2$ 是椭圆 $C : \dfrac{x^2}{9} + \dfrac{y^2}{4} = 1$ 的两个焦点，点 $M$ 在 $C$ 上，则 $|MF_1| \cdot |MF_2|$ 的最大值为（　　）

A. 13　　　　　B. 12　　　　　C. 9　　　　　D. 6

答案：C。

因为 $|MF_1| \cdot |MF_2| \leqslant \left(\dfrac{|MF_1| + |MF_2|}{2}\right)^2 = 9$ ，所以最大值为 9。

**高考链接 3**：2020 年·上海卷·13

下列不等式恒成立的是（　　　）

A. $a^2 + b^2 \leqslant 2ab$ 　　　　　　　　B. $a^2 + b^2 \geqslant -2ab$

C. $a + b \geqslant 2\sqrt{|ab|}$ 　　　　　　D. $a^2 + b^2 \leqslant -2ab$

答案：B。

因为 $(a + b)^2 \geqslant 0$ 恒成立，所以 $a^2 + b^2 \geqslant -2ab$ 。

**高考链接 4**：2020 年·山东卷·11

（多选题）已知 $a > 0, b > 0$ ，且 $a + b = 1$ ，则（　　　）

A. $a^2 + b^2 \geqslant \dfrac{1}{2}$ 　　　　　　　　B. $2^{a-b} > \dfrac{1}{2}$

C. $\log_2 a + \log_2 b \geqslant -2$ 　　　　D. $\sqrt{a} + \sqrt{b} \leqslant \sqrt{2}$

答案：ABD。

因为 $a^2 + b^2 \geqslant 2\left(\dfrac{a + b}{2}\right)^2 \geqslant \dfrac{1}{2}$ ，所以 $a^2 + b^2 \geqslant \dfrac{1}{2}$ ，A 正确；

要证 $2^{a-b} > \dfrac{1}{2}$ ，只需证 $a - b > -1$ ，即证 $a > b - 1$ ，即证 $1 - b > b - 1$ ，

即证 $b < 1$ ，显然恒成立，所以 $2^{a-b} > \dfrac{1}{2}$ ，B 正确；

因为 $\log_2 a + \log_2 b \leqslant -2$ ，所以 C 错误；

D 同选项 B，利用分析法可证成立。

**高考链接 5**：2020 年·天津卷·14

已知 $a > 0$ ，$b > 0$ ，且 $ab = 1$ ，则 $\dfrac{1}{2a} + \dfrac{1}{2b} + \dfrac{8}{a + b}$ 的最小值为_____。

答案：4。

$\dfrac{1}{2a} + \dfrac{1}{2b} + \dfrac{8}{a + b} = \dfrac{a + b}{2ab} + \dfrac{8}{a + b} = \dfrac{a + b}{2} + \dfrac{8}{a + b} \geqslant 4$ ，

当且仅当 $\dfrac{a + b}{2} = \dfrac{8}{a + b}$ ，即 $a = 2 + \sqrt{3}$ ，$b = 2 - \sqrt{3}$ 或 $a = 2 - \sqrt{3}$ ，$b = 2 +$

$\sqrt{3}$ 取等号。

**典例 2－4**：《必修第一册》第 53 页例 4

一家车辆制造厂引进了一条摩托车整车装配流水线，这条流水线生产的摩托车数量 $x$（单位：辆）与创造的价值 $y$（单位：元）之间有如下关系：$y = -20x^2 + 2200x$。若这家工厂希望在一星期内利用这条流水线创收 60000 元以上，则在一个星期内大约应该生产多少辆摩托车？

答案：设这家工厂在一个星期内大约应该利用这条流水线生产 $x$ 辆摩托车，根据题意得 $-20x^2 + 2200x > 60000$，

移项整理得 $x^2 - 110x + 3000 < 0$，

解得 $\{x \mid 50 < x < 60\}$。

所以利用这条流水线在一周内生产的摩托车数量在 51～59 辆时，这家工厂能获得 60000 元以上的创收。

**引申 1**：《必修第一册》第 55 页习题 2.3 第 3 题

已知 $M = \{x \mid 4x^2 - 4x - 15 > 0\}$，$N = \{x \mid x^2 - 5x - 6 > 0\}$，求 $M \cap N$，$M \cup N$。

答案：$M = \left(-\infty, -\dfrac{3}{2}\right) \cup \left(\dfrac{5}{2}, +\infty\right)$，$N = (-\infty, -1) \cup (6, +\infty)$，

$M \cap N = \left(-\infty, -\dfrac{3}{2}\right) \cup (6, +\infty)$，$M \cup N = (-\infty, -1) \cup \left(\dfrac{5}{2}, +\infty\right)$。

**引申 2**：《必修第一册》第 58 页复习参考题 2 综合运用第 6 题

当 $k$ 取什么值时，一元二次不等式 $2kx^2 + kx - \dfrac{3}{8} < 0$ 对一切实数 $x$ 都成立？

答案：$k = 0$ 时，不等式恒成立，符合题意；

$k \neq 0$ 时，根据题意可得 $\begin{cases} k < 0 \\ \Delta < 0 \end{cases}$，解得 $-3 < k < 0$。

综上，$k \in (-3, 0]$ 时，$2kx^2 + kx - \dfrac{3}{8} < 0$ 对一切实数 $x$ 都成立。

【一元二次不等式的解法是基础，将二次函数、一元二次方程、一元二次不等式联系了起来，能培养学生转化的数学思想。对于一元二次不等式的解法可拓展到分式不等式的解法，以及含参的一元二次不等式的解法及恒成立问题，这部分内容多与集合、函数等综合在一起考查】

**高考链接 1**：2019 年·天津卷·10

设 $x \in \mathbf{R}$，使不等式 $3x^2 + x - 2 < 0$ 成立的 $x$ 的取值范围为＿＿＿＿＿＿。

答案：$\left(-1,\ \dfrac{2}{3}\right)$。

**高考链接 2**：2021 年·上海春季卷·4

不等式 $\dfrac{2x+5}{x-2} < 1$ 的解集为＿＿＿＿＿＿＿。

答案：$(-7,\ 2)$。

由 $\dfrac{2x+5}{x-2} < 1$ 得 $\dfrac{x+7}{x-2} < 0$，即 $(x+7)(x-2) < 0$，解集为 $(-7,\ 2)$。

# 第 三 章

# 函数的概念与性质

初中已经学习了函数的概念及相关的性质，但并没有涉及精确的数学语言和符号。在本章中，从变量之间关系的角度出发给出函数的概念，并研究了函数简单的性质、单调性和奇偶性。函数既是进一步学习数学的重要基础，也打开了学习数学的又一领域，要学会用函数的方法处理数学问题。知识层面上，在《普通高中数学课程标准》中有具体的要求：

（1）函数概念：①在初中用变量之间的依赖关系描述函数的基础上，用集合语言和对应关系刻画函数，建立完整的函数概念，体会集合语言和对应关系在刻画函数概念中的作用。了解构成函数的要素，能求简单函数的定义域。②在实际情境中，会根据不同的需要选择恰当的方法（如图像法、列表法、解析法）表示函数，理解函数图像的作用。③通过具体实例，了解简单的分段函数，并能简单应用。

（2）函数性质：①借助函数图像，会用符号语言表达函数的单调性、最大值、最小值，理解它们的作用和实际意义。②结合具体函数，了解奇偶性的概念和几何意义。

（3）幂函数：通过具体实例，结合 $y = x$，$y = \dfrac{1}{x}$，$y = x^2$，$y = \sqrt{x}$，$y = x^3$ 的图像，理解它们的变化规律，了解幂函数。

这一章的学习，通过让学生构建函数的概念，体会用对应关系来描述函数，对于函数的性质，要学会用精确的数学语言描述，提升学生数学抽象、逻辑推理和直观想象等学科素养。

**典例 3 - 1**：《必修第一册》第 65 页例 2

已知函数 $f(x) = \sqrt{x+3} + \dfrac{1}{x+2}$。

（1）求函数的定义域；

（2）求 $f(-3)$，$f\left(\dfrac{2}{3}\right)$ 的值；

（3）当 $a > 0$ 时，求 $f(a)$，$f(a-1)$ 的值。

答案：（1）函数有意义时，$x + 3 \geqslant 0$ 且 $x + 2 \neq 0$，

所以，函数的定义域为 $\{x \mid x \geqslant -3$ 且 $x \neq -2\}$。

（2）将 $-3$ 与 $\dfrac{2}{3}$ 代入解析式有

$$f(-3) = -1, f\left(\dfrac{2}{3}\right) = \dfrac{3}{8} + \dfrac{\sqrt{33}}{3}。$$

（3）因为 $a > 0$，所以 $f(a)$，$f(a-1)$ 均有意义，

$$f(a) = \sqrt{a+3} + \dfrac{1}{a+2}, f(a-1) = \sqrt{a+2} + \dfrac{1}{a+1}。$$

**引申 1**：《必修第一册》第 72 页习题 3.1 第 1 题

求下列函数的定义域：

（1）$f(x) = \dfrac{3x}{x-4}$；　　　　　（2）$f(x) = \dfrac{1}{\sqrt{x^2}}$；

（3）$f(x) = \dfrac{6}{x^2 - 3x + 2}$；　　　（4）$f(x) = \dfrac{\sqrt{4-x}}{x-1}$。

答案：（1）$\{x \mid x \neq 4\}$；　　　（2）$\{x \mid x \neq 0\}$；

（3）$\{x \mid x \neq 1$ 且 $x \neq 2\}$；　　（4）$\{x \mid x \leqslant 4$ 且 $x \neq 1\}$。

**引申 2**：《必修第一册》第 66 页例 3

下面函数中哪个与函数 $y = x$ 是同一个函数？

（1）$y = (\sqrt{x})^2$；　　　　　　（2）$\mu = \sqrt[3]{v^3}$；

（3）$y = \sqrt{x^2}$；　　　　　　　（4）$m = \dfrac{n^2}{n}$。

答案：（2）。

（1）（4）定义域不同；（3）对应法则不同。

**引申 3**：《必修第一册》第 101 页复习参考题 3 综合运用第 7 题

已知函数 $f(x) = \begin{cases} x(x+4)\,, & x \geqslant 0 \\ x(x-4)\,, & x < 0 \end{cases}$，求 $f(1)$，$f(-3)$，$f(a+1)$ 的值。

答案：$f(1) = 5$；$f(-3) = 21$；$f(a + 1) = \begin{cases} a^2 + 6a + 5, & a \geq -1 \\ a^2 - 2a - 3, & a < -1 \end{cases}$。

【通过函数概念的学习，知道了函数的三要素为定义域、值域和对应关系。若已知函数的解析式求定义域时需要考虑以下几个因素：①分式的分母不为 0；②偶次方根的被开方数非负，奇次方根被开方数不受限；③0 的 0 次幂没有意义；④指数、对数的底数大于 0 且不为 1；⑤对数的真数大于 0；⑥正切函数 $y = \tan x$ 的定义域 $\left( k\pi - \dfrac{\pi}{2}, k\pi + \dfrac{\pi}{2} \right)(k \in \mathbf{Z})$；⑦实际问题的实际意义。另外，能够根据函数的解析式求对应的函数值，并能判断两个函数是否为同一个函数】

**高考链接 1**：2021 年·浙江卷·12

已知 $a \in \mathbf{R}$，函数 $f(x) = \begin{cases} x^2 - 4, & x > 2 \\ |x - 3| + a, & x \leq 2 \end{cases}$，若 $f(f(\sqrt{6})) = 3$，则 $a =$ _____。

答案：2。

$f(\sqrt{6}) = 2$，$f(2) = a + 1 = 3$，$\therefore a = 2$。

**高考链接 2**：2018 年·新课标全国卷一·13

已知函数 $f(x) = \log_2(x^2 + a)$，若 $f(3) = 1$，则 $a =$ _____。

答案：$-7$。

$f(3) = \log_2(3^2 + a) = 1$，$\therefore a = -7$。

**高考链接 3**：2020 年·北京卷·11

函数 $f(x) = \dfrac{1}{x + 1} + \ln x$ 的定义域为_____。

答案：$(0, +\infty)$。

因为 $\begin{cases} x + 1 \neq 0 \\ x > 0 \end{cases}$，所以 $x > 0$，则该函数的定义域为 $(0, +\infty)$。

**典例 3 - 2**：《必修第一册》第 68 页例 6

给定函数 $f(x) = x + 1$，$g(x) = (x + 1)^2$，$x \in \mathbf{R}$。

（1）在同一坐标系中画出 $f(x)$，$g(x)$ 的图像；

（2）$\forall x \in \mathbf{R}$，用 $M(x)$ 表示 $f(x)$，$g(x)$ 中的最大者，记为 $M(x) = \max\{f(x), g(x)\}$。例如，当 $x = 2$ 时，$M(2) = \max\{f(2), g(2)\} = \max\{3, 9\} = 9$。请分别用图像法和解析法表示函数 $M(x)$。

答案：　　（1）在同一坐标系中画出 $f(x)$，$g(x)$ 的图像，如图 3 - 1（a）所示。

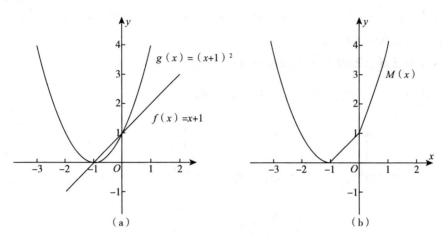

图 3 - 1

（2）由 $(x + 1)^2 = x + 1$，得 $x = 0$ 或 $x = -1$。

函数 $M(x)$ 得图像，如图 3 - 1（b）所示。

函数 $M(x)$ 的解析式为

$$M(x) = \begin{cases} (x + 1)^2 , & x \leqslant -1 \\ x + 1 , & -1 < x \leqslant 0 \\ (x + 1)^2 , & x > 0 \end{cases}。$$

**引申：**《必修第一册》第 73 页习题 3.1 综合运用第 13 题

函数 $f(x) = [x]$ 的函数值表示不超过 $x$ 的最大整数，例如，$[-3.5] = -4$，$[2.1] = 2$。当 $x \in (-2.5, 3]$ 时，写出函数 $f(x)$ 的解析式，并画出函数的图像。

答案：函数 $f(x)$ 的解析式为

$$f(x) = \begin{cases} -3 , & -2.5 < x < -2 \\ -2, & -2 \leqslant x < -1 \\ -1, & -1 \leqslant x < 0 \\ 0, & 0 \leqslant x < 1 \\ 1, & 1 \leqslant x < 2 \\ 2, & 2 \leqslant x < 3 \\ 3, & x = 3 \end{cases}$$，函数图像如图 3 - 2 所示。

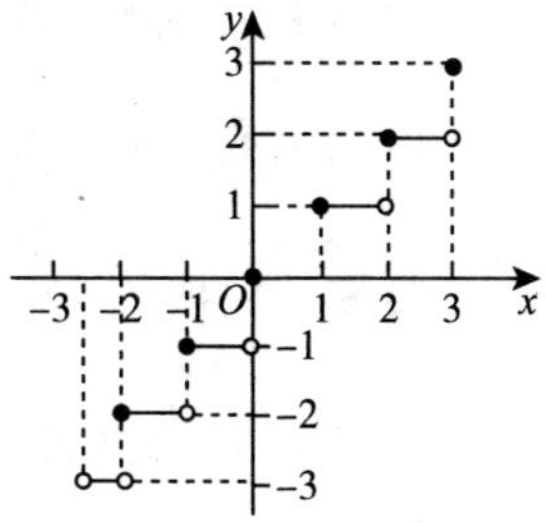

图 3 - 2

【函数的表示方法：解析法、列表法、图像法。其中，解析法和图像法命题比较多，对于函数的解析式，能够求解析式并且能够利用解析式求值；函数的图像也是函数常用的一种表示方法，会画基本初等函数的图像，也能利用图像变换法确定函数的图像】

**高考链接：**2019 年·新课标全国卷三·7

函数 $y = \dfrac{2x^3}{2^x + 2^{-x}}$ 在 $[-6, 6]$ 上的图像大致为（    ）

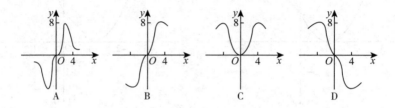

答案：B。

对于函数图像的确定，选图题可采用排除法，在本题中，函数从奇偶性上判断是奇函数，则排除 C，且从函数值上判断 $f(4) \approx 8$，故选 B。

**典例 3 − 3：**《必修第一册》第 79 页例 3

根据定义证明函数 $y = x + \dfrac{1}{x}$ 在区间 $(1, +\infty)$ 上单调递增。

答案：利用函数单调性的定义，

$\forall x_1, x_2 \in (1, +\infty)$，且 $x_1 < x_2$，有

$$y_1 - y_2 = \left(x_1 + \dfrac{1}{x_1}\right) - \left(x_2 + \dfrac{1}{x_2}\right) = \dfrac{x_1 - x_2}{x_1 x_2}(x_1 x_2 - 1)。$$

根据上式可得 $1 < x_1 < x_2$ 时，$y_1 < y_2$，

所以函数 $y = x + \dfrac{1}{x}$ 在区间 $(1, +\infty)$ 上单调递增。

**引申 1：**《必修第一册》第 86 页习题 3.2 综合运用第 8 题（3）

讨论函数 $y = x + \dfrac{k}{x}(k > 0)$ 在区间 $(0, +\infty)$ 上的单调性。

答案：根据单调性的定义可判断函数 $y = x + \dfrac{k}{x}(k > 0)$ 的单调性如下：

在 $(0, \sqrt{k})$ 上单调递减，在 $[\sqrt{k}, +\infty)$ 上单调递增。

**引申 2：**《必修第一册》第 86 页习题 3.2 第 4 题

已知函数 $f(x) = 4x^2 - kx - 8$ 在 $[5, 20]$ 上具有单调性，求实数 $k$ 的取值

范围。

答案：函数 $f(x) = 4x^2 - kx - 8$ 的图像开口向上，对称轴为 $x = \dfrac{k}{8}$。

因为函数 $f(x) = 4x^2 - kx - 8$ 在 $[5, 20]$ 上具有单调性，

所以 $\dfrac{k}{8} \le 5$ 或 $\dfrac{k}{8} \ge 20$，解得，$k \ge 160$ 或 $k \le 40$。

【函数单调性的证明可利用定义法，具体步骤：（1）取值：在给定区间内任取两个大小不同的数；（2）作差：取相应函数值的差；（3）定号：将函数值的差进行化简整理，直到能判断正负；（4）得论：根据定义，判断单调性。由上面例题和引申得到了数学中用得比较多的函数 $y = x + \dfrac{k}{x} (k > 0)$ 的单调性，有的书上称这个函数为"对勾函数"，该函数的单调区间减区间为 $(0, \sqrt{k})$，$(-\sqrt{k}, 0)$，增区间为 $(\sqrt{k}, +\infty)$，$(-\infty, \sqrt{k})$。此函数也经常和基本不等式结合起来使用求函数的最值】

**高考链接 1**：2021 年·新课标全国甲卷·4

下列函数中是增函数的为（　　　）

A. $f(x) = -x$　　　　　　　　B. $f(x) = \left(\dfrac{2}{3}\right)^x$

C. $f(x) = \left(\dfrac{1}{2}\right)^x$　　　　　　D. $f(x) = \sqrt[3]{x}$

答案：D。

根据初等函数的单调性可得。

**高考链接 2**：2021 年·北京卷·3

设函数 $f(x)$ 的定义域为 $[0, 1]$，则"函数 $f(x)$ 在 $[0, 1]$ 上单调递增"是"函数 $f(x)$ 在 $[0, 1]$ 上的最大值为 $f(1)$ 的"（　　　）

A. 充分不必要条件　　　　　B. 必要不充分条件

C. 充分必要条件　　　　　　D. 既不充分也不必要条件

答案：A。

设 $f(x) = \left(x - \dfrac{1}{4}\right)^2$，$f(x)$ 在 $[0, 1]$ 上的最大值为 $f(1)$，但 $f(x)$ 在 $[0, 1]$ 上不单调。

**高考链接 3**：2020 年·新课标全国卷二·10

设函数 $f(x) = \ln|2x + 1| - \ln|2x - 1|$，则 $f(x)$（　　　）

A. 是偶函数，且在 $\left(\dfrac{1}{2},\ +\infty\right)$ 上单调递增

B. 是奇函数，且在 $\left(-\dfrac{1}{2},\ \dfrac{1}{2}\right)$ 上单调递减

C. 是偶函数，且在 $\left(-\infty,\ -\dfrac{1}{2}\right)$ 上单调递增

D. 是奇函数，且在 $\left(-\infty,\ -\dfrac{1}{2}\right)$ 上单调递减

答案：D。

奇偶性：$f(-x) = -f(x)$，函数为奇函数。

单调性：$f(x) = \ln\left|\dfrac{2x+1}{2x-1}\right| = \ln\left|1 + \dfrac{2}{2x-1}\right|$，所以 $f(x)$ 在 $\left(\dfrac{1}{2},\ +\infty\right)$ 上单

调递增，在 $\left(-\infty,\ -\dfrac{1}{2}\right)$ 上单调递减。

**典例 3－4**：《必修第一册》第 81 页例 5

已知函数 $f(x) = \dfrac{2}{x-1}$（$x \in [2,\ 6]$），求函数的最大值和最小值。

答案：根据单调性的定义可判断，函数 $f(x) = \dfrac{2}{x-1}$ 在区间 $[2,\ 6]$ 上单

调递减，因而函数 $f(x) = \dfrac{2}{x-1}$ 在区间 $[2,\ 6]$ 的两个端点上分别取得最大值

和最小值，在 $x = 2$ 时取得最大值，最大值为 2；在 $x = 6$ 时取得最小值，最小

值为 0.4。

**引申**：《必修第一册》第 86 页习题 3.2 第 7 题

已知函数 $f(x) = x^2 - 2x$，$g(x) = x^2 - 2x$（$x \in [2,\ 4]$）。

（1）求 $f(x)$，$g(x)$ 的单调区间；

（2）求 $f(x)$，$g(x)$ 的最小值。

答案：（1）$f(x)$ 在 $(-\infty,\ 1)$ 上单调递减，在 $(1,\ +\infty)$ 上单调递增；

$g(x)$ 在 $[2,\ 4]$ 上单调递增。

（2）$f(x)$ 在 $x = 1$ 处取得最小值，$f(x)_{\min} = f(1) = -1$，

$g(x)$ 在 $x = 2$ 处取得最小值，$g(x)_{\min} = g(2) = 0$。

【函数单调性的应用：利用单调性求函数在给定区间上的最值。先判断函数的单调性，然后利用在给定区间上的单调性确定函数在给定区间上的最大值和最小值。函数的单调性还可以用来比较函数值的大小】

**高考链接1**：2017年·天津卷·6

已知奇函数 $f(x)$ 在 $\mathbf{R}$ 上是增函数，若 $a = -f\left(\log_2 \dfrac{1}{5}\right)$，$b = f(\log_2 4.1)$，

$c = f(2^{0.8})$，则 $a$，$b$，$c$ 的大小关系为（　　）

A. $a < b < c$　　　　　　　　B. $b < a < c$

C. $c < b < a$　　　　　　　　D. $c < a < b$

答案：C。

$a = -f\left(\log_2 \dfrac{1}{5}\right) = f(\log_2 5)$，

因为 $\log_2 5 > \log_2 4.1 > 2 > 2^{0.8}$，且 $f(x)$ 在 $\mathbf{R}$ 上是增函数，

所以 $c < b < a$。

**高考链接2**：2017年·新课标全国卷二·8

函数 $f(x) = \ln(x^2 - 2x - 8)$ 的单调增区间是（　　）

A. $(-\infty, 2)$　　B. $(-\infty, 1)$　　C. $(1, +\infty)$　　D. $(4, +\infty)$

答案：D。

函数 $f(x) = \ln(x^2 - 2x - 8)$ 的定义域是 $(-\infty, -2) \cup (4, +\infty)$，

函数 $f(x) = \ln(x^2 - 2x - 8)$ 的单调增区间是 $(4, +\infty)$。

**高考链接3**：2020年·新课标全国卷二·11

若 $2^x - 2^y < 3^{-x} - 3^{-y}$，则（　　）

A. $\ln(y - x + 1) > 0$　　　　　　B. $\ln(y - x + 1) < 0$

C. $\ln|x - y| > 0$　　　　　　　　D. $\ln|x - y| < 0$

答案：A。

根据 $2^x - 2^y < 3^{-x} - 3^{-y}$，得 $2^x - 3^{-x} < 2^y - 3^{-y}$，

因为 $f(x) = 2^x - 3^{-x}$ 在 $\mathbf{R}$ 上单调递增，所以 $x < y$。

则 $y - x > 0$，所以 $y - x + 1 > 1$，所以 $\ln(y - x + 1) > 0$。

**高考链接4**：2016年·北京卷·10

函数 $f(x) = \dfrac{x}{x - 1}(x \geqslant 2)$ 的最大值为_____。

答案：2。

函数 $f(x) = \dfrac{x}{x - 1} = 1 + \dfrac{1}{x - 1}$，所以 $f(x)$ 在 $[2, +\infty)$ 上单调递减，

函数 $f(x) = \dfrac{x}{x - 1}(x \geqslant 2)$ 的最大值为 $f(2) = 2$。

**典例 3-5**：《必修第一册》第 84 页例 6

判断下列函数的奇偶性：

(1) $f(x) = x^4$；  (2) $f(x) = x^5$；

(3) $f(x) = x + \dfrac{1}{x}$；  (4) $f(x) = \dfrac{1}{x^2}$。

答案：(1) 函数 $f(x) = x^4$ 的定义域为 $\mathbf{R}$，且 $f(-x) = (-x)^4 = x^4 = f(x)$，所以，函数 $f(x) = x^4$ 为偶函数；

同理，(2) $f(x) = x^5$ 为奇函数；(3) $f(x) = x + \dfrac{1}{x}$ 为奇函数；

(4) $f(x) = \dfrac{1}{x^2}$ 为偶函数。

**引申**：《必修第一册》第 86 页习题 3.2 第 11 题

已知函数 $f(x)$ 是定义域为 $\mathbf{R}$ 的奇函数，当 $x \geq 0$ 时，$f(x) = x(1 + x)$。求函数的解析式。

答案：当 $x < 0$ 时，$-x > 0$，则 $f(-x) = -x(1 - x) = -f(x)$，

所以 $f(x) = x(1 - x)$。

综上，函数的解析式为 $f(x) = \begin{cases} x(1 + x) , & (x \geq 0) \\ x(1 - x) , & (x < 0) \end{cases}$。

【对于函数奇偶性，主要的考点集中在判断函数的奇偶性。函数奇偶性的判断方法常用的有定义法和图像法。奇函数的图像关于原点对称，偶函数的图像关于 $y$ 轴对称。能够利用函数的奇偶性确定函数的解析式，并了解奇偶性和单调性之间的关系】

**高考链接 1**：2021 年·北京卷·7

已知函数 $f(x) = \cos x - \cos 2x$，则该函数（　　）

A. 为奇函数，最大值为 2  B. 为偶函数，最大值为 2

C. 为奇函数，最大值为 $\dfrac{9}{8}$  D. 为偶函数，最大值为 $\dfrac{9}{8}$

答案：D。

因为 $f(-x) = f(x)$，所以该函数为偶函数，

又因为 $f(x) = \cos x - \cos 2x = -2\cos^2 x + \cos x + 1$，

所以 $\cos x = \dfrac{1}{4}$ 时，最大值为 $\dfrac{9}{8}$。

**高考链接 2**：2019 年·新课标全国卷二·14

已知 $f(x)$ 为奇函数，且当 $x < 0$ 时，$f(x) = -e^{ax}$，若 $f(\ln 2) = 8$，则 $a = $

_____。

答案：$-3$。

因为 $f(\ln 2) = 8$，所以 $f\left(\ln \dfrac{1}{2}\right) = -8$，$-e^{a\ln\frac{1}{2}} = -8$，$a = -3$。

**高考链接 3**：2021 年·新课标全国卷乙·4

设函数 $f(x) = \dfrac{1-x}{1+x}$，则下列函数中为奇函数的是（　　）

A. $f(x-1) - 1$       B. $f(x-1) + 1$

C. $f(x+1) - 1$       D. $f(x+1) + 1$

答案：B。

$f(x) = \dfrac{1-x}{1+x} = -1 + \dfrac{2}{1+x}$，对称中心是 $(-1, -1)$，右移 1 个单位，上

移 1 个单位得到的函数对称中心是 $(0, 0)$，所以新函数为 $f(x-1) + 1$。

**高考链接 4**：2021 年·新课标全国卷甲·12

设 $f(x)$ 是定义域为 **R** 的奇函数，且 $f(1+x) = f(-x)$。若 $f\left(-\dfrac{1}{3}\right) = \dfrac{1}{3}$，

则 $f\left(\dfrac{5}{3}\right) = $（　　）

A. $-\dfrac{5}{3}$    B. $-\dfrac{1}{3}$    C. $\dfrac{1}{3}$    D. $\dfrac{5}{3}$

答案：C。

因为 $f(1+x) = f(-x) = -f(x)$，所以 $f(x)$ 的周期为 $2$，$f\left(\dfrac{5}{3}\right) = f\left(-\dfrac{1}{3}\right)$。

**典例 3－6**：《必修第一册》第 91 页练习第 1 题

已知幂函数 $y = f(x)$ 的图像过点 $(2, \sqrt{2})$，求这个函数的解析式。

答案：设幂函数的解析式为 $f(x) = x^{\alpha}$，

因为 $y = f(x)$ 的图像过点 $(2, \sqrt{2})$，代入得，

$2^{\alpha} = \sqrt{2}$，所以 $\alpha = \dfrac{1}{2}$，

所以这个函数的解析式为 $f(x) = \sqrt{x}$。

**引申：**《必修第一册》第 91 页习题 3.3 第 3 题

试用描点法画出函数 $f(x) = x^{-2}$ 的图像，求函数的定义域和值域；讨论函数的单调性和奇偶性。

答案：可利用列表、描点、连线的方法画出函数 $f(x) = x^{-2}$ 的图像，如图 3 - 3 所示。

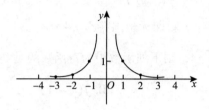

图 3 - 3

函数的定义域为 $\{x \mid x \neq 0\}$；

值域为 $\{y \mid y > 0\}$；

单调区间：在 $(0, +\infty)$ 上单调递减；

　　　　　在 $(-\infty, 0)$ 上单调递增。

奇偶性：因为 $f(-x) = f(x)$，所以 $f(x)$ 为偶函数。

【幂函数需要掌握其定义，并掌握常见的幂函数 $y = x$，$y = x^2$，$y = x^3$，$y = x^{-1}$，$y = x^{\frac{1}{2}}$ 的图像，以及它们的单调性、奇偶性和值域等】

**高考链接：** 2018 年·上海卷·7

已知 $\alpha \in \left\{ -2, -1, -\dfrac{1}{2}, \dfrac{1}{2}, 1, 2, 3 \right\}$，若幂函数 $f(x) = x^{\alpha}$ 为奇函数，且在 $(0, +\infty)$ 上递减，则 $\alpha = $ _____。

答案：$-1$。

幂函数 $f(x) = x^{\alpha}$ 为奇函数时，$\alpha = -1$，$1$，$3$，且在 $(0, +\infty)$ 上递减时，则 $\alpha = -1$。

# 第 四 章

# 指数函数与对数函数

学生在第三章中学习了幂函数，学习和研究了具体函数的定义和性质。在本章中，将继续研究另外两种具体的函数：指数函数和对数函数。对于这两种具体的函数，先要学习这两种函数的相关运算，尤其是对数运算，在初中没有接触过，又是研究对数函数的必备知识。在研究指数函数与对数函数时，类比幂函数的研究方法，学习两种新函数的概念、图像和性质。在知识层面上，《普通高中数学课程标准》中有具体的要求：

（1）指数函数：①通过对有理指数幂 $a^{\frac{m}{n}}$（$a > 0$，且 $a \neq 1$；$m$，$n$ 为整数，且 $n > 0$）、实数指数幂 $a^x$（$a > 0$，且 $a \neq 1$；$x \in \mathbf{R}$）含义的认识，了解指数幂的拓展过程，掌握指数幂的运算性质。②通过具体实例，了解指数函数的实际意义，理解指数函数的概念。③能用描点法或借助计算工具画出具体指数函数的图像，探索并理解指数函数的单调性与特殊点。

（2）对数函数：①理解对数的概念和运算性质，知道用换底公式能将一般对数转化成自然对数或常用对数。②通过具体实例，了解对数函数的概念。能用描点法或借助计算工具画出具体对数函数的图像，探索并了解对数函数的单调性与特殊点。③知道对数函数 $y = \log_a x$ 与指数函数 $y = a^x$ 互为反函数（$a > 0$，且 $a \neq 1$）。通过本章的学习，培养学生学会选择恰当的函数构建数学模型，并能从函数的角度认识方程和不等式，重点提升学生的数学抽象、数学建模、数学运算、直观想象和逻辑推理等素养。

**典例 4 – 1：**《必修第一册》第 106 页例 4

计算下列各式（式中字母均是正数）：

(1) $(2a^{\frac{2}{3}}b^{\frac{1}{2}})(-6a^{\frac{1}{2}}b^{\frac{1}{3}})\div(-3a^{\frac{1}{6}}b^{\frac{5}{6}})$ ;

(2) $(m^{\frac{1}{4}}n^{-\frac{3}{8}})^8$ ;

(3) $(\sqrt[3]{a^2}-\sqrt{a^3})\div\sqrt[4]{a^2}$ 。

答案：(1) $(2a^{\frac{2}{3}}b^{\frac{1}{2}})(-6a^{\frac{1}{2}}b^{\frac{1}{3}})\div(-3a^{\frac{1}{6}}b^{\frac{5}{6}})$

$=[2\times(-6)\div(-3)]a^{\frac{2}{3}+\frac{1}{2}-\frac{1}{6}}b^{\frac{1}{2}+\frac{1}{3}-\frac{5}{6}}=4a$ 。

(2) $(m^{\frac{1}{4}}n^{-\frac{3}{8}})^8=m^2n^{-3}=\dfrac{m^2}{n^3}$ 。

(3) $(\sqrt[3]{a^2}-\sqrt{a^3})\div\sqrt[4]{a^2}=(a^{\frac{2}{3}}-a^{\frac{3}{2}})\div a^{\frac{1}{2}}=a^{\frac{1}{6}}-a=\sqrt[6]{a}-a$ 。

**引申：**《必修第一册》第 110 页习题 4.1 综合运用第 8 题

已知 $a^{\frac{1}{2}}+a^{-\frac{1}{2}}=3$ ，求下列各式的值：

(1) $a+a^{-1}$ ;　　　　　　　(2) $a^2+a^{-2}$ 。

答案：(1) $a+a^{-1}=(a^{\frac{1}{2}}+a^{-\frac{1}{2}})^2-2=7$ ;

　　　(2) $a^2+a^{-2}=(a+a^{-1})^2-2=47$ 。

【指数运算注意掌握同底指数幂的运算性质，负指数幂、根式与指数幂之间的转化，在计算过程中要重点培养学生的数学运算素养】

**高考链接 1：**2020 年·新课标全国卷一·8

设 $a\log_34=2$ ，则 $4^{-a}=$ （　　　　）

A. $\dfrac{1}{16}$ 　　　　B. $\dfrac{1}{9}$ 　　　　C. $\dfrac{1}{8}$ 　　　　D. $\dfrac{1}{6}$

答案：B。

因为 $a\log_34=2$ ，所以 $3^2=4^a$ ，$\therefore 4^a=9$ ，则 $4^{-a}=\dfrac{1}{9}$ 。

**高考链接 2：**2015 年·浙江卷·12

若 $a=\log_43$ ，则 $2^a+2^{-a}=$ ＿＿＿＿＿＿＿。

答案：$\dfrac{4\sqrt{3}}{3}$ 。

因为 $a=\log_43$ ，所以 $4^a=3$ ，则 $2^a=\sqrt{3}$ ，$2^a+2^{-a}=\sqrt{3}+\dfrac{\sqrt{3}}{3}=\dfrac{4\sqrt{3}}{3}$ 。

**典例 4-2：**《必修第一册》第 117 页例 3

比较下列各题中两个值的大小：

(1) $1.7^{2.5}$ ，$1.7^3$ ;

（2）$0.8^{-\sqrt{2}}$，$0.8^{-\sqrt{3}}$；

（3）$1.7^{0.3}$，$0.9^{3.1}$。

答案：（1）因为指数函数 $y=1.7^{x}$ 是增函数，

$2.5<3$，所以$1.7^{2.5}<1.7^{3}$。

（2）因为指数函数 $y=0.8^{x}$ 是减函数，

$-\sqrt{2}>-\sqrt{3}$，所以$0.8^{-\sqrt{2}}<0.8^{-\sqrt{3}}$。

（3）$1.7^{0.3}>1$，$0<0.9^{3.1}<1$，

所以$1.7^{0.3}>0.9^{3.1}$。

**引申1**：《必修第一册》第120页习题4.2拓广探索第9题

已知函数 $y=a\left(\dfrac{1}{2}\right)^{|x|}+b$ 的图像过原点，且无限接近直线 $y=2$ 但又不与

该直线相交。

（1）求该函数的解析式，并画出图像；

（2）判断该函数的奇偶性和单调性。

答案：（1）根据题意知，$0=a\left(\dfrac{1}{2}\right)^{0}+b$，所以 $a+b=0$，

因为 $b=2$，所以 $a=-2$。

该函数的解析式为 $y=-2\left(\dfrac{1}{2}\right)^{|x|}+2=-2^{1-|x|}+2$，

其图像如图4-1所示：

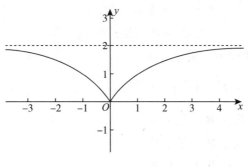

**图4-1**

（2）因为 $f(-x)=f(x)$，所以该函数为偶函数；

单调性如下：该函数在 $(0,+\infty)$ 上单调递增；在 $(-\infty,0)$ 上单调

递减。

引申 2：《必修第一册》第 160 页复习参考题 4 综合运用第 7 题

指数函数 $y = \left( \dfrac{b}{a} \right)^x$ 的图像如图 4-2 所示，求二次函数 $y = ax^2 + bx$ 图像顶点的横坐标的取值范围。

答案：根据图像可知

$0 < \dfrac{b}{a} < 1$，

二次函数 $y = ax^2 + bx$ 的顶点横坐标为

$x = -\dfrac{b}{2a}$，

则 $-\dfrac{1}{2} < -\dfrac{b}{2a} < 0$，

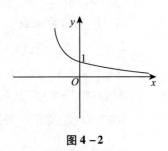

图 4-2

所以二次函数 $y = ax^2 + bx$ 图像顶点的横坐标的取值范围为 $\left( -\dfrac{1}{2}, 0 \right)$。

【指数函数的图像和性质：性质的考查有定义域、值域、单调性和奇偶性这些方面。考查的方式主要以类指数函数为主，在解决定义域和值域问题时，要注意换元法的应用；单调性的应用有判断函数的单调区间，并能比较大小。能够利用定义法判断此类函数的奇偶性】

**高考链接 1**：2021 年·新课标全国卷一·13

已知函数 $f(x) = x^3 (a \cdot 2^x - 2^{-x})$ 是偶函数，则 $a = $ _____。

答案：1。

因为 $f(x) = x^3 (a \cdot 2^x - 2^{-x})$ 是偶函数，

所以 $y = a \cdot 2^x - 2^{-x}$ 是奇函数，则 $a = 1$。

**高考链接 2**：2017 年·北京卷·5

已知函数 $f(x) = 3^x - \left( \dfrac{1}{3} \right)^x$，则 $f(x)$（　　　）

A. 是奇函数，且在 **R** 上是增函数

B. 是偶函数，且在 **R** 上是增函数

C. 是奇函数，且在 **R** 上是减函数

D. 是偶函数，且在 **R** 上是减函数

答案：A。

根据奇偶性的定义知 $f(-x) = 3^{-x} - \left( \dfrac{1}{3} \right)^{-x} = -f(x)$，则函数为奇函数，

且在 **R** 上是增函数。

**高考链接 3**：2016 年·天津卷·13

已知 $f(x)$ 是定义在 **R** 上的偶函数，且在区间 $(-\infty, 0)$ 上单调递增，若实数 $a$ 满足 $f(2^{|a-1|}) > f(-\sqrt{2})$，则 $a$ 的取值范围是_____。

答案：$a \in \left(\dfrac{1}{2}, \dfrac{3}{2}\right)$。

根据题意知 $2^{|a-1|} < \sqrt{2} = 2^{\frac{1}{2}}$，所以 $|a-1| < \dfrac{1}{2}$，$\therefore a \in \left(\dfrac{1}{2}, \dfrac{3}{2}\right)$。

**高考链接 4**：2016 年·新课标全国卷三·6

已知 $a = 2^{\frac{4}{3}}$，$b = 4^{\frac{2}{5}}$，$c = 25^{\frac{1}{3}}$，则（　　　）

A. $b < a < c$　　　　　　　　　B. $a < b < c$

C. $b < c < a$　　　　　　　　　D. $c < a < b$

答案：A。

$b = 4^{\frac{2}{5}} = 2^{\frac{4}{5}}$，所以 $a > b$，

$c = 25^{\frac{1}{3}} = 5^{\frac{2}{3}} > 4^{\frac{2}{3}} = a$。

**典例 4-3**：《必修第一册》第 124 页例 4

用 $\ln x$，$\ln y$，$\ln z$ 表示 $\ln \dfrac{x^2 \sqrt{y}}{\sqrt[3]{z}}$。

答案：$\ln \dfrac{x^2 \sqrt{y}}{\sqrt[3]{z}} = \ln x^2 + \ln \sqrt{y} - \ln \sqrt[3]{z} = 2\ln x + \dfrac{1}{2}\ln y - \dfrac{1}{3}\ln z$。

**引申 1**：《必修第一册》第 127 页习题 4.3 综合运用第 5 题

已知 $\lg 2 = a$，$\lg 3 = b$，求下列各式的值：

（1）$\lg 6$；　　　　（2）$\log_3 4$；　　　　（3）$\log_2 12$；　　　　（4）$\lg \dfrac{3}{2}$。

答案：（1）$\lg 6 = \lg(2 \times 3) = \lg 2 + \lg 3 = a + b$；

（2）$\log_3 4 = \dfrac{\lg 4}{\lg 3} = \dfrac{2\lg 2}{\lg 3} = \dfrac{2a}{b}$；

（3）$\log_2 12 = \dfrac{\lg 12}{\lg 2} = \dfrac{\lg 3 + 2\lg 2}{\lg 2} = \dfrac{b + 2a}{a}$；

（4）$\lg \dfrac{3}{2} = \lg 3 - \lg 2 = b - a$。

**引申 2**：《必修第一册》第 127 页习题 4.3 综合运用第 6 题

求满足下列条件的各式的值：

（1）若 $x\log_3 4 = 1$，求 $4^x + 4^{-x}$ 的值；

（2）若 $f(x) = 3^x$，求 $f(\log_3 2)$ 的值。

答案：（1）由 $x\log_3 4 = 1$，得 $4^x = 3$，则 $4^x + 4^{-x} = 3 + \dfrac{1}{3} = \dfrac{10}{3}$。

（2）$f(\log_3 2) = 3^{\log_3 2} = 2$。

【根据对数的定义，能够进行对数与指数之间的相互转化；根据对数的运算法则，能够将两个正数的积、商的对数转化为对数的和与差，能够利用换底公式将对数转化为任意有意义底数的对数。对数在使用时，一定要注意到隐含的范围，零和负数是没有对数的】

**高考链接 1**：2021 年·天津卷·7

若 $2^a = 5^b = 10$，则 $\dfrac{1}{a} + \dfrac{1}{b} = ($    $)$

A. $-1$            B. $\lg 7$            C. 1            D. $\log_7 10$

答案：C。

因为 $2^a = 5^b = 10$，所以 $a = \log_2 10, b = \log_5 10$，

则 $\dfrac{1}{a} + \dfrac{1}{b} = \dfrac{1}{\log_2 10} + \dfrac{1}{\log_5 10} = \lg 2 + \lg 5 = 1$。

**高考链接 2**：2015 年·上海卷·8

方程 $\log_2(9^{x-1} - 5) = \log_2(3^{x-1} - 2) + 2$ 的解为_____。

答案：$x = 2$。

根据已知条件 $\log_2(9^{x-1} - 5) = \log_2(3^{x-1} - 2) + 2$ 得 $9^{x-1} - 5 = 4(3^{x-1} - 2)$，

$(3^{x-1})^2 - 4 \times 3^{x-1} + 3 = 0$，整理得，$3^{x-1} = 3$ 或 $3^{x-1} = 1$，解得 $x = 2$ 或 $x = 1$。

当 $x = 1$ 时，$3^{x-1} - 2 < 0$，舍去。

综上，$x = 2$。

**高考链接 3**：2015 年·安徽卷·11

计算：$\lg\dfrac{5}{2} + 2\lg 2 - \left(\dfrac{1}{2}\right)^{-1} = $_____。

答案：$-1$。

$\lg\dfrac{5}{2} + 2\lg 2 - \left(\dfrac{1}{2}\right)^{-1} = \lg\left(\dfrac{5}{2} \times 4\right) - 2 = -1$。

**典例 4 - 4**：《必修第一册》第 130 页例 1

求下列函数的定义域：

（1）$y = \log_3 x^2$；

（2）$y = \log_a(4 - x)(a > 0$ 且 $a \neq 1)$。

答案：（1）$x^2 > 0$，即 $x \neq 0$，所以函数的定义域为 $\{x \mid x \neq 0\}$。

（2）因为 $4 - x > 0$，所以 $x < 4$。

所以函数的定义域为 $\{x \mid x < 4\}$。

**引申 1**：《必修第一册》第 140 页习题 4.4 第 1 题

求下列函数的定义域：

（1）$y = \sqrt[3]{\log_2 x}$；

（2）$y = \sqrt{\log_{0.5}(4x - 3)}$。

答案：（1）因为 $x > 0$，所以函数的定义域为 $\{x \mid x > 0\}$。

（2）因为 $\log_{0.5}(4x - 3) \geqslant 0$ 且 $4x - 3 > 0$，

所以函数的定义域为 $\left\{x \mid \dfrac{3}{4} < x \leqslant 1\right\}$。

**引申 2**：《必修第一册》第 133 页例 3

比较下列各题中两个值的大小：

（1）$\log_2 3.4, \log_2 8.5$；

（2）$\log_{0.3} 1.8, \log_{0.3} 2.7$；

（3）$\log_a 5.1, \log_a 5.9(a > 0$ 且 $a \neq 1)$。

答案：（1）因为对数函数 $y = \log_2 x$ 在 $(0, +\infty)$ 上是增函数，

$3.4 < 8.5$，所以 $\log_2 3.4 < \log_2 8.5$。

（2）因为对数函数 $y = \log_{0.3} x$ 在 $(0, +\infty)$ 上是减函数，

$1.8 < 2.7$，所以 $\log_{0.3} 1.8 > \log_{0.3} 2.7$。

（3）当 $a > 1$ 时，$\log_a 5.1 < \log_a 5.9$；

当 $0 < a < 1$ 时，$\log_a 5.1 > \log_a 5.9$。

**引申 3**：《必修第一册》第 140 页习题 4.4 综合运用第 7 题

判断下列各对函数是否互为反函数，若是，则求出它们的定义域和值域：

（1）$y = \ln x$，$y = e^x$；

（2）$y = -\log_a x$，$y = \left(\dfrac{1}{a}\right)^x$。

答案：（1）$y = \ln x$，$y = e^x$ 互为反函数。

$y = \ln x$ 的定义域为 $(0, +\infty)$，值域为 **R**，

$y = e^x$ 的定义域为 **R**，值域为 $(0, +\infty)$。

（2）$y = -\log_a x$，$y = \left(\dfrac{1}{a}\right)^x$ 互为反函数，

$y = -\log_a x$ 的定义域为 $(0，+\infty)$，值域为 $\mathbf{R}$；

$y = \left(\dfrac{1}{a}\right)^x$ 的定义域为 $\mathbf{R}$，值域为 $(0，+\infty)$。

【同底的对数函数与指数函数互为反函数，它们的定义域和值域刚好反过来。在研究对数函数性质的过程中，注意本身隐含的真数大于零，在解题过程中不要忽略。利用对数函数的单调性比较大小时，要注意判断底数与1的大小；在求对数函数型函数的图像经过的定点时，令对数的真数为1，求出相应函数值即可】

**高考链接1：** 2021年·新高考全国卷二·7

若 $a = \log_5 2$，$b = \log_8 3$，$c = \dfrac{1}{2}$，则（　　）

A. $c < b < a$ 　　　　　　B. $b < a < c$

C. $a < c < b$ 　　　　　　D. $a < b < c$

答案：C。

$b = \log_8 3 > \log_8 2\sqrt{2} = \dfrac{1}{2}$，$a = \log_5 2 < \log_5 \sqrt{5} = \dfrac{1}{2}$，

所以 $a < c = \dfrac{1}{2} < b$。

**高考链接2：** 2019年·上海卷·6

已知函数 $f(x)$ 的周期为1，且当 $0 < x \leqslant 1$ 时，$f(x) = -\log_2 x$，则 $f\left(\dfrac{3}{2}\right) = $ _____。

答案：1。

$f\left(\dfrac{3}{2}\right) = f\left(\dfrac{1}{2}\right) = -\log_2 \dfrac{1}{2} = 1$。

**高考链接3：** 2018年·江苏卷·5

函数 $f(x) = \sqrt{\log_2 x - 1}$ 的定义域为_____。

答案：$[2，+\infty)$。

根据题意知 $\log_2 x - 1 \geqslant 0$，且 $x > 0$，

解得 $x \geqslant 2$，

所以函数的定义域为 $\{x \mid x \geqslant 2\}$。

**高考链接4：** 2019年·浙江卷·6

在同一直角坐标系中，函数 $y = \dfrac{1}{a^x}$，$y = \log_a\left(x + \dfrac{1}{2}\right)$（$a > 0$ 且 $a \neq 1$）的图

像可能是（　　）

答案：D。

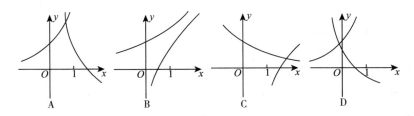

当 $0 < a < 1$ 时，$y = \dfrac{1}{a^x}$ 递增，

$y = \log_a\left(x + \dfrac{1}{2}\right)$ 递减，故选 D。

**典例 4 − 5**：《必修第一册》第 143 页例 1

求方程 $\ln x + 2x - 6 = 0$ 的实数解的个数。

答案：设函数 $f(x) = \ln x + 2x - 6$，通过计算工具，得出 $f(x)$ 的图像，如图 4 − 3 所示：

$f(x) = \ln x + 2x - 6$ 在 $(0,\ +\infty)$ 上是增函数，

且 $f(2) = \ln 2 - 2 < 0$，

$f(3) = \ln 3 > 0$，

所以 $y = f(x)$ 在 $(0,\ +\infty)$ 上有且只有一个零点，

即方程 $\ln x + 2x - 6 = 0$ 只有 1 个实数解。

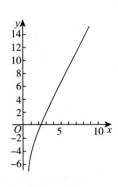

图 4 − 3

**引申 1**：《必修第一册》第 155 页习题 4.5 第 1 题

如图 4 − 4 所示，下列函数图像与 $x$ 轴均有交点，其中不能用二分法求其零点的是_____。（填写上所有符合条件的图号）

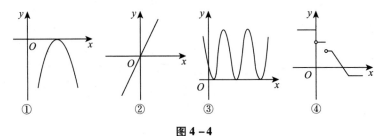

图 4 − 4

答案：①③。

**引申 2**：《必修第一册》第 156 页习题 4.5 拓广探索第 13 题

有一道题"若函数 $f(x) = 24ax^2 + 4x - 1$ 在区间 $(-1,\ 1)$ 内恰有一个零

点，求实数 $a$ 的取值范围"，某同学给出了如下回答：

由 $f(-1)f(1) = (24a - 5)(24a + 3) < 0$，解得 $-\dfrac{1}{8} < a < \dfrac{5}{24}$，

所以，实数 $a$ 的取值范围是 $\left(-\dfrac{1}{8}, \dfrac{5}{24}\right)$。

上述解答正确吗？若不正确，请说明理由，并给出正确的解答。

答案：不正确，理由如下：

当 $a = 0$ 时，$f(x) = 4x - 1 = 0$，得 $x = \dfrac{1}{4} \in (-1, 1)$，符合题意；

当 $a \neq 0$ 时，图像在 $x$ 轴两侧时，$f(-1)f(1) = (24a - 5)(24a + 3) < 0$，

解得 $-\dfrac{1}{8} < a < \dfrac{5}{24}$。

当 $a = \dfrac{1}{8}$ 时，$x = \dfrac{1}{3} \in (-1, 1)$，满足题意；

当 $a = \dfrac{5}{24}$ 时，$x = \dfrac{1}{5} \in (-1, 1)$，满足题意；

当图像在 $x$ 轴同侧时，由 $\Delta = 0$ 得 $a = -\dfrac{1}{6}$，满足题意。

综上，实数 $a$ 的取值范围是 $\left[-\dfrac{1}{8}, \dfrac{5}{24}\right] \cup \left\{-\dfrac{1}{6}\right\}$。

**引申3：**《必修第一册》第160页复习参考题4第4题

已知函数 $f(x) = \begin{cases} x^2 + 2x - 3, & x \leq 0 \\ -2 + \ln x, & x > 0 \end{cases}$，求使方程 $f(x) = k$ 的实数解个数分

别为1，2，3时 $k$ 的相应取值范围。

答案：函数的图像如图 4 - 5 所示。

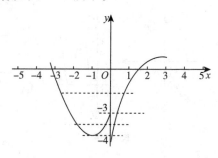

图 4 - 5

当 $x \leq 0$ 时，$x^2 + 2x - 3 = 0$，得 $x = -3$ 或 $x = 1$（舍），

$f(0) = -3$，且 $f(-1) = -4$。

当 $x > 0$ 时，$-2 + \ln x = 0$ 得，$x = e^2$。

所以当 $k > -3$ 或 $k = -4$ 时，$f(x) = k$ 有两个实数解；

当 $-4 < k \leqslant -3$ 时，$f(x) = k$ 有三个实数解；

当 $k < -4$ 时，$f(x) = k$ 有一个实数解。

**引申 4**：《必修第一册》第 160 页复习参考题 4 第 5 题（3）

已知函数 $f(x) = 2^x + x$，$g(x) = \log_2 x + x$，$h(x) = x^3 + x$ 的零点分别为 $a$，$b$，$c$，则 $a$，$b$，$c$ 的大小顺序为（　　）

A. $a > b > c$　　　　　　　　B. $b > c > a$

C. $c > a > b$　　　　　　　　D. $b > a > c$

答案：B。

在同一坐标系内画出函数的图像，如图 4 - 6 所示。

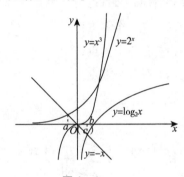

**图 4 - 6**

通过图像可得 $a$，$b$，$c$ 的大小关系。

【函数的零点问题考查方式，利用零点存在性定理判断零点所在的区间；利用转化的方法将零点的问题转化为函数图像的交点或方程的根的问题；零点的个数问题以及根据零点的个数确定参数范围的问题，此部分要了解函数、方程和不等式之间的联系】

**高考链接 1**：2020 年·北京卷·6

已知函数 $f(x) = 2^x - x - 1$，则不等式 $f(x) > 0$ 的解集是（　　）

A. $(-1, 1)$　　　　　　　　B. $(-\infty, -1) \cup (1, +\infty)$

C. $(0, 1)$　　　　　　　　D. $(-\infty, 0) \cup (1, +\infty)$

答案：D。

如图 4 - 7 所示，$f(x) > 0$，$2^x - x - 1 > 0$，所以 $2^x > x + 1$，

$y = 2^x$ 与 $y = x + 1$ 的交点为 $(0, 1)$ 和 $(1, 2)$，

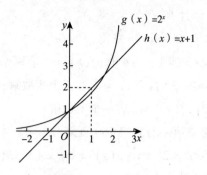

图 4－7

不等式 $f(x) > 0$ 的解集是 $(-\infty, 0) \cup (1, +\infty)$。

**高考链接 2**：2021 年·北京卷·15

已知 $f(x) = |\lg x| - kx - 2$，给出下列四个结论：

（1）若 $k = 0$，则 $f(x)$ 有两个零点；

（2）$\exists k < 0$，使得 $f(x)$ 有一个零点；

（3）$\exists k < 0$，使得 $f(x)$ 有三个零点；

（4）$\exists k > 0$，使得 $f(x)$ 有三个零点。

以上正确结论的序号是_____。

答案：（1）（2）（4）。

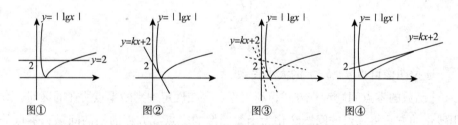

图 4－8

$f(x) = 0$，即 $|\lg x| = kx + 2$，同一坐标系中画出两个函数的图像：

当 $k = 0$，有两个交点，对应函数 $f(x)$ 有两个零点；

当 $k < 0$，$y_1 = |\ln x|$ 与 $y_2 = kx + 2$ 图像如图 4－8②③所示，

直线 $y = kx + 2$ 恒过点 $(0, 2)$，与曲线 $y = |\ln x|$ 相离、相切和相交，两个函数图像的交点个数为 0，1，2，所以（2）对，（3）错。

当 $k > 0$，直线 $y = kx + 2$ 恒过点 $(0, 2)$，设与曲线相切时切线的斜率为 $k_0$，直线顺时针旋转时，直线和曲线有三个交点，所以（4）对。

第 五 章

# 三角函数

三角函数这一章综合了旧版教材中两章的内容，既有三角函数的图像和性质，又有三角恒等变换的知识。本章中首先将角的概念推广到了任意角，有正角、负角和零角，同时也将角的度量单位扩展到了弧度制，将角与实数建立了一一对应的关系。在三角函数的学习过程中，要熟记三角函数的一些公式。比如：同角三角函数基本关系式、诱导公式、和差、倍角公式等，有了这些作为化简的基础，在学习三角函数时才能得心应手。三角函数的图像和性质是本章的重点内容，图像学习中要能够利用"图像变换"和"五点法"作图两种方法得出三角函数型函数的图像，性质中除了研究指、对、幂函数中的定义域、值域、单调性和奇偶性之外，三角函数中的周期性和对称性是要研究和学习的新性质。知识层面上，在《普通高中数学课程标准》中有如下具体的要求：

（1）角与弧度：了解任意角的概念和弧度制，能进行弧度与角度的互化，体会引入弧度制的必要性。

（2）三角函数概念和性质：①借助单位圆理解任意角三角函数（正弦、余弦、正切）的定义，能画出这些三角函数的图像，了解三角函数的周期性、奇偶性、最大（小）值。借助单位圆的对称性，利用定义推导出诱导公式（$\alpha \pm \dfrac{\pi}{2}$，$\alpha \pm \pi$ 的正弦、余弦和正切）。②借助图像理解正弦函数和余弦函数在 $[0, 2\pi]$ 上，正切函数在 $\left(-\dfrac{\pi}{2}, \dfrac{\pi}{2}\right)$ 上的性质。③结合具体实例，了解 $y = A\sin(\omega x + \varphi)$ 的实际意义；能借助图像理解参数 $\omega$，$\varphi$，$A$ 的意义，了解参数的变化对函数图像的影响。

（3）同角三角函数的基本关系式：理解同角三角函数的基本关系式 $\sin^2 x +$

$\cos^2 x = 1$ 和 $\tan x = \dfrac{\sin x}{\cos x}$。

（4）三角恒等变换：①经历推导两角差余弦公式的过程，知道两角差余弦公式的意义。②能从两角差的余弦公式推导出两角和与差的正弦、余弦和正切公式，二倍角的正弦、余弦和正切公式，了解它们的内在联系。③能运用上述公式进行简单的恒等变换（包括推导出积化和差、和差化积、半角公式，这三组公式不要求记忆）。

（5）三角函数应用：会用三角函数解决简单的实际问题，体会可以利用三角函数构建刻画事物周期变化的数学模型。函数的学习要注重整体的对比和研究，对比总结指、对、幂函数的学习，研究三角函数的图像和性质。还要注重提升数学抽象、数学建模、数学运算、直观想象和逻辑推理等核心素养。

**典例 5－1：**《必修第一册》第 178 页例 1

求 $\dfrac{5\pi}{3}$ 的正弦、余弦和正切值。

答案：在直角坐标系中，$O$ 为坐标原点，$A$ 为单位圆与 $x$ 轴正半轴的交点，作 $\angle AOB = \dfrac{5\pi}{3}$，则 $B$ 点的坐标为 $\left( \dfrac{1}{2}, -\dfrac{\sqrt{3}}{2} \right)$，所以

$$\sin \dfrac{5\pi}{3} = -\dfrac{\sqrt{3}}{2}, \cos \dfrac{5\pi}{3} = \dfrac{1}{2}, \tan \dfrac{5\pi}{3} = -\sqrt{3}。$$

**引申 1：**《必修第一册》第 181 页例 4

确定下列三角函数值的符号：

（1）$\cos 250°$；  　　　　（2）$\sin\left( -\dfrac{\pi}{4} \right)$；

（3）$\tan(-672°)$；  　　　　（4）$\tan 3\pi$。

答案：（1）因为 $250°$ 是第三象限角，所以 $\cos 250° < 0$；

（2）因为 $-\dfrac{\pi}{4}$ 是第四象限角，所以 $\sin\left( -\dfrac{\pi}{4} \right) < 0$；

（3）因为 $-672° = -720° + 48°$，则 $-672°$ 是第一象限角，所以 $\tan(-672°) > 0$；

（4）因为 $\tan 3\pi = \tan \pi$，而 $\pi$ 的终边在 $x$ 轴上，所以 $\tan 3\pi = 0$。

**引申 2：**《必修第一册》第 185 页综合运用第 7 题

根据下列条件求函数 $f(x) = \sin\left( x + \dfrac{\pi}{4} \right) + 2\sin\left( x - \dfrac{\pi}{4} \right) - 4\cos 2x +$

$3\cos\left(x + \dfrac{3\pi}{4}\right)$ 的值。

（1）$x = \dfrac{\pi}{4}$；　　　　　（2）$x = \dfrac{3\pi}{4}$。

答案：（1）将 $x = \dfrac{\pi}{4}$ 代入解析式得：$f\left(\dfrac{\pi}{4}\right) = \sin\left(\dfrac{\pi}{4} + \dfrac{\pi}{4}\right) + 2\sin\left(\dfrac{\pi}{4} - \dfrac{\pi}{4}\right) -$

$4\cos\left(2 \times \dfrac{\pi}{4}\right) + 3\cos\left(\dfrac{\pi}{4} + \dfrac{3\pi}{4}\right) = \sin\dfrac{\pi}{2} + 2\sin 0 - 4\cos\dfrac{\pi}{2} + 3\cos\pi = 1 + (-3) = -2$。

（2）将 $x = \dfrac{3\pi}{4}$ 代入解析式得：

$f\left(\dfrac{3\pi}{4}\right) = \sin\left(\dfrac{3\pi}{4} + \dfrac{\pi}{4}\right) + 2\sin\left(\dfrac{3\pi}{4} - \dfrac{\pi}{4}\right) - 4\cos\left(2 \times \dfrac{3\pi}{4}\right) + 3\cos\left(\dfrac{3\pi}{4} + \dfrac{3\pi}{4}\right)$

$= \sin\pi + 2\sin\dfrac{\pi}{2} - 4\cos\dfrac{3\pi}{2} + 3\cos\dfrac{3\pi}{2} = 2$。

【角的概念推广到了任意角，除了可以用度数度量角之外，还可以用弧度制度量角。角的概念推广后，可以用象限角和轴线角来描述角的位置。三角函数的定义可以通过角的终边与单位圆交点的坐标来表示，要能熟记一些特殊角的三角函数值】

**高考链接 1：** 2020 年·新课标全国卷二·2

若 $\alpha$ 为第四象限角，则（　　）

A. $\cos 2\alpha > 0$　　　　　　　　B. $\cos 2\alpha < 0$

C. $\sin 2\alpha > 0$　　　　　　　　D. $\sin 2\alpha < 0$

答案：D。

因为 $\alpha \in \left(2k\pi - \dfrac{\pi}{2},\ 2k\pi\right)$（$k \in \mathbf{Z}$），所以 $2\alpha \in (4k\pi - \pi,\ 4k\pi)$（$k \in \mathbf{Z}$），则 $\sin 2\alpha < 0$。

**高考链接 2：** 2016 年·上海卷·13

若 $\sin\alpha > 0$，且 $\tan\alpha < 0$，则角 $\alpha$ 的终边位于（　　）

A. 第一象限　　B. 第二象限　　C. 第三象限　　D. 第四象限

答案：B。

因为 $\sin\alpha > 0$，角 $\alpha$ 的终边位于第一或第二象限；$\tan\alpha < 0$，角 $\alpha$ 的终边位于第二或第四象限，所以角 $\alpha$ 的终边位于第二象限。

**高考链接 3：** 2014 年·全国大纲卷·2

已知角 $\alpha$ 的终边经过点（$-4$，3），则 $\cos\alpha = $（　　）

A. $\dfrac{4}{5}$       B. $\dfrac{3}{5}$       C. $-\dfrac{3}{5}$       D. $-\dfrac{4}{5}$

答案：D。

根据任意角三角函数的定义，$\cos\alpha = \dfrac{x}{r} = \dfrac{-4}{5}$。

**典例 5 - 2**：《必修第一册》第 183 页例 6

已知 $\sin\alpha = -\dfrac{3}{5}$ ，求 $\cos\alpha,\tan\alpha$ 的值。

答案：因为 $\sin\alpha = -\dfrac{3}{5}$ ，所以角 $\alpha$ 位于第三或第四象限。

由 $\sin^2\alpha + \cos^2\alpha = 1$ 得，$\cos^2\alpha = 1 - \sin^2\alpha = 1 - \dfrac{9}{25} = \dfrac{16}{25}$。

若 $\alpha$ 是第三象限角，那么 $\cos\alpha < 0$ ，所以 $\cos\alpha = -\dfrac{4}{5}$ ，

则 $\tan\alpha = \dfrac{\sin\alpha}{\cos\alpha} = \dfrac{3}{4}$。

若 $\alpha$ 是第四象限角，那么 $\cos\alpha = \dfrac{4}{5}$ ，$\tan\alpha = -\dfrac{3}{4}$。

**引申 1**：《必修第一册》第 185 页习题 5.2 综合运用第 12 题

已知 $\tan\alpha = \sqrt{3}$ ，$\pi < \alpha < \dfrac{3}{2}\pi$，求 $\cos\alpha - \sin\alpha$ 的值。

答案：因为 $\tan\alpha = \sqrt{3}$ ，$\pi < \alpha < \dfrac{3}{2}\pi$，

则 $\dfrac{\sin\alpha}{\cos\alpha} = \sqrt{3}$ ，且 $\sin^2\alpha + \cos^2\alpha = 1$ ，$\pi < \alpha < \dfrac{3}{2}\pi$，

所以 $\sin\alpha = -\dfrac{\sqrt{3}}{2}$ ，$\cos\alpha = -\dfrac{1}{2}$ ，则 $\cos\alpha - \sin\alpha = \dfrac{\sqrt{3} - 1}{2}$。

**引申 2**：《必修第一册》第 185 页习题 5.2 综合运用第 15 题

已知 $\tan\alpha = 2$ ，求 $\dfrac{\sin\alpha + \cos\alpha}{\sin\alpha - \cos\alpha}$ 的值。

答案：法一：因为 $\tan\alpha = 2$ ，所以 $\dfrac{\sin\alpha}{\cos\alpha} = 2$ ，所以 $\sin\alpha = 2\cos\alpha$ ，

则 $\dfrac{\sin\alpha + \cos\alpha}{\sin\alpha - \cos\alpha} = \dfrac{2\cos\alpha + \cos\alpha}{2\cos\alpha - \cos\alpha} = 3$。

法二：$\dfrac{\sin\alpha + \cos\alpha}{\sin\alpha - \cos\alpha} = \dfrac{\dfrac{\sin\alpha}{\cos\alpha} + 1}{\dfrac{\sin\alpha}{\cos\alpha} - 1} = \dfrac{\tan\alpha + 1}{\tan\alpha - 1} = \dfrac{2 + 1}{2 - 1} = 3$。

**引申3**：《必修第一册》第 186 页习题 5.2 拓广探索第 16 题

化简 $\sqrt{\dfrac{1+\sin\alpha}{1-\sin\alpha}}-\sqrt{\dfrac{1-\sin\alpha}{1+\sin\alpha}}$，其中 $\alpha$ 为第二象限角。

答案：根据已知条件得，

$$\sqrt{\frac{1+\sin\alpha}{1-\sin\alpha}}-\sqrt{\frac{1-\sin\alpha}{1+\sin\alpha}}=\sqrt{\frac{(1+\sin\alpha)^2}{(1-\sin\alpha)(1+\sin\alpha)}}-\sqrt{\frac{(1-\sin\alpha)^2}{(1+\sin\alpha)(1-\sin\alpha)}}$$

$$=\frac{1+\sin\alpha}{\sqrt{1-\sin^2\alpha}}-\frac{1-\sin\alpha}{\sqrt{1-\sin^2\alpha}}=\frac{2\sin\alpha}{|\cos\alpha|}。$$

因为 $\alpha$ 为第二象限角，所以原式 $=-2\tan\alpha$。

【同角关系式在三角函数化简、求值中用得比较多，主要思路是根据商的关系进行"切化弦"，然后再根据平方关系统一正余弦起到统一函数名的作用，从而进行化简和求值。在化简和求值时，注意角的象限，从而确定其三角函数值的符号。还要积累一些常用的化简技巧，如引申 2 中的齐次求值、引申 3 中对根式的化简方法等】

**高考链接 1**：2018 年·江苏卷·16.2

若 $\sin\alpha=-\dfrac{5}{13}$，且 $\alpha$ 为第四象限角，则 $\tan\alpha$ 的值等于（　　）

A. $\dfrac{12}{5}$　　　　B. $-\dfrac{12}{5}$　　　　C. $\dfrac{5}{12}$　　　　D. $-\dfrac{5}{12}$

答案：D。

因为 $\sin\alpha=-\dfrac{5}{13}$，且 $\alpha$ 为第四象限角，

根据平方关系得 $\cos\alpha=\dfrac{12}{13}$，则 $\tan\alpha=-\dfrac{5}{12}$。

**高考链接 2**：2013 年·全国大纲卷·2

已知 $\alpha$ 为第二象限角，$\sin\alpha=\dfrac{5}{13}$，则 $\cos\alpha=$（　　）

A. $-\dfrac{12}{13}$　　　　B. $-\dfrac{5}{13}$　　　　C. $\dfrac{5}{13}$　　　　D. $\dfrac{12}{13}$

答案：A。

因为 $\sin\alpha=\dfrac{5}{13}$，且 $\alpha$ 为第二象限角，根据平方关系得，$\cos\alpha=-\dfrac{12}{13}$。

**典例 5 – 3**：《必修第一册》第 189 页例 1

利用公式求下列三角函数值：

(1) $\cos 225°$；              (2) $\sin\dfrac{8\pi}{3}$；

(3) $\sin\left(-\dfrac{16\pi}{3}\right)$；                 (4) $\tan(-2040°)$。

答案：(1) $\cos 225° = \cos(180° + 45°) = -\cos 45° = -\dfrac{\sqrt{2}}{2}$；

(2) $\sin\dfrac{8\pi}{3} = \sin\left(2\pi + \dfrac{2\pi}{3}\right) = \sin\dfrac{2\pi}{3} = \sin\left(\pi - \dfrac{\pi}{3}\right) = \sin\dfrac{\pi}{3} = \dfrac{\sqrt{3}}{2}$；

(3) $\sin\left(-\dfrac{16\pi}{3}\right) = \sin\left(\dfrac{2\pi}{3} - 6\pi\right) = \sin\dfrac{2\pi}{3} = \dfrac{\sqrt{3}}{2}$；

(4) $\tan(-2040°) = -\tan(2040°) = -\tan(2160° - 120°)$

$$= \tan 120° = \tan(180° - 60°) = -\tan 60° = -\sqrt{3}。$$

**引申 1**：《必修第一册》第 193 页例 4

化简：$\dfrac{\sin(2\pi - \alpha)\cos(\pi + \alpha)\cos\left(\dfrac{\pi}{2} + \alpha\right)\cos\left(\dfrac{11\pi}{2} - \alpha\right)}{\cos(\pi - \alpha)\sin(3\pi - \alpha)\sin(-\pi - \alpha)\sin\left(\dfrac{9\pi}{2} + \alpha\right)}$。

答案：原式 $= \dfrac{(-\sin\alpha)(-\cos\alpha)(-\sin\alpha)\cos\left[5\pi + \left(\dfrac{\pi}{2} - \alpha\right)\right]}{(-\cos\alpha)\sin(\pi - \alpha)\left[-\sin(\pi + \alpha)\right]\sin\left[4\pi + \left(\dfrac{\pi}{2} + \alpha\right)\right]}$

$= \dfrac{-\sin^2\alpha\cos\alpha\left[-\cos\left(\dfrac{\pi}{2} - \alpha\right)\right]}{(-\cos\alpha)\sin\alpha\left[-(-\sin\alpha)\right]\sin\left(\dfrac{\pi}{2} + \alpha\right)} = -\dfrac{\sin\alpha}{\cos\alpha} = -\tan\alpha$。

**引申 2**：《必修第一册》第 193 页例 5

已知 $\sin(53° - \alpha) = \dfrac{1}{5}$，且 $-270° < \alpha < -90°$，求 $\sin(37° + \alpha)$ 的值。

答案：因为 $(53° - \alpha) + (37° + \alpha) = 90°$，所以根据诱导公式得，

$\sin(37° + \alpha) = \sin[90° - (53° - \alpha)] = \cos(53° - \alpha)$。

因为 $-270° < \alpha < -90°$，所以 $143° < 53° - \alpha < 323°$。

由 $\sin(53° - \alpha) = \dfrac{1}{5} > 0$，得 $143° < 53° - \alpha < 180°$，

所以 $\cos(53° - \alpha) = -\dfrac{2\sqrt{6}}{5}$，则 $\sin(37° + \alpha) = -\dfrac{2\sqrt{6}}{5}$。

**引申 3**：《必修第一册》第 195 页习题 5.3 综合运用第 8 题

已知 $\sin\left(\dfrac{\pi}{3} - x\right) = \dfrac{1}{3}$，且 $0 < x < \dfrac{\pi}{2}$，求 $\sin\left(\dfrac{\pi}{6} + x\right)$ 和 $\cos\left(\dfrac{2\pi}{3} + x\right)$ 的值。

答案：因为 $\left(\dfrac{\pi}{3} - x\right)$ 和 $\left(\dfrac{\pi}{6} + x\right)$ 互余，

所以 $\sin\left(\dfrac{\pi}{3} - x\right) = \cos\left(\dfrac{\pi}{6} + x\right) = \dfrac{1}{3}$。

根据平方关系得，$\sin\left(\dfrac{\pi}{6} + x\right) = \dfrac{2\sqrt{2}}{3}$，

因为 $\left(\dfrac{\pi}{3} - x\right)$ 和 $\left(\dfrac{2\pi}{3} + x\right)$ 互补，

所以 $\cos\left(\dfrac{2\pi}{3} + x\right) = -\cos\left(\dfrac{\pi}{3} - x\right)$，

根据平方关系得，$\cos\left(\dfrac{2\pi}{3} + x\right) = -\dfrac{2\sqrt{2}}{3}$。

【诱导公式的记忆法则"奇变偶不变，符号看象限"，应用过程中由负角变正角，再由大角变小角，小角变锐角进行化简，转化成锐角三角函数后进行求值；利用诱导公式时还要注意到角与角之间的关系，互补还是互余，再确定用哪组诱导公式进行化简】

**高考链接 1**：2021 年·北京卷·14

若 $P(\cos\theta, \sin\theta)$ 与 $Q\left(\cos\left(\theta + \dfrac{\pi}{6}\right), \sin\left(\theta + \dfrac{\pi}{6}\right)\right)$ 关于 $y$ 轴对称，写出一个符合题意的值：_____。

答案：$\dfrac{5\pi}{12}$。

因为 $P(\cos\theta, \sin\theta)$ 与 $Q\left(\cos\left(\theta + \dfrac{\pi}{6}\right), \sin\left(\theta + \dfrac{\pi}{6}\right)\right)$ 关于 $y$ 轴对称，

所以两点的纵坐标相同，横坐标相反，则

$\begin{cases} \cos\theta = -\cos\left(\theta + \dfrac{\pi}{6}\right) \\ \sin\theta = \sin\left(\theta + \dfrac{\pi}{6}\right) \end{cases}$，结合诱导公式得，$\theta + \dfrac{\pi}{6} = \pi - \theta$，

所以 $\theta = \dfrac{5\pi}{12}$（答案不唯一）。

**高考链接 2**：2017 年·上海卷·4

若 $\cos\alpha = \dfrac{1}{3}$，则 $\sin\left(\alpha - \dfrac{\pi}{2}\right) = $ _____。

答案：$-\dfrac{1}{3}$。

$$\sin\left(\alpha - \dfrac{\pi}{2}\right) = -\sin\left(\dfrac{\pi}{2} - \alpha\right) = -\cos\alpha = -\dfrac{1}{3}。$$

**典例 5 - 4**：《必修第一册》第 201 页例 2

求下列函数的周期：

（1）$y = 3\sin x$，$x \in \mathbf{R}$；

（2）$y = \cos 2x$，$x \in \mathbf{R}$；

（3）$y = 2\sin\left(\dfrac{1}{2}x - \dfrac{\pi}{6}\right)$，$x \in \mathbf{R}$。

答案：（1）$T = 2\pi$；　　　（2）$T = \pi$；　　　（3）$T = 4\pi$。

**引申 1**：《必修第一册》第 203 页练习第 3 题

下列函数中，哪些是奇函数？哪些是偶函数？

（1）$y = 3\sin x$；　　　　　（2）$y = 1 - \cos x$；

（3）$y = x + \sin x$；　　　　（4）$y = -\sin x\cos x$。

答案：（1）设 $f(x) = 3\sin x$，因为 $f(-x) = 3\sin(-x) = -3\sin x = -f(x)$，
所以 $y = 3\sin x$ 是奇函数；

（2）设 $f(x) = 1 - \cos x$，因为 $f(-x) = 1 - \cos(-x) = 1 - \cos x = f(x)$，
所以 $y = 1 - \cos x$ 是偶函数；

（3）设 $f(x) = x + \sin x$，因为 $f(-x) = -x + \sin(-x) = -x - \sin x = -f(x)$，
所以 $y = x + \sin x$ 是奇函数；

（4）设 $f(x) = -\sin x\cos x$，
因为 $f(-x) = -\sin(-x)\cos(-x) = \sin x\cos x = -f(x)$，
所以 $y = -\sin x\cos x$ 是奇函数。

**引申 2**：《必修第一册》第 206 页例 5

求函数 $y = \sin\left(\dfrac{1}{2}x + \dfrac{\pi}{3}\right)$，$x \in [-2\pi, 2\pi]$ 的单调递增区间。

答案：令 $z = \dfrac{1}{2}x + \dfrac{\pi}{3}$，$x \in \left[ -2\pi, 2\pi \right]$，则 $z \in \left[ -\dfrac{2\pi}{3}, \dfrac{4\pi}{3} \right]$。

根据 $-\dfrac{\pi}{2} \leqslant \dfrac{1}{2}x + \dfrac{\pi}{3} \leqslant \dfrac{\pi}{2}$，得 $-\dfrac{5\pi}{3} \leqslant x \leqslant \dfrac{\pi}{3}$，

所以，函数 $y = \sin\left( \dfrac{1}{2}x + \dfrac{\pi}{3} \right)$，$x \in \left[ -2\pi, 2\pi \right]$ 的单调递增区间是

$\left[ -\dfrac{5\pi}{3}, \dfrac{\pi}{3} \right]$。

**引申 3**：《必修第一册》第 212 页例 6

求函数 $y = \tan\left( \dfrac{\pi}{2}x + \dfrac{\pi}{3} \right)$ 的定义域、周期及单调区间。

答案：令 $\dfrac{\pi}{2}x + \dfrac{\pi}{3} \neq k\pi + \dfrac{\pi}{2}$，$k \in \mathbf{Z}$，即 $x \neq 2k + \dfrac{1}{3}$，$k \in \mathbf{Z}$，

所以，函数的定义域是 $\left\{ x \mid x \neq 2k + \dfrac{1}{3}, k \in \mathbf{Z} \right\}$；

函数的周期为 $T = \dfrac{\pi}{\dfrac{\pi}{2}} = 2$；

由 $k\pi - \dfrac{\pi}{2} < \dfrac{\pi}{2}x + \dfrac{\pi}{3} < k\pi + \dfrac{\pi}{2}$，$k \in \mathbf{Z}$，

解得 $2k - \dfrac{5}{3} < x < 2k + \dfrac{1}{3}$，$k \in \mathbf{Z}$，

因此，函数的单调递增区间为 $\left( 2k - \dfrac{5}{3}, 2k + \dfrac{1}{3} \right)$，$k \in \mathbf{Z}$。

**引申 4**：《必修第一册》第 214 页习题 5.4 综合运用第 10 题
求下列函数的值域：

（1）$y = \sin x$，$x \in \left[ \dfrac{\pi}{4}, \dfrac{5\pi}{4} \right]$；

（2）$y = \cos\left( x + \dfrac{\pi}{3} \right)$，$x \in \left[ 0, \dfrac{\pi}{2} \right]$。

答案：（1）因为 $x \in \left[ \dfrac{\pi}{4}, \dfrac{5\pi}{4} \right]$，函数 $y = \sin x$ 在 $\left[ \dfrac{\pi}{4}, \dfrac{\pi}{2} \right]$ 上递增，在

$\left[ \dfrac{\pi}{2}, \dfrac{5\pi}{4} \right]$ 上递减，所以当 $x = \dfrac{\pi}{2}$ 时，函数的最大值为 1。当 $x = \dfrac{5\pi}{4}$ 时，函数的

最小值为 $-\dfrac{\sqrt{2}}{2}$。

（2）因为 $x \in \left[0, \dfrac{\pi}{2}\right]$，所以 $x + \dfrac{\pi}{3} \in \left[\dfrac{\pi}{3}, \dfrac{5\pi}{6}\right]$，函数 $y = \cos\left(x + \dfrac{\pi}{3}\right)$ 在 $\left[0, \dfrac{\pi}{2}\right]$ 上递减，所以当 $x = 0$ 时，函数的最大值为 $\dfrac{1}{2}$。当 $x = \dfrac{\pi}{2}$ 时，函数的最小值为 $-\dfrac{\sqrt{3}}{2}$。

【函数 $y = A\sin(\omega x + \varphi)(A \neq 0, \omega \neq 0)$ 的性质：周期问题，依据最小正周期公式 $T = \dfrac{2\pi}{|\omega|}$ 来求解；奇偶性问题，根据奇函数和偶函数的定义来判断；单调区间可根据整体代换，将 $\omega x + \varphi$ 整体放在 $y = \sin x$ 的增区间或减区间内求 $x$ 的范围，从而求得函数的增区间或减区间；函数的最值可以根据 $x$ 的范围，确定 $\omega x + \varphi$ 的范围，再根据单调性，确定该函数的最大值和最小值】

**高考链接 1**：2021 年·浙江卷·18.1

设函数 $f(x) = \sin x + \cos x (x \in \mathbf{R})$，求函数 $y = \left[f\left(x + \dfrac{\pi}{2}\right)\right]^2$ 的最小正周期。

答案：根据题意得，

$$y = \left[f\left(x + \dfrac{\pi}{2}\right)\right]^2 = \left[\sin\left(x + \dfrac{\pi}{2}\right) + \cos\left(x + \dfrac{\pi}{2}\right)\right]^2 = (\cos x - \sin x)^2 = 1 - \sin 2x,$$

所以函数 $y = \left[f\left(x + \dfrac{\pi}{2}\right)\right]^2$ 的最小正周期为 $T = \dfrac{2\pi}{2} = \pi$。

**高考链接 2**：2021 年·新课标全国卷乙·5

函数 $f(x) = \sin\dfrac{x}{3} + \cos\dfrac{x}{3}$ 的最小正周期和最大值分别是（　　）

A. $3\pi$ 和 $\sqrt{2}$　　　　　　　　B. $3\pi$ 和 $2$

C. $6\pi$ 和 $\sqrt{2}$　　　　　　　　D. $6\pi$ 和 $2$

答案：C。

因为函数 $f(x) = \sin\dfrac{x}{3} + \cos\dfrac{x}{3} = \sqrt{2}\sin\left(\dfrac{x}{3} + \dfrac{\pi}{4}\right)$，所以最小正周期 $T = \dfrac{2\pi}{\dfrac{1}{3}} = 6\pi$，当 $\sin\left(\dfrac{x}{3} + \dfrac{\pi}{4}\right) = 1$ 时，函数取得最大值为 $\sqrt{2}$。

**高考链接 3**：2021 年·浙江卷·18.2

设函数 $f(x) = \sin x + \cos x (x \in \mathbf{R})$，求函数 $y = f(x)f\left(x - \dfrac{\pi}{4}\right)$ 在 $\left[0, \dfrac{\pi}{2}\right]$ 上

的最大值。

答案：函数 $y = f(x)f\left(x - \dfrac{\pi}{4}\right) = (\sin x + \cos x)\left[\sin\left(x - \dfrac{\pi}{4}\right) + \cos\left(x - \dfrac{\pi}{4}\right)\right] =$

$\sin\left(2x - \dfrac{\pi}{4}\right) + \dfrac{\sqrt{2}}{2}$。

因为 $x \in \left[0, \dfrac{\pi}{2}\right]$，所以 $2x - \dfrac{\pi}{4} \in \left[-\dfrac{\pi}{4}, \dfrac{3\pi}{4}\right]$，

当 $2x - \dfrac{\pi}{4} = \dfrac{\pi}{2}$ 时，即 $x = \dfrac{3\pi}{8}$ 时，函数取得最大值为 $1 + \dfrac{\sqrt{2}}{2}$。

**高考链接 4**：2021 年·新高考全国卷一·4

下列区间中，函数 $f(x) = 7\sin\left(x - \dfrac{\pi}{6}\right)$ 的单调递增区间是（　　）

A. $\left(0, \dfrac{\pi}{2}\right)$ 　　　　　　B. $\left(\dfrac{\pi}{2}, \pi\right)$

C. $\left(\pi, \dfrac{3\pi}{2}\right)$ 　　　　　　D. $\left(\dfrac{3\pi}{2}, 2\pi\right)$

答案：A。

函数的增区间为 $\left[-\dfrac{\pi}{3} + 2k\pi, \dfrac{2\pi}{3} + 2k\pi\right]$，$k \in \mathbf{Z}$。

当 $k = 0$ 时，$x \in \left[-\dfrac{\pi}{3}, \dfrac{2\pi}{3}\right]$，$\left(0, \dfrac{\pi}{2}\right) \subset \left[-\dfrac{\pi}{3}, \dfrac{2\pi}{3}\right]$，故选 A。

**高考链接 5**：2019 年·浙江卷·18. 1

设函数 $f(x) = \sin x$，$x \in \mathbf{R}$，已知 $\theta \in [0, 2\pi)$，函数 $f(x + \theta)$ 是偶函数，求 $\theta$ 的值。

答案：函数 $f(x + \theta) = \sin(x + \theta)$ 为偶函数，则 $\theta = k\pi + \dfrac{\pi}{2}$，$k \in \mathbf{Z}$。

$k = 0$，1 符合题意，所以 $\theta = \dfrac{\pi}{2}$ 或 $\theta = \dfrac{3\pi}{2}$。

**高考链接 6**：2020 年·天津卷·8

已知函数 $f(x) = \sin\left(x + \dfrac{\pi}{3}\right)$，给出下列结论：

① $f(x)$ 的最小正周期为 $2\pi$；

② $f\left(\dfrac{\pi}{2}\right)$ 是 $f(x)$ 的最大值；

③ 把函数 $y = \sin x$ 的图像上的所有点向左平移 $\dfrac{\pi}{3}$ 个单位长度，可得到函数

$y = f(x)$ 的图像，其中正确结论的序号是（　　）

 A. ①    B. ①③    C. ②③    D. ①②③

答案：B。

根据周期公式得 $T = 2\pi$；当 $x = \dfrac{\pi}{6}$ 时，函数 $f(x)$ 取到最大值；把函数 $y = \sin x$ 的图像上的所有点向左平移 $\dfrac{\pi}{3}$ 个单位长度得到 $\sin\left(x + \dfrac{\pi}{3}\right) = f(x)$。

**高考链接 7：**2019 年 · 新课标全国卷二 · 9

下列函数中，以 $\dfrac{\pi}{2}$ 为周期且在区间 $\left(\dfrac{\pi}{4}, \dfrac{\pi}{2}\right)$ 上单调递增的是（　　）

 A. $f(x) = |\cos 2x|$      B. $f(x) = |\sin 2x|$

 C. $f(x) = \cos|x|$       D. $f(x) = \sin|x|$

答案：A。

$f(x) = \sin|x|$ 不是周期函数，排除 D；

$f(x) = \cos|x|$ 的周期是 $2\pi$，排除 C；

$f(x) = |\sin 2x|$ 在区间 $\left(\dfrac{\pi}{4}, \dfrac{\pi}{2}\right)$ 上单调递减，排除 B。

**典例 5 - 5：**《必修第一册》第 214 页习题 5.4 综合运用第 15 题

已知函数 $y = f(x)$ 是定义在 **R** 上周期为 2 的奇函数，若 $f(0.5) = 1$，求 $f(1)$，$f(3.5)$ 的值。

答案：因为周期为 2，所以 $f(1) = f(-1)$，$f(3.5) = f(-0.5)$。

因为 $y = f(x)$ 是奇函数，所以 $f(-1) = -f(1)$，$f(-0.5) = -f(0.5)$，

则 $f(1) = -f(1)$，所以 $f(1) = 0$，$f(3.5) = -1$。

**引申：**《必修第一册》第 214 页习题 5.4 拓广探索第 18 题

已知周期函数 $y = f(x)$ 的图像如图 5 - 1 所示。

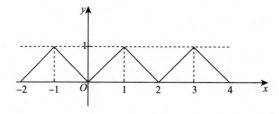

图 5 - 1

（1）求函数的周期；

（2）画出函数 $y = f(x + 1)$ 的图像；

（3）写出函数 $y = f(x)$ 的解析式。

答案：（1）函数的周期为 2；

（2）函数 $y = f(x + 1)$ 的图像相当于函数 $y = f(x)$ 的图像向左平移 1 个单位长度，如图 5 - 2 所示；

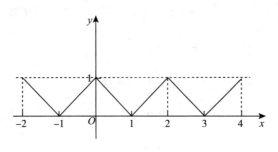

图 5 - 2

（3）$y = |x - 2k|$，$x \in [2k - 1, 2k + 1]$，$k \in \mathbf{Z}$。

【函数的性质中单调性、奇偶性、周期性和对称性是考查的重点，既要会判断单个性质，更要掌握多个性质的综合使用，比如对称性和周期性之间、单调性和奇偶性之间的关系等，还要能够利用性质间的关系进行函数的求值】

**高考链接 1：** 2018 年·新课标全国卷二·11

已知 $f(x)$ 是定义域为 $(-\infty, +\infty)$ 的奇函数，满足 $f(1 - x) = f(1 + x)$。若 $f(1) = 2$，则 $f(1) + f(2) + \cdots + f(50) = (\quad)$

A. $-50$　　　　B. 0　　　　C. 2　　　　D. 50

答案：C。

因为 $f(1 - x) = f(1 + x)$，所以函数 $f(x)$ 的对称轴为 $x = 1$。

又 $f(x)$ 为奇函数，则函数的周期为 $T = 4$，

则 $f(0) = 0$，$f(1) = 2$，$f(2) = 0$，$f(3) = f(-1) = -f(1) = -2$，

$f(1) + f(2) + f(3) + f(4) = 0$，

所以 $f(1) + f(2) + \cdots + f(50) = f(1) + f(2) = 2$。

**高考链接 2：** 2018 年·新课标全国卷三·7

下列函数中，其图像与函数 $y = \ln x$ 的图像关于直线 $x = 1$ 对称的是（　　）

A. $y = \ln(1 - x)$　　　　　　B. $y = \ln(2 - x)$

C. $y = \ln(1 + x)$　　　　　　D. $y = \ln(2 + x)$

答案：B。

点（1，0）在函数 $y = \ln x$ 的图像上，则点（1，0）也在所求函数图像上。

**高考链接 3**：2016 年·四川卷·14

若函数 $f(x)$ 是定义 **R** 上的周期为 2 的奇函数，当 $0 < x < 1$ 时，$f(x) = 4^x$，则 $f\left(-\dfrac{5}{2}\right) + f(2) =$ ＿＿＿＿＿＿＿。

答案：$f\left(-\dfrac{5}{2}\right) = f\left(-\dfrac{1}{2}\right) = -f\left(\dfrac{1}{2}\right) = -4^{\frac{1}{2}} = -2$，且 $f(2) = f(0) = 0$，所以 $f\left(-\dfrac{5}{2}\right) + f(2) = -2$。

**典例 5－6**：《必修第一册》第 218 页例 3

已知 $\sin\alpha = -\dfrac{3}{5}$，$\alpha$ 是第四象限角，求 $\sin\left(\dfrac{\pi}{4} - \alpha\right)$，$\cos\left(\dfrac{\pi}{4} + \alpha\right)$，$\tan\left(\alpha - \dfrac{\pi}{4}\right)$ 的值。

答案：因为 $\sin\alpha = -\dfrac{3}{5}$，$\alpha$ 是第四象限角，所以 $\cos\alpha = \dfrac{4}{5}$，$\tan\alpha = -\dfrac{3}{4}$。

根据两角和差的三角公式得：

$$\sin\left(\dfrac{\pi}{4} - \alpha\right) = \sin\dfrac{\pi}{4}\cos\alpha - \cos\dfrac{\pi}{4}\sin\alpha = \dfrac{7\sqrt{2}}{10},$$

$$\cos\left(\dfrac{\pi}{4} + \alpha\right) = \cos\dfrac{\pi}{4}\cos\alpha - \sin\dfrac{\pi}{4}\sin\alpha = \dfrac{7\sqrt{2}}{10},$$

$$\tan\left(\alpha - \dfrac{\pi}{4}\right) = \dfrac{\tan\alpha - \tan\dfrac{\pi}{4}}{1 + \tan\alpha\tan\dfrac{\pi}{4}} = -7。$$

**引申 1**：《必修第一册》第 229 页习题 5.5 第 6 题

化简：（1）$\sin 347°\cos 148° + \sin 77°\cos 58°$；

（2）$\sin 164°\sin 224° + \sin 254°\sin 314°$；

（3）$\sin(\alpha + \beta)\cos(\gamma - \beta) - \cos(\beta + \alpha)\sin(\beta - \gamma)$；

（4）$\sin(\alpha - \beta)\sin(\beta - \gamma) - \cos(\alpha - \beta)\sin(\gamma - \beta)$；

（5）$\dfrac{\tan\dfrac{5\pi}{4} + \tan\dfrac{5\pi}{12}}{1 - \tan\dfrac{5\pi}{12}}$；

（6）$\dfrac{\sin(\alpha + \beta) - 2\sin\alpha\cos\beta}{2\sin\alpha\sin\beta + \cos(\alpha + \beta)}$。

答案：（1）$\sin347°\cos148° + \sin77°\cos58° = \sin13°\cos32° + \cos13°\sin32° = \sin45° = \dfrac{\sqrt{2}}{2}$；

（2）$\sin164°\sin224° + \sin254°\sin314° = \sin16°(-\sin44°) + \cos16°\cos44° = \cos60° = \dfrac{1}{2}$；

（3）$\sin(\alpha+\beta)\cos(\gamma-\beta) - \cos(\beta+\alpha)\sin(\beta-\gamma) = \sin[(\alpha+\beta)+(\gamma-\beta)] = \sin(\alpha+\gamma)$；

（4）$\sin(\alpha-\beta)\sin(\beta-\gamma) - \cos(\alpha-\beta)\cos(\gamma-\beta) = \sin(\alpha-\beta)\sin(\beta-\gamma) - \cos(\alpha-\beta)\cos(\beta-\gamma) = -\cos[(\alpha-\beta)+(\beta-\gamma)] = -\cos(\alpha-\gamma)$；

（5）$\dfrac{\tan\dfrac{5\pi}{4} + \tan\dfrac{5\pi}{12}}{1 - \tan\dfrac{5\pi}{12}} = \dfrac{\tan\dfrac{5\pi}{4} + \tan\dfrac{5\pi}{12}}{1 - \tan\dfrac{5\pi}{4}\tan\dfrac{5\pi}{12}} = \tan\left(\dfrac{\pi}{4} + \dfrac{5\pi}{12}\right) = \tan\dfrac{2\pi}{3} = -\sqrt{3}$；

（6）$\dfrac{\sin(\alpha+\beta) - 2\sin\alpha\cos\beta}{2\sin\alpha\sin\beta + \cos(\alpha+\beta)} = \dfrac{\cos\alpha\sin\beta - \sin\alpha\cos\beta}{\sin\alpha\sin\beta + \cos\alpha\cos\beta} = \dfrac{\sin(\beta-\alpha)}{\cos(\beta-\alpha)} = \tan(\beta-\alpha)$。

**引申 2**：《必修第一册》第 228 页习题 5.5 第 2 题

已知 $\alpha$，$\beta$ 都是锐角，$\cos\alpha = \dfrac{1}{7}$，$\cos(\alpha+\beta) = -\dfrac{11}{14}$，求 $\cos\beta$ 的值。

答案：$\cos\beta = \cos[(\alpha+\beta) - \alpha] = \cos\alpha\cos(\alpha+\beta) + \sin\alpha\sin(\alpha+\beta)$，

因为 $\cos\alpha = \dfrac{1}{7}$，且 $\alpha$ 是锐角，则 $\sin\alpha = \dfrac{4\sqrt{3}}{7}$。

同理，$\sin(\alpha+\beta) = \dfrac{5\sqrt{3}}{14}$，

所以 $\cos\beta = -\dfrac{11}{14} \times \dfrac{1}{7} + \dfrac{5\sqrt{3}}{14} \times \dfrac{4\sqrt{3}}{7} = \dfrac{1}{2}$。

**引申 2**：《必修第一册》第 254 页复习参考题 5 第 13（1）题

化简：$\dfrac{1}{\sin10°} - \dfrac{\sqrt{3}}{\cos10°}$。

答案：4。

$\dfrac{1}{\sin10°} - \dfrac{\sqrt{3}}{\cos10°} = \dfrac{\cos10° - \sqrt{3}\sin10°}{\sin10°\cos10°} = \dfrac{2\cos70°}{\dfrac{1}{2}\sin20°} = 4$。

【掌握两角和差的正弦、余弦和正切公式的正用、逆用和变形使用，利用三

角函数和差公式求值时，注意角的变形，通常利用整体代换，用已知角表示所求角，或者寻找已知角与特殊角之间的关系】

**高考链接 1**：2020 年·新课标全国卷三·5

已知 $\sin\theta + \sin\left(\theta + \dfrac{\pi}{3}\right) = 1$ ，则 $\sin\left(\theta + \dfrac{\pi}{6}\right) = ($      $)$

A. $\dfrac{1}{2}$      B. $\dfrac{\sqrt{3}}{3}$      C. $\dfrac{2}{3}$      D. $\dfrac{\sqrt{2}}{2}$

答案：B。

由 $\sin\theta + \sin\left(\theta + \dfrac{\pi}{3}\right) = 1$ 得：

$$\sin\left[\left(\theta + \dfrac{\pi}{6}\right) - \dfrac{\pi}{6}\right] + \sin\left[\left(\theta + \dfrac{\pi}{6}\right) + \dfrac{\pi}{6}\right] = 2\sin\left(\theta + \dfrac{\pi}{6}\right)\cos\dfrac{\pi}{6}$$

$$= \sqrt{3}\sin\left(\theta + \dfrac{\pi}{6}\right) = 1 \text{ ,}$$

所以 $\sin\left(\theta + \dfrac{\pi}{6}\right) = \dfrac{\sqrt{3}}{3}$ 。

**高考链接 2**：2018 年·浙江卷·18.2

已知角 $\alpha$ 的顶点与原点 $O$ 重合，始边与 $x$ 轴的非负半轴重合，它的终边过点 $P\left(-\dfrac{3}{5} , -\dfrac{4}{5}\right)$ 。若角 $\beta$ 满足 $\sin(\alpha + \beta) = \dfrac{5}{13}$ ，求 $\cos\beta$ 的值。

答案：根据三角函数定义，$\sin\alpha = -\dfrac{4}{5}$ ，$\cos\alpha = -\dfrac{3}{5}$ 。

因为 $\sin(\alpha + \beta) = \dfrac{5}{13}$ ，所以 $\cos(\alpha + \beta) = \dfrac{12}{13}$ 或 $\cos(\alpha + \beta) = -\dfrac{12}{13}$ ，

则 $\cos\beta = \cos\left[(\alpha + \beta) - \alpha\right] = \cos(\alpha + \beta)\cos\alpha + \sin(\alpha + \beta)\sin\alpha = -\dfrac{56}{65}$ 或 $\dfrac{16}{65}$ 。

**高考链接 3**：2018 年·江苏卷·16

已知 $\alpha$ ，$\beta$ 为锐角，$\tan\alpha = \dfrac{4}{3}$ ，$\cos(\alpha + \beta) = -\dfrac{\sqrt{5}}{5}$ ，求 $\tan(\alpha - \beta)$ 的值。

答案：因为 $\alpha$ 为锐角，且 $\tan\alpha = \dfrac{4}{3}$ ，则 $\tan2\alpha = \dfrac{2 \times \dfrac{4}{3}}{1 - \left(\dfrac{4}{3}\right)^2} = -\dfrac{24}{7}$ 。

又因为 $\alpha + \beta \in (0, \pi)$，$\cos(\alpha + \beta) = -\dfrac{\sqrt{5}}{5}$，所以 $\sin(\alpha + \beta) = \dfrac{2\sqrt{5}}{5}$，

则 $\tan(\alpha + \beta) = -2$，$\tan(\alpha - \beta) = \tan[2\alpha - (\alpha + \beta)] = -\dfrac{2}{11}$。

**典例 5－7**：《必修第一册》第 221 页例 5

已知 $\sin 2\alpha = \dfrac{5}{13}$，$\dfrac{\pi}{4} < \alpha < \dfrac{\pi}{2}$，求 $\sin 4\alpha$，$\cos 4\alpha$，$\tan 4\alpha$ 的值。

答案：因为 $\dfrac{\pi}{4} < \alpha < \dfrac{\pi}{2}$，所以 $\dfrac{\pi}{2} < 2\alpha < \pi$。

已知 $\sin 2\alpha = \dfrac{5}{13}$，则 $\cos 2\alpha = -\dfrac{12}{13}$，于是

$$\sin 4\alpha = 2\sin 2\alpha \cos 2\alpha = 2 \times \dfrac{5}{13} \times \left(-\dfrac{12}{13}\right) = -\dfrac{120}{169};$$

$$\cos 4\alpha = 1 - 2\sin^2 2\alpha = 1 - 2 \times \dfrac{5}{13} \times \dfrac{5}{13} = \dfrac{119}{169};$$

$$\tan 4\alpha = \dfrac{\sin 4\alpha}{\cos 4\alpha} = -\dfrac{120}{119}。$$

**引申 1**：《必修第一册》第 223 页练习 5

求下列各式的值：

（1）$\sin 15° \cos 15°$；　　　　　　（2）$\cos^2 \dfrac{\pi}{8} - \sin^2 \dfrac{\pi}{8}$；

（3）$\dfrac{\tan 22.5°}{1 - \tan^2 22.5°}$；　　　　　（4）$2\cos^2 22.5° - 1$。

答案：（1）$\sin 15° \cos 15° = \dfrac{1}{2}\sin 30° = \dfrac{1}{4}$；

（2）$\cos^2 \dfrac{\pi}{8} - \sin^2 \dfrac{\pi}{8} = \cos \dfrac{\pi}{4} = \dfrac{\sqrt{2}}{2}$；

（3）$\dfrac{\tan 22.5°}{1 - \tan^2 22.5°} = \dfrac{1}{2}\tan 45° = \dfrac{1}{2}$；

（4）$2\cos^2 22.5° - 1 = \cos 45° = \dfrac{\sqrt{2}}{2}$。

**引申 2**：《必修第一册》第 229 页习题 5.5 第 8 题（3）（6）

求证：

（3）$\dfrac{1 + \sin 2\varphi}{\cos \varphi + \sin \varphi} = \cos \varphi + \sin \varphi$；

(6) $\dfrac{1 + \sin2\theta - \cos2\theta}{1 + \sin2\theta + \cos2\theta} = \tan\theta$。

答案：证明：

(3) $\dfrac{1 + \sin2\varphi}{\cos\varphi + \sin\varphi} = \dfrac{(\sin\varphi + \cos\varphi)^2}{\cos\varphi + \sin\varphi} = \cos\varphi + \sin\varphi$ ;

(6) $\dfrac{1 + \sin2\theta - \cos2\theta}{1 + \sin2\theta + \cos2\theta} = \dfrac{1 + 2\sin\theta\cos\theta - (1 - 2\sin^2\theta)}{1 + 2\sin\theta\cos\theta + (2\cos^2\theta - 1)}$

$$= \dfrac{2\sin\theta\cos\theta + 2\sin^2\theta}{2\sin\theta\cos\theta + 2\cos^2\theta} = \dfrac{\sin\theta}{\cos\theta} = \tan\theta 。$$

【倍角公式是三角和差公式的特例，在 $\alpha = \beta$ 时推出了二倍角公式。倍角是相对的，$2\alpha$ 是 $\alpha$ 的倍角，$\alpha$ 又是 $\dfrac{\alpha}{2}$ 的倍角，等等，在使用过程中，要及时发现角与角之间的关系；在二倍角公式 $\cos2\alpha = 2\cos^2\alpha - 1 = 1 - 2\sin^2\alpha$ 中又可以推导出降幂公式 $\cos^2\alpha = \dfrac{1 + \cos2\alpha}{2}$，$\sin^2\alpha = \dfrac{1 - \cos2\alpha}{2}$】

**高考链接 1**：2021 年·新课标全国卷乙·6

$\cos^2\dfrac{\pi}{12} - \cos^2\dfrac{5\pi}{12} = ($ 　　$)$

A. $\dfrac{1}{2}$ 　　　　B. $\dfrac{\sqrt{3}}{3}$ 　　　　C. $\dfrac{\sqrt{2}}{2}$ 　　　　D. $\dfrac{\sqrt{3}}{2}$

答案：D。

$\cos^2\dfrac{\pi}{12} - \sin^2\dfrac{\pi}{12} = \cos\dfrac{\pi}{6} = \dfrac{\sqrt{3}}{2}$。

**高考链接 2**：2021 年·新高考全国卷一·6

若 $\tan\theta = -2$，则 $\dfrac{\sin\theta(1 + \sin2\theta)}{\sin\theta + \cos\theta} = ($ 　　$)$

A. $-\dfrac{6}{5}$ 　　　　B. $-\dfrac{2}{5}$ 　　　　C. $\dfrac{2}{5}$ 　　　　D. $\dfrac{6}{5}$

答案：C。

$\dfrac{\sin\theta(1 + \sin2\theta)}{\sin\theta + \cos\theta} = \dfrac{\sin\theta\,(\sin\theta + \cos\theta)^2}{\sin\theta + \cos\theta} = \sin\theta(\sin\theta + \cos\theta)$

$$= \sin^2\theta + \sin\theta\cos\theta = \dfrac{\sin^2\theta + \sin\theta\cos\theta}{\sin^2\theta + \cos^2\theta} = \dfrac{\tan^2\theta + \tan\theta}{\tan^2\theta + 1} = \dfrac{2}{5} 。$$

**高考链接 3**：2021 年·新课标全国卷甲·5

若 $\alpha \in \left(0, \dfrac{\pi}{2}\right)$，$\tan2\alpha = \dfrac{\cos\alpha}{2 - \sin\alpha}$，则 $\tan\alpha = ($ 　　$)$

A. $\dfrac{\sqrt{15}}{15}$      B. $\dfrac{\sqrt{5}}{5}$      C. $\dfrac{\sqrt{5}}{3}$      D. $\dfrac{\sqrt{15}}{3}$

答案：A。

因为 $\tan 2\alpha = \dfrac{\cos\alpha}{2 - \sin\alpha}$ ，所以 $\dfrac{\sin 2\alpha}{\cos 2\alpha} = \dfrac{\cos\alpha}{2 - \sin\alpha}$ ，即 $\dfrac{2\sin\alpha\cos\alpha}{1 - 2\sin^2\alpha} = \dfrac{\cos\alpha}{2 - \sin\alpha}$ ，

得 $\sin\alpha = \dfrac{1}{4}$ ，$\alpha \in \left(0, \dfrac{\pi}{2}\right)$ ，所以 $\cos\alpha = \dfrac{\sqrt{15}}{4}$ ，则 $\tan\alpha = \dfrac{\sqrt{15}}{15}$ 。

**高考链接 4**：2019 年·新课标全国卷三·5

函数 $f(x) = 2\sin x - \sin 2x$ 在 $[0, 2\pi]$ 上的零点个数为（    ）

A. 2      B. 3      C. 4      D. 5

答案：B。

由题意知，$2\sin x - \sin 2x = 0$ ，得 $2\sin x - 2\sin x\cos x = 2\sin x(1 - \cos x) = 0$ ，

则 $\sin x = 0$ 或 $\cos x = 1$ 。

因为 $x \in [0, 2\pi]$ ，所以 $x = 0, \pi, 2\pi$ 。

**高考链接 5**：2020 年·新课标全国卷一·9

已知 $\alpha \in (0, \pi)$ ，且 $3\cos 2\alpha - 8\cos\alpha = 5$ ，则 $\sin\alpha = （ \quad ）$

A. $\dfrac{\sqrt{5}}{3}$      B. $\dfrac{2}{3}$      C. $\dfrac{1}{3}$      D. $\dfrac{\sqrt{5}}{9}$

答案：A。

因为 $3\cos 2\alpha - 8\cos\alpha = 5$ ，得 $3(2\cos^2\alpha - 1) - 8\cos\alpha = 5$ ，

即 $6\cos^2\alpha - 8\cos\alpha - 8 = 0$ ，所以 $\cos\alpha = -\dfrac{2}{3}$ 。

又因为 $\alpha \in (0, \pi)$ ，则 $\sin\alpha = \dfrac{\sqrt{5}}{3}$ 。

**典例 5-8**：《必修第一册》第 227 页例 9

求下列函数的周期、最大值和最小值：

（1）$y = \sin x + \sqrt{3}\cos x$ ；

（2）$y = 3\sin x + 4\cos x$ 。

答案：（1）因为 $y = \sin x + \sqrt{3}\cos x = 2\sin\left(x + \dfrac{\pi}{3}\right)$ ，

所以，所求周期为 $2\pi$，最大值为 2，最小值为 $-2$。

（2）因为 $y = 3\sin x + 4\cos x = 5\sin(x + \varphi)$ ，且 $\sin\varphi = \dfrac{4}{5}$ ，$\cos\varphi = \dfrac{3}{5}$ ，

所以，所求周期为 $2\pi$，最大值为 5，最小值为 $-5$。

**引申：**《必修第一册》第 230 页习题 5.5 综合运用第 17 题（1）

求函数 $f(x) = \sin\left(\dfrac{\pi}{3} + 4x\right) + \sin\left(4x - \dfrac{\pi}{6}\right)$ 的周期和单调增区间。

**答案：**函数 $f(x) = \sin\left(\dfrac{\pi}{3} + 4x\right) - \cos\left(4x + \dfrac{\pi}{3}\right) = \sqrt{2}\sin\left(4x + \dfrac{\pi}{12}\right)$，

所以，函数的周期为 $\dfrac{\pi}{2}$。

令 $2k\pi - \dfrac{\pi}{2} \leqslant 4x + \dfrac{\pi}{12} \leqslant 2k\pi + \dfrac{\pi}{2}(k \in \mathbf{Z})$，

解得 $\dfrac{k\pi}{2} - \dfrac{7\pi}{48} \leqslant x \leqslant \dfrac{k\pi}{2} + \dfrac{5\pi}{48}(k \in \mathbf{Z})$，

所以，函数的增区间为 $\left[\dfrac{k\pi}{2} - \dfrac{7\pi}{48}, \dfrac{k\pi}{2} + \dfrac{5\pi}{48}\right](k \in \mathbf{Z})$。

【根据正余弦的和差公式的逆用，可推导出辅助角公式，即 $a\sin\alpha + b\cos\alpha = \sqrt{a^2 + b^2}\sin(\alpha + \varphi)$，辅助角公式是三角恒等变换的必经之路，需要将函数化简为一个一次的三角函数后，才能相应地研究函数的性质，如周期、值域、单调性、奇偶性及对称性等】

**高考链接 1：**2019 年·新课标全国卷一·15

函数 $f(x) = \sin\left(2x + \dfrac{3\pi}{2}\right) - 3\cos x$ 的最小值为_____。

**答案：**$-4$。

因为 $f(x) = \sin\left(2x + \dfrac{3\pi}{2}\right) - 3\cos x = -\cos 2x - 3\cos x = -2\cos^2 x - 3\cos x + 1$，

设 $\cos x = t$，$t \in [-1, 1]$，$f(t) = -2t^2 - 3t + 1$，

所以 $t = 1$ 时，函数的最小值为 $-4$。

**高考链接 2：**2019 年·浙江卷·18.2

设函数 $f(x) = \sin x$，$x \in \mathbf{R}$，求函数 $y = \left[f\left(x + \dfrac{\pi}{12}\right)\right]^2 + \left[f\left(x + \dfrac{\pi}{4}\right)\right]^2$

的值域。

**答案：**因为 $f(x) = \sin x$，则：

$$y = \left[f\left(x + \dfrac{\pi}{12}\right)\right]^2 + \left[f\left(x + \dfrac{\pi}{4}\right)\right]^2 = \sin^2\left(x + \dfrac{\pi}{12}\right) + \sin^2\left(x + \dfrac{\pi}{4}\right)$$

$$= \dfrac{1 - \cos\left(2x + \dfrac{\pi}{6}\right)}{2} + \dfrac{1 - \cos\left(2x + \dfrac{\pi}{2}\right)}{2}$$

$$= \frac{3}{4}\sin2x - \frac{\sqrt{3}}{4}\cos2x + 1 = \frac{\sqrt{3}}{2}\sin\left(2x - \frac{\pi}{6}\right) + 1 ,$$

所以函数的最大值为 $\frac{\sqrt{3}}{2} + 1$，最小值为 $-\frac{\sqrt{3}}{2} + 1$，

则函数的值域为 $\left[ -\frac{\sqrt{3}}{2} + 1 , \frac{\sqrt{3}}{2} + 1 \right]$。

**典例 5 - 9**：《必修第一册》第 237 页例 1

画出函数 $y = 2\sin\left(3x - \frac{\pi}{6}\right)$ 的简图。

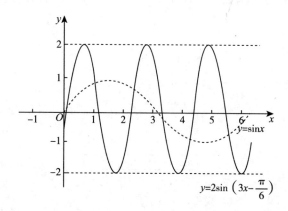

**图 5 - 3**

答案：如图 5 - 3 所示，先画出函数 $y = \sin x$ 的图像；

再把正弦曲线向右平移 $\frac{\pi}{6}$ 个单位长度，得到函数 $y = \sin\left(x - \frac{\pi}{6}\right)$ 的图像；

然后使曲线上各点的横坐标变为原来的 $\frac{1}{3}$，得到函数 $y = \sin\left(3x - \frac{\pi}{6}\right)$ 的图像；

最后把曲线上各点的纵坐标变为原来的 2 倍，得到的就是函数 $y = 2\sin\left(3x - \frac{\pi}{6}\right)$ 的图像。

下面用"五点法"画出函数 $y = 2\sin\left(3x - \frac{\pi}{6}\right)$ 在一个周期内的图像。

令 $X = 3x - \frac{\pi}{6}$，则 $x = \frac{1}{3}\left(X + \frac{\pi}{6}\right)$，列表如下：

| $X$ | $0$ | $\dfrac{\pi}{2}$ | $\pi$ | $\dfrac{3\pi}{2}$ | $2\pi$ |
|---|---|---|---|---|---|
| $x$ | $\dfrac{\pi}{18}$ | $\dfrac{2\pi}{9}$ | $\dfrac{7\pi}{18}$ | $\dfrac{5\pi}{9}$ | $\dfrac{13\pi}{18}$ |
| $y$ | $0$ | $2$ | $0$ | $-2$ | $0$ |

通过描点连线得出函数 $y = 2\sin\left(3x - \dfrac{\pi}{6}\right)$ 在一个周期内的图像，如图 $5-4$ 所示。

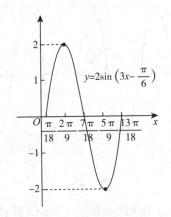

图 $5-4$

**引申 1**：《必修第一册》第 241 页习题 5.6 综合运用第 4 题

函数 $y = A\sin(\omega x + \varphi)(A > 0，0 < \varphi < \pi)$ 在一个周期内的图像如图 $5-5$ 所示，此函数的解析式为_____。

答案：根据图像可知，最大值和最小值分别为 2 和 $-2$，可确定 $A = 2$；

最高点和最低点横坐标的差值为 $\pi$，可知

$\dfrac{T}{2} = \dfrac{\pi}{2}$，所以 $T = \pi，\omega = 2$；

将一个最高点 $\left(-\dfrac{\pi}{12}，2\right)$ 代入 $y = 2\sin(2x + \varphi)$ 得：$\varphi = \dfrac{2\pi}{3}$，

所以，函数的解析式为 $y = 2\sin\left(2x + \dfrac{2\pi}{3}\right)$。

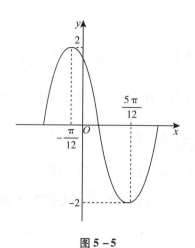

图 5 - 5

**引申 2：**《必修第一册》第 241 页习题 5.6 综合运用第 5 题

将函数 $y = 3\sin\left(2x + \dfrac{\pi}{4}\right)$ 的图像向左平移 $\dfrac{\pi}{3}$ 后得到函数 $y = g(x)$ 的图像，求 $y = g(x)$ 的解析式。

答案：设 $f(x) = 3\sin\left(2x + \dfrac{\pi}{4}\right)$，将其图像向左平移 $\dfrac{\pi}{3}$ 后得到：

$$y = g(x) = f\left(x + \dfrac{\pi}{3}\right) = 3\sin\left[2\left(x + \dfrac{\pi}{3}\right) + \dfrac{\pi}{4}\right] = 3\sin\left(2x + \dfrac{11\pi}{12}\right),$$

所以，$y = g(x)$ 的解析式为 $g(x) = 3\sin\left(2x + \dfrac{11\pi}{12}\right)$。

【三角函数 $y = A\sin(\omega x + \varphi)$ 的图像问题分为作图类和图像使用类。作图类能够利用图像变换的方法从正弦曲线出发通过平移、伸缩等变换得出目标函数的图像；还要求能够利用"五点法"画出目标函数的图像。在使用图像时，会遇到根据图像确定函数的解析式，也有可能根据解析式求出图像上具体点的坐标或判断相应函数的性质】

**高考链接 1：**2021 年 · 新课标全国卷乙 · 7

把函数 $y = f(x)$ 图像上所有点的横坐标缩短到原来的 $\dfrac{1}{2}$，纵坐标不变，再把所得曲线向右平移 $\dfrac{\pi}{3}$ 个单位长度，得到函数 $y = \sin\left(x - \dfrac{\pi}{4}\right)$ 的图像，则 $f(x) = (\qquad)$

A. $\sin\left(\dfrac{x}{2} - \dfrac{7\pi}{12}\right)$　　　　　　B. $\sin\left(\dfrac{x}{2} + \dfrac{\pi}{12}\right)$

C. $\sin\left(2x - \dfrac{7\pi}{12}\right)$　　　　　　D. $\sin\left(2x + \dfrac{\pi}{12}\right)$

答案：B。

将图像变换过程逆过来，把 $y = \sin\left(x - \dfrac{\pi}{4}\right)$ 图像向左平移 $\dfrac{\pi}{3}$ 个单位长度，

得到函数 $y = \sin\left(x + \dfrac{\pi}{12}\right)$ 的图像，再将图像上所有点的横坐标变为原来的 2 倍，

得到函数 $y = \sin\left(\dfrac{x}{2} + \dfrac{\pi}{12}\right)$ 的图像。

**高考链接 2**：2021 年·新课标全国卷甲·15

已知函数 $f(x) = 2\cos(\omega x + \varphi)$ 的部分图像如图 5 - 6 所示，则 $f\left(\dfrac{\pi}{2}\right) = $ _____。

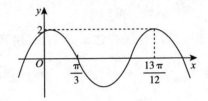

图 5 - 6

答案：$-\sqrt{3}$。

根据图像可知：

$\dfrac{3}{4}T = \dfrac{3}{4}\pi$，则 $T = \pi$，$\omega = 2$。

将点 $\left(\dfrac{13\pi}{12},\ 2\right)$ 代入 $f(x) = 2\cos(2x + \varphi)$ 得：$\varphi = -\dfrac{\pi}{6}$，

所以函数的解析式为 $f(x) = 2\cos\left(2x - \dfrac{\pi}{6}\right)$，则 $f\left(\dfrac{\pi}{2}\right) = -\sqrt{3}$。

**高考链接 3**：2020 年·新课标全国卷一·7

设函数 $f(x) = \cos\left(\omega x + \dfrac{\pi}{6}\right)$ 在 $[-\pi,\ \pi]$ 上的图像大致如图 5 - 7 所示，

则 $f(x)$ 的最小正周期为（　　　）

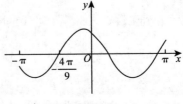

图 5 - 7

A. $\dfrac{10\pi}{9}$　　　　B. $\dfrac{7\pi}{6}$　　　　C. $\dfrac{4\pi}{3}$　　　　D. $\dfrac{3\pi}{2}$

答案：C。

根据图像确定函数的解析式，将点 $\left(-\dfrac{4\pi}{9},\ 0\right)$ 代入解析式，得

$\omega=\dfrac{9k+3}{2}(k\in\mathbf{Z})$，所以最小正周期为 $T=\dfrac{4\pi}{9k+3}(k\in\mathbf{Z})$。

当 $k=0$ 时，$T=\dfrac{4\pi}{3}$。

**高考链接 4：**2020 年·江苏卷·10

将函数 $y=3\sin\left(2x+\dfrac{\pi}{4}\right)$ 的图像向右平移 $\dfrac{\pi}{6}$ 个单位长度，则平移后的图像与 $y$ 轴最近的对称轴方程是_____。

答案：$x=-\dfrac{5\pi}{24}$。

将函数 $y=3\sin\left(2x+\dfrac{\pi}{4}\right)$ 的图像向右平移 $\dfrac{\pi}{6}$ 个单位长度得到的函数为

$y=3\sin\left[2\left(x-\dfrac{\pi}{6}\right)+\dfrac{\pi}{4}\right]=3\sin\left(2x-\dfrac{\pi}{12}\right)$。

其对称轴方程为 $x=\dfrac{k\pi}{2}+\dfrac{7\pi}{24}(k\in\mathbf{Z})$。

则与 $y$ 轴最近的对称轴方程在 $k=-1$ 时取到，即 $x=-\dfrac{5\pi}{24}$。

**高考链接 5：**2020 年·上海卷·18.1

已知函数 $f(x)=\sin\omega x$，$\omega>0$，$f(x)$ 的周期是 $4\pi$，求 $\omega$，并求 $f(x)=\dfrac{1}{2}$ 的解集。

答案：因为 $f(x)$ 的周期是 $4\pi$，所以 $T=\dfrac{2\pi}{\omega}=4\pi$，

则 $\omega=\dfrac{1}{2}$。

由 $\omega=\dfrac{1}{2}$ 得，$f(x)=\sin\dfrac{1}{2}x$，所以 $\sin\dfrac{1}{2}x=\dfrac{1}{2}$，

故 $\dfrac{1}{2}x=2k\pi+\dfrac{\pi}{6}$ 或 $\dfrac{1}{2}x=2k\pi+\dfrac{5\pi}{6}(k\in\mathbf{Z})$，

整理得, $x = 4k\pi + \dfrac{\pi}{3}$ 或 $x = 4k\pi + \dfrac{5\pi}{3}(k \in \mathbf{Z})$,

则 $f(x) = \dfrac{1}{2}$ 的解集为 $\left\{ x \mid x = 4k\pi + \dfrac{\pi}{3} \text{ 或 } x = 4k\pi + \dfrac{5\pi}{3}, k \in \mathbf{Z} \right\}$。

**高考链接 6**:2018 年·北京卷·11

设函数 $f(x) = \cos\left(\omega x - \dfrac{\pi}{6}\right)(\omega > 0)$,若 $f(x) \leqslant f\left(\dfrac{\pi}{4}\right)$ 对任意的实数 $x$ 都

成立,则 $\omega$ 的最小值为_____。

答案: $\dfrac{2}{3}$。

根据 $f(x) \leqslant f\left(\dfrac{\pi}{4}\right)$ 对任意的实数 $x$ 都成立,

得 $f\left(\dfrac{\pi}{4}\right) = 1$,即 $\cos\left(\dfrac{\omega\pi}{4} - \dfrac{\pi}{6}\right) = 1$,

得 $\dfrac{\omega\pi}{4} - \dfrac{\pi}{6} = 2k\pi$,$k \in \mathbf{Z}$,解得 $\omega = 8k + \dfrac{2}{3}(k \in \mathbf{Z})$。

又因为 $\omega > 0$,所以 $\omega$ 的最小值为 $\dfrac{2}{3}$。

# 第六章

# 平面向量及其应用

　　向量是近代数学中重要和基本的概念之一，向量理论具有深刻的数学内涵和丰富的物理背景。向量既是代数研究对象，也是几何研究对象，是沟通几何与代数的桥梁。向量作为高考的基础性要求在近几年的全国卷中表现稳定，而作为工具的向量在综合性方面的要求相对淡化，尤其在物理中的应用，高考中没有考查过，在平面几何中的应用主要考查数学运算和直观想象素养。在新版教材中，《解三角形》由原来必修5中单独的一章内容合并到必修第二册第六章《平面向量及其应用》。正余弦定理的加入，作为平面向量的应用出现，凸显了向量的工具性作用，增加了本章的厚重感。具体到知识点中，包括向量概念、向量运算、向量基本定理及坐标表示、向量应用。在《普通高中数学课程标准》中有具体的要求：

　　（1）向量概念：①通过对力、速度、位移等概念的分析，了解平面向量的实际背景，理解平面向量的意义和两个向量相等的含义。②理解平面向量的几何表示和基本要素，平面向量及其应用。

　　（2）向量运算：①借助实例和平面向量的几何表示，掌握平面向量加、减运算及运算规则，理解其几何意义。②通过实例分析，掌握平面向量数乘运算及运算规则，理解其几何意义。理解两个平面向量共线的含义。③了解平面向量的线性运算性质及其几何意义。④通过物理中的功等实例，理解平面向量数量积的概念及其物理意义，会计算平面向量的数量积。⑤通过几何直观，了解平面向量投影的概念以及投影向量的意义。⑥会用数量积判断两个平面向量的垂直关系。

　　（3）向量基本定理及坐标表示：①理解平面向量基本定理及其意义。②借助平面直角坐标系，掌握平面向量的正交分解及坐标表示。③会用坐标表示平面向量的加、减运算与数乘运算。④能用坐标表示平面向量的数量积，会表示两个平面向量的夹角。⑤能用坐标表示平面向量共线、垂直的条件。

（4）向量应用与解三角形：①会用向量方法解决简单的平面几何问题、力学问题以及其他实际问题，体会向量在解决数学和实际问题中的作用。②借助向量的运算，探索三角形边长与角度的关系，掌握余弦定理、正弦定理。③能用余弦定理、正弦定理解决简单的实际问题。高考中平面向量单独考查一个小题，难度不大，另外，解三角形与三角函数相结合一般考查两个小题或者一个大题，有时平面向量与圆锥曲线相结合，入手点也比较低。总之，高考中本章内容分值在 20 分左右，难度不大。

**典例 30：**《必修第二册》第 12 页例 4

在平行四边形 $ABCD$ 中，$\overrightarrow{AB} = \vec{a}$，$\overrightarrow{AD} = \vec{b}$，你能用 $\vec{a}$，$\vec{b}$ 表示向量 $\overrightarrow{AC}$，$\overrightarrow{DB}$ 吗？

答案：由向量加法的平行四边形法则，我们知道 $\overrightarrow{AC} = \vec{a} + \vec{b}$。

同样，由向量的减法，可知 $\overrightarrow{DB} = \overrightarrow{AB} - \overrightarrow{AD} = \vec{a} - \vec{b}$。

**引申 1：**《必修第二册》第 14 页例 6

平行四边形 $ABCD$ 的两条对角线相交于点 $M$，且 $\overrightarrow{AB} = \vec{a}$，$\overrightarrow{AD} = \vec{b}$，用 $\vec{a}$，$\vec{b}$ 表示 $\overrightarrow{MA}$，$\overrightarrow{MB}$，$\overrightarrow{MC}$，$\overrightarrow{MD}$。

答案：在平行四边形 $ABCD$ 中，$\overrightarrow{AC} = \vec{a} + \vec{b}$，$\overrightarrow{DB} = \overrightarrow{AB} - \overrightarrow{AD} = \vec{a} - \vec{b}$。

由平行四边形的两条对角线互相平分，得

$$\overrightarrow{MA} = -\frac{1}{2}\overrightarrow{AC} = -\frac{1}{2}(\vec{a} + \vec{b}) = -\frac{1}{2}\vec{a} - \frac{1}{2}\vec{b},$$

$$\overrightarrow{MB} = \frac{1}{2}\overrightarrow{DB} = \frac{1}{2}(\vec{a} - \vec{b}) = \frac{1}{2}\vec{a} - \frac{1}{2}\vec{b},$$

$$\overrightarrow{MC} = \frac{1}{2}\overrightarrow{AC} = \frac{1}{2}(\vec{a} + \vec{b}) = \frac{1}{2}\vec{a} + \frac{1}{2}\vec{b},$$

$$\overrightarrow{MD} = -\frac{1}{2}\overrightarrow{DB} = -\frac{1}{2}(\vec{a} - \vec{b}) = -\frac{1}{2}\vec{a} + \frac{1}{2}\vec{b}.$$

**引申 2：**《必修第二册》第 23 页习题 6.2 综合运用第 15 题

如图 6 - 1 所示，在任意四边形 $ABCD$ 中，$E$，$F$ 分别为 $AD$，$BC$ 的中点，求证：$\overrightarrow{AB} + \overrightarrow{DC} = 2\overrightarrow{EF}$。

答案：如图 6 – 1 所示，连接 $EB$，$EC$，因为 $E$，$F$ 分别为 $AD$，$BC$ 的中点，

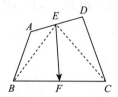

图 6 – 1

$$\therefore \overrightarrow{EF} = \frac{1}{2}(\overrightarrow{EB} + \overrightarrow{EC}) = \frac{1}{2}(\overrightarrow{AB} - \overrightarrow{AE} + \overrightarrow{DC} - \overrightarrow{DE})$$

$$= \frac{1}{2}\left(\overrightarrow{AB} - \frac{1}{2}\overrightarrow{AD} + \overrightarrow{DC} - \frac{1}{2}\overrightarrow{DA}\right)$$

$$= \frac{1}{2}\left(\overrightarrow{AB} - \frac{1}{2}\overrightarrow{AD} + \overrightarrow{DC} + \frac{1}{2}\overrightarrow{AD}\right) = \frac{1}{2}(\overrightarrow{AB} + \overrightarrow{DC}),$$

$$\therefore \overrightarrow{AB} + \overrightarrow{DC} = 2\overrightarrow{EF}。$$

【作图辅助，通过观察几何图形的特征，考查向量的加减运算及其几何意义】

**高考链接 1**：2020 年・新课标全国卷一・14

设 $\vec{a}, \vec{b}$ 为单位向量，且 $|\vec{a} + \vec{b}| = 1$，则 $|\vec{a} - \vec{b}| = $ _____。

答案：$\sqrt{3}$。

解法一：设 $\overrightarrow{OA} = \vec{a}$，$\overrightarrow{OB} = \vec{b}$，利用平行四边形法则，

作平行四边形 $OACB$，得

$\overrightarrow{OC} = \vec{a} + \vec{b}$。

$\therefore |\vec{a}| = |\vec{b}| = |\vec{a} + \vec{b}| = 1$，

$\therefore \triangle OAC$ 为正三角形，

$$\therefore |\vec{a} - \vec{b}| = |\overrightarrow{BA}| = 2 \times \frac{\sqrt{3}}{2} \times |\vec{a}| = \sqrt{3}。$$

解法二：因为 $\vec{a}, \vec{b}$ 为单位向量，

所以 $|\vec{a} + \vec{b}| = \sqrt{(\vec{a} + \vec{b})^2} = \sqrt{|\vec{a}|^2 + 2\vec{a} \cdot \vec{b} + |\vec{b}|^2}$

$= \sqrt{2 + 2\vec{a} \cdot \vec{b}} = 1$，解得 $2\vec{a} \cdot \vec{b} = -1$，

所以 $|\vec{a} - \vec{b}| = \sqrt{(\vec{a} - \vec{b})^2} = \sqrt{|\vec{a}|^2 - 2\vec{a} \cdot \vec{b} + |\vec{b}|^2} = \sqrt{3}。$

**高考链接 2**：2014 年·新课标全国卷一·6

设 $D$，$E$，$F$ 分别为 $\triangle ABC$ 的三边 $BC$，$CA$，$AB$ 的中点，则 $\overrightarrow{EB} + \overrightarrow{FC} = ($ 　　$)$

A. $\overrightarrow{AD}$ 　　　　 B. $\dfrac{1}{2}\overrightarrow{AD}$ 　　　　 C. $\dfrac{1}{2}\overrightarrow{BC}$ 　　　　 D. $\overrightarrow{BC}$

答案：A。

$\overrightarrow{EB} + \overrightarrow{FC} = \overrightarrow{EC} + \overrightarrow{CB} + \overrightarrow{FB} + \overrightarrow{BC} = \dfrac{1}{2}\overrightarrow{AC} + \dfrac{1}{2}\overrightarrow{AB} = \dfrac{1}{2}(\overrightarrow{AB} + \overrightarrow{AC}) = \overrightarrow{AD}$，故选 A。

**典例 6 – 2**：《必修第二册》第 15 页例 7

已知任意两个非零向量 $\vec{a}$，$\vec{b}$，试作 $\overrightarrow{OA} = \vec{a} + \vec{b}$，$\overrightarrow{OB} = \vec{a} + 2\vec{b}$，$\overrightarrow{OC} = \vec{a} + 3\vec{b}$。猜想 $A$，$B$，$C$ 三点之间的位置关系，并证明你的猜想。

分析：判断三点之间的位置关系，主要是看这三点是否共线，只要看其中一点是否在另两点所确定的直线上。在本题中，应用向量知识判断 $A$，$B$，$C$ 三点是否共线，可以通过判断向量 $\overrightarrow{AC}$，$\overrightarrow{AB}$ 是否共线，即是否存在 $\lambda$ 使 $\overrightarrow{AC} = \lambda\overrightarrow{AB}$ 成立。

答案：猜想 $A$，$B$，$C$ 三点共线。

因为 $\overrightarrow{AB} = \overrightarrow{OB} - \overrightarrow{OA} = \vec{a} + 2\vec{b} - (\vec{a} + \vec{b}) = \vec{b}$，

$\overrightarrow{AC} = \overrightarrow{OC} - \overrightarrow{OA} = \vec{a} + 3\vec{b} - (\vec{a} + \vec{b}) = 2\vec{b}$，

所以 $\overrightarrow{AC} = 2\overrightarrow{AB}$。

因此，$A$，$B$，$C$ 三点共线。

**引申 1**：《必修第二册》第 26 页例 1

$\overrightarrow{OA}$，$\overrightarrow{OB}$ 不共线，且 $\overrightarrow{AP} = t\overrightarrow{AB}(t \in \mathbf{R})$，用 $\overrightarrow{OA}$，$\overrightarrow{OB}$ 表示 $\overrightarrow{OP}$。

答案：因为 $\overrightarrow{AP} = t\overrightarrow{AB}$，

所以 $\overrightarrow{OP} = \overrightarrow{OA} + \overrightarrow{AP} = \overrightarrow{OA} + t\overrightarrow{AB} = \overrightarrow{OA} + t(\overrightarrow{OB} - \overrightarrow{OA}) = (1 - t)\overrightarrow{OA} + t\overrightarrow{OB}$。

**引申 2**：《必修第二册》第 61 页复习参考题 6 综合运用 13（1）

已知 $\vec{a}$，$\vec{b}$ 是不共线的向量，且 $\overrightarrow{AB} = \vec{a} + 5\vec{b}$，$\overrightarrow{BC} = -2\vec{a} + 8\vec{b}$，$\overrightarrow{CD} = 3(\vec{a} - \vec{b})$，则（　　）

A. $A$，$B$，$D$ 三点共线 　　　　　 B. $A$，$B$，$C$ 三点共线

C. $B$，$C$，$D$ 三点共线 　　　　　 D. $A$，$C$，$D$ 三点共线

答案：A。

【利用向量知识判断三点共线，向量共线定理的直接运用】

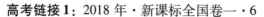

**高考链接 1：** 2018 年·新课标全国卷一·6

在 $\triangle ABC$ 中，$AD$ 为 $BC$ 边上的中线，$E$ 为 $AD$ 的中点，则 $\overrightarrow{EB}$ =（　　）

A. $\frac{3}{4}\overrightarrow{AB} - \frac{1}{4}\overrightarrow{AC}$ 　　　　 B. $\frac{1}{4}\overrightarrow{AB} - \frac{3}{4}\overrightarrow{AC}$

C. $\frac{3}{4}\overrightarrow{AB} + \frac{1}{4}\overrightarrow{AC}$ 　　　　 D. $\frac{1}{4}\overrightarrow{AB} + \frac{3}{4}\overrightarrow{AC}$

答案：A。

解法一：$\overrightarrow{EB} = \overrightarrow{ED} + \overrightarrow{DB} = \frac{1}{2}\overrightarrow{AD} + \frac{1}{2}\overrightarrow{CB} = \frac{1}{2} \times \frac{1}{2}(\overrightarrow{AB} + \overrightarrow{AC}) + \frac{1}{2}(\overrightarrow{AB} - \overrightarrow{AC}) = \frac{3}{4}\overrightarrow{AB} - \frac{1}{4}\overrightarrow{AC}$；

解法二：$\overrightarrow{EB} = \overrightarrow{AB} - \overrightarrow{AE} = \overrightarrow{AB} - \frac{1}{2}\overrightarrow{AD} = \overrightarrow{AB} - \frac{1}{2} \times \frac{1}{2}(\overrightarrow{AB} + \overrightarrow{AC}) = \frac{3}{4}\overrightarrow{AB} - \frac{1}{4}\overrightarrow{AC}$。

**高考链接 2：** 2015 年·新课标全国卷一·7

设 $D$ 为 $\triangle ABC$ 所在平面内一点，$\overrightarrow{BC} = 3\overrightarrow{CD}$，则（　　）

A. $\overrightarrow{AD} = -\frac{1}{3}\overrightarrow{AB} + \frac{4}{3}\overrightarrow{AC}$ 　　　　 B. $\overrightarrow{AD} = \frac{1}{3}\overrightarrow{AB} - \frac{4}{3}\overrightarrow{AC}$

C. $\overrightarrow{AD} = \frac{4}{3}\overrightarrow{AB} + \frac{1}{3}\overrightarrow{AC}$ 　　　　 D. $\overrightarrow{AD} = \frac{4}{3}\overrightarrow{AB} - \frac{1}{3}\overrightarrow{AC}$

答案：A。

$\overrightarrow{AD} = \overrightarrow{AC} + \overrightarrow{CD} = \overrightarrow{AC} + \frac{1}{3}\overrightarrow{BC} = \overrightarrow{AC} + \frac{1}{3}(\overrightarrow{AC} - \overrightarrow{AB}) = -\frac{1}{3}\overrightarrow{AB} + \frac{4}{3}\overrightarrow{AC}$，

故选 A。

**典例 6-3：**《必修第二册》第 20 页练习第 3 题

已知 $|\vec{a}| = 6$，$\vec{e}$ 为单位向量，当向量 $\vec{a}$，$\vec{e}$ 的夹角 $\theta$ 分别等于 45°，90°，135° 时，求向量 $\vec{a}$ 在向量 $\vec{e}$ 上的投影向量。

答案：$3\sqrt{2}\vec{e}$，$\vec{0}$，$-3\sqrt{2}\vec{e}$。

**引申 1：**《必修第二册》第 24 页习题 6.2 拓广探索第 21 题

已知 $\triangle ABC$ 的外接圆圆心为 $O$，且 $2\overrightarrow{AO} = \overrightarrow{AB} + \overrightarrow{AC}$，$|\overrightarrow{AO}| = |\overrightarrow{AB}|$，则向量 $\overrightarrow{BA}$ 在向量 $\overrightarrow{BC}$ 上的投影向量为（　　）

A. $\frac{1}{4}\overrightarrow{BC}$ 　　 B. $\frac{\sqrt{3}}{4}\overrightarrow{BC}$ 　　 C. $-\frac{1}{4}\overrightarrow{BC}$ 　　 D. $-\frac{\sqrt{3}}{4}\overrightarrow{BC}$

答案：A。

**引申2**：《必修第二册》第52页习题6.4第4题

两个粒子A，B从同一发射源发射出来，在某一时刻，它们的位移分别为 $s_A = (4, 3)$，$s_B = (2, 10)$。

(1) 写出此时粒子B相对粒子A的位移 $s$；(2) 计算 $s$ 在 $s_A$ 上的投影向量。

答案：(1) $s = (-2, 7)$；(2) $\left(\dfrac{52}{25}, \dfrac{39}{25}\right)$。

【"投影向量"这一概念是新教材增加的内容，老教材中只有投影的概念。高考中多与数量积的几何意义结合，单独考查较少】

**高考链接**：2010年·江西卷·13

已知向量 $\vec{a}$，$\vec{b}$ 满足 $|\vec{b}| = 2$，$\vec{a}$ 与 $\vec{b}$ 的夹角为60°，则 $\vec{b}$ 在 $\vec{a}$ 上的投影是_____。

答案：1。

**典例6-4**：《必修第二册》第31页例7

已知 $\vec{a} = (4, 2)$，$\vec{b} = (6, y)$，且 $\vec{a} // \vec{b}$，求 $y$。

答案：因为 $\vec{a} // \vec{b}$，所以 $4y - 2 \times 6 = 0$，解得 $y = 3$。

**引申1**：《必修第二册》第34页例11

设 $\vec{a} = (5, -7)$，$\vec{b} = (-6, -4)$，求 $\vec{a} \cdot \vec{b}$ 及 $\vec{a}$ 与 $\vec{b}$ 的夹角 $\theta$（精确到1°）。

答案：$\vec{a} \cdot \vec{b} = 5 \times (-6) + (-7) \times (-4) = -2$。

因为 $|\vec{a}| = \sqrt{74}$，$|\vec{b}| = \sqrt{52}$，所以用计算器计算可得，

$$cos\theta = \frac{\vec{a} \cdot \vec{b}}{|\vec{a}||\vec{b}|} = \frac{-2}{\sqrt{74} \times \sqrt{52}} \approx -0.03。$$ 利用计算工具，得 $\theta \approx 92°$。

**引申2**：《必修第二册》第60页复习参考题6第8题

已知向量 $\vec{a} = (1, 0)$，$\vec{b} = (1, 1)$。当 $\lambda$ 为何值时，$\vec{a} + \lambda\vec{b}$ 与 $\vec{a}$ 垂直？

答案：$\vec{a} + \lambda\vec{b} = (1, 0) + \lambda(1, 1) = (1 + \lambda, \lambda)$。

若 $\vec{a} + \lambda\vec{b}$ 与 $\vec{a}$ 垂直，则 $(\vec{a} + \lambda\vec{b}) \cdot \vec{a} = 0$，

即 $1 + \lambda = 0$，$\therefore \lambda = -1$。

【平面向量坐标的简单运算要掌握相应公式，平行、垂直是重点，数量积在求模、求夹角中的应用是重点，难度不大】

**高考链接 1**：2015 年·新课标全国卷一·2

已知点 $A(0, 1)$，$B(3, 2)$，向量 $\overrightarrow{AC} = (-4, -3)$，则向量 $\overrightarrow{BC} = ($ 　　$)$

A. $(-7, -4)$ 　　　　　　　　B. $(7, 4)$

C. $(-1, 4)$ 　　　　　　　　D. $(1, 4)$

答案：A。

解：$\because \overrightarrow{AB} = (3, 1)$，$\therefore \overrightarrow{BC} = \overrightarrow{AC} - \overrightarrow{AB} = (-7, -4)$，故选 A。

**高考链接 2**：2021 年·新课标全国卷甲·14

已知向量 $\vec{a} = (3, 1)$，$\vec{b} = (1, 0)$，$\vec{c} = \vec{a} + k\vec{b}$，若 $\vec{a} \perp \vec{c}$，则 $k = $ _____。

答案：$-\dfrac{10}{3}$。

解法一：$\because \vec{a} = (3, 1)$，$\vec{b} = (1, 0)$，$\therefore \vec{c} = \vec{a} + k\vec{b} = (3 + k, 1)$。

$\because \vec{a} \perp \vec{c}$，$\therefore \vec{a} \cdot \vec{c} = 3(3 + k) + 1 \times 1 = 0$，

解得，$k = -\dfrac{10}{3}$。

解法二：$\because \vec{a} = (3, 1)$，$\vec{b} = (1, 0)$，

$\therefore \vec{a}^2 = 3^2 + 1^2 = 10$，$\vec{a} \cdot \vec{b} = 3 \times 1 + 1 \times 0 = 3$。

$\because \vec{a} \perp \vec{c}$，$\therefore \vec{a} \cdot \vec{c} = \vec{a}^2 + k\vec{a} \cdot \vec{b} = 10 + 3k = 0$，解得，$k = -\dfrac{10}{3}$。

**高考链接 3**：2016 年·新课标全国卷一·13

设向量 $\vec{a} = (m, 1)$，$\vec{b} = (1, 2)$，且 $|\vec{a} + \vec{b}|^2 = |\vec{a}|^2 + |\vec{b}|^2$，则 $m = $

_____。

答案：$-2$。

由已知得，$\vec{a} + \vec{b} = (m + 1, 3)$。$\because |\vec{a} + \vec{b}|^2 = |\vec{a}|^2 + |\vec{b}|^2$，$\therefore (m + 1)^2 + 9 = m^2 + 1 + 1 + 4$，解得，$m = -2$。

**典例 6−5**：《必修第二册》第 39 页例 2

已知平行四边形 $ABCD$，你能发现对角线 $AC$ 和 $BD$ 的长度与两条邻边 $AB$ 和 $AD$ 的长度之间的关系吗？

答案：平行四边形中与两条对角线对应的向量恰是与两条邻边对应的两个向量的和与差，我们可以通过向量运算来探索它们的模之间的关系。

解：第一步，建立平面几何与向量的联系，用向量表示问题中的几何元素，

将平面几何问题转化为向量问题：

取 $\{\overrightarrow{AB}, \overrightarrow{AD}\}$ 为基底，设 $\overrightarrow{AB} = \vec{a}, \overrightarrow{AD} = \vec{b}$，则 $\overrightarrow{AC} = \vec{a} + \vec{b}$，$\overrightarrow{DB} = \vec{a} - \vec{b}$。

第二步，通过向量运算，研究几何元素之间的关系：

$\overrightarrow{AC}^2 = (\vec{a} + \vec{b})^2 = \vec{a}^2 + 2\vec{a} \cdot \vec{b} + \vec{b}^2$，$\overrightarrow{DB}^2 = (\vec{a} - \vec{b})^2 = \vec{a}^2 - 2\vec{a} \cdot \vec{b} + \vec{b}^2$，

上面两式相加得，

$$\overrightarrow{AC}^2 + \overrightarrow{DB}^2 = 2(\vec{a}^2 + \vec{b}^2)。$$

第三步，把运算结果"翻译"成几何关系：

$$AC^2 + DB^2 = 2(AB^2 + AD^2)。$$

故平行四边形 $ABCD$ 的对角线 $AC$ 和 $BD$ 长度的平方和等于两条邻边 $AB$ 和 $AD$ 的平方和的 2 倍。

**引申 1**：《必修第二册》第 39 页练习第 2 题

正方形 $ABCD$ 的边长为 $a$，$E$ 是 $AB$ 的中点，$F$ 是 $BC$ 边上靠近点 $B$ 的三等分点，$AF$ 与 $DE$ 交于点 $M$，求 $\angle EMF$ 的余弦值。

答案：$\dfrac{\sqrt{2}}{10}$。

**引申 2**：《必修第二册》第 53 页习题 6.4 综合运用第 12 题

如图 6-2 所示，在 $\triangle ABC$ 中，已知 $AB = 2$，$AC = 5$，$\angle BAC = 60°$，$BC$，$AC$ 边上的两条中线 $AM$，$BN$ 相交于点 $P$，求 $\angle MPN$ 的余弦值。

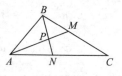

图 6-2

答案：$\dfrac{4\sqrt{91}}{91}$。

【基底背景与几何形态下的数量积的应用，将平面内的向量向基底方向转化，也可以建立坐标系转化为向量的坐标运算】

**高考链接 1**：2020 年·北京卷·13

已知正方形 $ABCD$ 的边长为 2，点 $P$ 满足 $\overrightarrow{AP} = \dfrac{1}{2}(\overrightarrow{AB} + \overrightarrow{AC})$，则 $|\overrightarrow{PD}| = $ _____；$\overrightarrow{PB} \cdot \overrightarrow{PD} = $ _____。

答案：$\sqrt{5}$　$-1$。

解法一：如图 6-3 所示，由题意及平面向量的平行四边形法则可知，$P$ 为 $BC$ 的中点，

在 $\triangle PCD$ 中，$|\overrightarrow{PD}| = \sqrt{5}$，

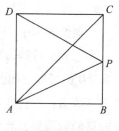

图 6-3

$$\cos \angle DPB = -\cos \angle DPC = -\frac{1}{\sqrt{5}},$$

所以 $\overrightarrow{PB} \cdot \overrightarrow{PD} = |\overrightarrow{PB}| \cdot |\overrightarrow{PD}| \cos \angle DPB = 1 \times \sqrt{5} \times \left(-\frac{1}{\sqrt{5}}\right) = -1$。

解法二：以 $A$ 为坐标原点，$AB$ 和 $AD$ 所在直线分别为 $x$ 轴、$y$ 轴建立如图 6-4 所示的平面直角坐标系，则

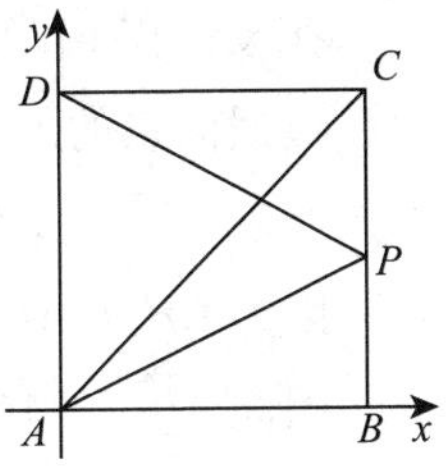

$A(0, 0)$，$B(2, 0)$，$C(2, 2)$，$D(0, 2)$，

所以 $\overrightarrow{AP} = \frac{1}{2}(\overrightarrow{AB} + \overrightarrow{AC}) = (2, 1)$，所以 $P(2, 1)$，

所以 $\overrightarrow{PD} = (-2, 1)$，$\overrightarrow{PB} = (0, -1)$，

所以 $|\overrightarrow{PD}| = \sqrt{5}$，

$\overrightarrow{PB} \cdot \overrightarrow{PD} = (0, -1) \cdot (-2, 1) = -1$。

图 6-4

**高考链接 2**：2020 年·新高考全国卷一·7

已知 $P$ 是边长为 2 的正六边形 $ABCDEF$ 内的一点，则 $\overrightarrow{AP} \cdot \overrightarrow{AB}$ 的取值范围是（　　）

A. $(-2, 6)$　　B. $(-6, 2)$　　C. $(-2, 4)$　　D. $(-4, 6)$

答案：A。

$\overrightarrow{AP} \cdot \overrightarrow{AB} = |\overrightarrow{AP}||\overrightarrow{AB}| \cos \angle PAB = 2|\overrightarrow{AP}| \cos \angle PAB$，又 $|\overrightarrow{AP}| \cos \angle PAB$ 表示 $\overrightarrow{AP}$ 在 $\overrightarrow{AB}$ 方向上的投影，所以结合图 6-5 可知，

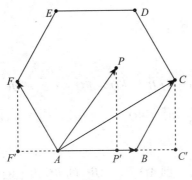

图 6-5

当 $P$ 与 $C$ 重合时投影最大，

当 $P$ 与 $F$ 重合时投影最小。

又 $\overrightarrow{AC} \cdot \overrightarrow{AB} = 2\sqrt{3} \times 2 \times \cos 30° = 6$，

$\overrightarrow{AF} \cdot \overrightarrow{AB} = 2 \times 2 \times \cos 120° = -2$，

故当点 $P$ 在正六边形 $ABCDEF$ 内部运动时,

$\overrightarrow{AP} \cdot \overrightarrow{AB}$ 的取值范围是 $(-2, 6)$。

**典例 6 - 6:**《必修第二册》第 63 页数学探究

**探究 1:** 用向量法证明平面几何中的勾股定理

**答案:** 在 Rt $\triangle ABC$ 中,$\angle C = 90°$。

根据向量的加法法则,有 $\overrightarrow{AB} = \overrightarrow{AC} + \overrightarrow{CB}$,

所以 $\overrightarrow{AB}^2 = (\overrightarrow{AC} + \overrightarrow{CB})^2 = \overrightarrow{AC}^2 + 2\overrightarrow{AC} \cdot \overrightarrow{CB} + \overrightarrow{CB}^2$。

因为 $CB \perp AC$,所以 $\overrightarrow{AC} \cdot \overrightarrow{CB} = 0$。

因此 $\overrightarrow{AB}^2 = \overrightarrow{AC}^2 + \overrightarrow{CB}^2$。

**探究 2:** 用向量法证明三角形三条中线相交于三角形的重心。

**答案:** 在 $\triangle ABC$ 中,$D$,$E$,$F$ 分别是 $BC$,$CA$,$AB$ 的中点,设 $BE$,$CF$ 交于一点 $O$,连接 $AO$,$OD$。

取 $\{\overrightarrow{OB}, \overrightarrow{OC}\}$ 为基底,并设 $\overrightarrow{EO} = t_1 \overrightarrow{OB}$,$\overrightarrow{FO} = t_2 \overrightarrow{OC}$,则

$\overrightarrow{EC} = \overrightarrow{EO} + \overrightarrow{OC} = t_1 \overrightarrow{OB} + \overrightarrow{OC}, \overrightarrow{FB} = \overrightarrow{FO} + \overrightarrow{OB} = t_2 \overrightarrow{OC} + \overrightarrow{OB}$。

所以 $\overrightarrow{BC} = \overrightarrow{AC} - \overrightarrow{AB} = 2\overrightarrow{EC} - 2\overrightarrow{FB} = 2(t_1 \overrightarrow{OB} + \overrightarrow{OC}) - 2(t_2 \overrightarrow{OC} + \overrightarrow{OB})$

$\qquad = 2(t_1 - 1)\overrightarrow{OB} - 2(t_2 - 1)\overrightarrow{OC}$。

又因为 $\overrightarrow{BC} = \overrightarrow{OC} - \overrightarrow{OB}$,所以由平面向量基本定理,得

$\begin{cases} 2(t_1 - 1) = -1, \\ 2(t_2 - 1) = -1, \end{cases}$ 解得,$t_1 = t_2 = \dfrac{1}{2}$。

所以 $\overrightarrow{EO} = \dfrac{1}{2}\overrightarrow{OB}, \overrightarrow{FO} = \dfrac{1}{2}\overrightarrow{OC}$。

因此

$\overrightarrow{AO} = \overrightarrow{FO} - \overrightarrow{FA} = \overrightarrow{FO} + \overrightarrow{FB} = \overrightarrow{FO} + \overrightarrow{FO} + \overrightarrow{OB} = \overrightarrow{OC} + \overrightarrow{OB}$,

$\overrightarrow{OD} = \overrightarrow{BD} - \overrightarrow{BO} = \dfrac{1}{2}\overrightarrow{BC} - \overrightarrow{BO} = \dfrac{1}{2}(\overrightarrow{OC} - \overrightarrow{OB}) + \overrightarrow{OB} = \dfrac{1}{2}(\overrightarrow{OC} + \overrightarrow{OB})$。

于是 $\overrightarrow{AO} = 2\overrightarrow{OD}$。

这样,$\overrightarrow{AO}$ 与 $\overrightarrow{OD}$ 共线,即 $AD$ 是 $\triangle ABC$ 的 $BC$ 边上的中线,且过 $BE$,$CF$ 的交点 $O$。

所以,"三角形的三条中线交于一点"成立。

同时表明:三角形的重心分每条中线为 $1:2$ 的两条线段。

引申：《必修第二册》第 52 页习题 6.4 复习巩固第 2 题

已知 $O$，$N$，$P$ 在 $\triangle ABC$ 所在平面内，且 $|\overrightarrow{OA}| = |\overrightarrow{OB}| = |\overrightarrow{OC}|$，$\overrightarrow{NA} + \overrightarrow{NB} + \overrightarrow{NC} = \vec{0}$，且 $\overrightarrow{PA} \cdot \overrightarrow{PB} = \overrightarrow{PB} \cdot \overrightarrow{PC} = \overrightarrow{PC} \cdot \overrightarrow{PA}$，则点 $O$，$N$，$P$ 依次是 $\triangle ABC$ 的（　　）

A. 重心　外心　垂心　　　　　B. 重心　外心　内心

C. 外心　重心　垂心　　　　　D. 外心　重心　内心

答案：C。

由 $|\overrightarrow{OA}| = |\overrightarrow{OB}| = |\overrightarrow{OC}|$ 知，$O$ 是 $\triangle ABC$ 的外心，排除 A，B。

由 $\overrightarrow{NA} + \overrightarrow{NB} + \overrightarrow{NC} = \vec{0}$ 可知，$N$ 是 $\triangle ABC$ 的重心。

因为 $\overrightarrow{PA} \cdot \overrightarrow{PB} = \overrightarrow{PB} \cdot \overrightarrow{PC}$，所以 $(\overrightarrow{PA} - \overrightarrow{PC}) \cdot \overrightarrow{PB} = 0$，所以 $\overrightarrow{CA} \cdot \overrightarrow{PB} = 0$，所以 $CA \perp PB$，同理可证 $AB \perp PC$，$BC \perp PA$，所以 $P$ 为 $\triangle ABC$ 的垂心。故选 C。

【平面向量与三角形的"四心"结合，更能凸显向量的几何特征，题目主要考虑向量共线以及模相等，难度较大】

**高考链接：**2011·湖南卷·7

$P$ 为 $\triangle ABC$ 所在平面上一点，若 $\overrightarrow{PA} \cdot \overrightarrow{PB} = \overrightarrow{PB} \cdot \overrightarrow{PC} = \overrightarrow{PC} \cdot \overrightarrow{PA}$，则 $P$ 是 $\triangle ABC$ 的（　　）

A. 外心　　　　B. 内心　　　　C. 重心　　　　D. 垂心

答案：D。

由 $\overrightarrow{PA} \cdot \overrightarrow{PB} = \overrightarrow{PB} \cdot \overrightarrow{PC}$ 得，$\overrightarrow{PA} \cdot \overrightarrow{PB} - \overrightarrow{PB} \cdot \overrightarrow{PC} = 0$，

即 $\overrightarrow{PB} \cdot (\overrightarrow{PA} - \overrightarrow{PC}) = 0$，即 $\overrightarrow{PB} \cdot \overrightarrow{CA} = 0$，

所以 $CA \perp PB$，同理可证 $AB \perp PC$，$BC \perp PA$，所以 $P$ 为 $\triangle ABC$ 的垂心。故选 D。

**典例 6 - 7：**《必修第二册》第 43 页例 5

在 $\triangle ABC$ 中，已知 $b = 60\text{cm}$，$c = 34\text{cm}$，$A = 41°$，解这个三角形（角度精确到 $1°$，边长精确到 $1\text{cm}$）。

答案：由余弦定理，得

$a^2 = b^2 + c^2 - 2bc\cos A = 60^2 + 34^2 - 2 \times 60 \times 34 \times \cos 41° \approx 1676.78$，

所以 $a \approx 41$（cm）。

由余弦定理的推论，得 $\cos B = \dfrac{c^2 + a^2 - b^2}{2ac} = \dfrac{34^2 + 41^2 - 60^2}{2 \times 34 \times 41} = -\dfrac{763}{2788}$，

利用计算器，可得 $B \approx 106°$。

所以 $C = 180° - (A + B) \approx 180° - (41° + 106°) = 33°$。

**引申1**：《必修第二册》第47页例7

在 $\triangle ABC$ 中，已知 $c = 3 + \sqrt{3}$，$A = 15°$，$B = 45°$，解这个三角形。

答案：由三角形内角和定理，得

$C = 180° - (A + B) = 180° - (15° + 45°) = 120°$。

由正弦定理，得 $a = \dfrac{c\sin A}{\sin C} = \dfrac{(3 + \sqrt{3})\sin 15°}{\sin 120°} = \dfrac{(3 + \sqrt{3})\left(\dfrac{\sqrt{6} - \sqrt{2}}{4}\right)}{\dfrac{\sqrt{3}}{2}} = \sqrt{2}$，

$b = \dfrac{c\sin B}{\sin C} = \dfrac{(3 + \sqrt{3})\sin 45°}{\sin 120°} = \dfrac{(3 + \sqrt{3}) \times \dfrac{\sqrt{2}}{2}}{\dfrac{\sqrt{3}}{2}} = \sqrt{6} + \sqrt{2}$。

**引申2**：《必修第二册》第47页例8

在 $\triangle ABC$ 中，已知 $b = \sqrt{2}$，$c = 2$，$B = 30°$，解这个三角形。

答案：由正弦定理，得 $\sin C = \dfrac{c\sin B}{b} = \dfrac{2\sin 30°}{\sqrt{2}} = \dfrac{\sqrt{2}}{2}$。

$\because c > b$，$B = 30°$，$\therefore 30° < C < 180°$，于是 $C = 45°$ 或 $C = 135°$。

（1）当 $C = 45°$ 时，$A = 105°$。

此时 $a = \dfrac{b\sin A}{\sin B} = \dfrac{\sqrt{2}\sin 105°}{\sin 30°} = \dfrac{\sqrt{2}\left(\dfrac{\sqrt{6} + \sqrt{2}}{4}\right)}{\dfrac{1}{2}} = \sqrt{3} + 1$。

（2）当 $C = 135°$ 时，$A = 15°$。

此时 $a = \dfrac{b\sin A}{\sin B} = \dfrac{\sqrt{2}\sin 15°}{\sin 30°} = \dfrac{\sqrt{2}\left(\dfrac{\sqrt{6} - \sqrt{2}}{4}\right)}{\dfrac{1}{2}} = \sqrt{3} - 1$。

【解三角形的四种类型：（1）例5已知两边及其夹角，先用余弦定理；（2）例7已知两角一边，先用正弦定理；（3）例8已知两边及其一边的对角，可以先用正弦定理，也可以先用余弦定理，此时三角形可能有两解，需要根据三边关系或者三角形内角和定理来判断解的情况；（4）已知三角形三边先用余弦定理。附：几何的角度分析解的情况：在 $\triangle ABC$ 中，已知 $a$，$b$ 和 $A$，解三角形。

当 $A$ 为锐角时，如图 6 – 6 所示。

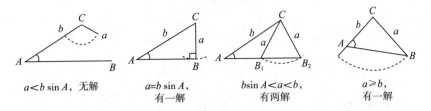

$a<b\sin A$，无解 ｜ $a=b\sin A$，有一解 ｜ $b\sin A<a<b$，有两解 ｜ $a\geqslant b$，有一解

**图 6 – 6**

当 $A$ 为直角或钝角时，如图 6 – 7 所示。

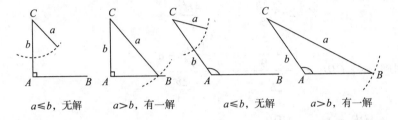

$a\leqslant b$，无解 ｜ $a>b$，有一解 ｜ $a\leqslant b$，无解 ｜ $a>b$，有一解

**图 6 – 7**

【解三角形也可以设计成结构不良问题，以增加试题的创新性】

**高考链接 1**：2021 年·新高考全国卷二·18

记 $\triangle ABC$ 是内角 $A$，$B$，$C$ 的对边，分别为 $a$，$b$，$c$。已知 $b^2=ac$，点 $D$ 在边 $AC$ 上，$BD\sin\angle ABC=a\sin C$。

（1）证明：$BD=b$；（2）若 $AD=2DC$，求 $\cos\angle ABC$。

解法一：（1）由 $BD\sin\angle ABC=a\sin C$ 及正弦定理得

$$BD=\frac{a\sin C}{\sin\angle ABC}=\frac{ac}{b}=\frac{b^2}{b}=b。$$

（2）由余弦定理得

$$\cos A=\frac{b^2+c^2-a^2}{2bc}=\frac{\left(\frac{2}{3}b\right)^2+c^2-b^2}{2\times\frac{2}{3}b\times c}，$$

整理得 $2a^2+c^2-\frac{11}{3}b^2=0$，即 $2a^2+c^2-\frac{11}{3}ac=0$，所以 $c=3a$ 或 $c=\frac{2}{3}a$。

当 $c=3a$ 时，由 $b^2=ac$ 得 $b=\sqrt{3}a$，此时 $a+b=(\sqrt{3}+1)a<c$，不满足题意；

当 $c=\frac{2}{3}a$ 时，由 $b^2=ac$ 得 $b=\frac{\sqrt{6}}{3}a$，所以 $\cos\angle ABC=\frac{a^2+c^2-b^2}{2ac}=\frac{7}{12}$。

解法二：（1）由题设，$BD = \dfrac{a\sin C}{\sin \angle ABC}$，

由正弦定理知：$\dfrac{c}{\sin C} = \dfrac{b}{\sin \angle ABC}$，即 $\dfrac{\sin C}{\sin \angle ABC} = \dfrac{c}{b}$，

$\therefore BD = \dfrac{ac}{b}$。又 $b^2 = ac$，$\therefore BD = b$，得证。

（2）由题意知：$BD = b$，$AD = \dfrac{2b}{3}$，$DC = \dfrac{b}{3}$，

$\therefore \cos\angle ADB = \dfrac{b^2 + \dfrac{4b^2}{9} - c^2}{2b \cdot \dfrac{2b}{3}} = \dfrac{\dfrac{13b^2}{9} - c^2}{\dfrac{4b^2}{3}}$，

同理 $\cos\angle CDB = \dfrac{b^2 + \dfrac{b^2}{9} - a^2}{2b \cdot \dfrac{b}{3}} = \dfrac{\dfrac{10b^2}{9} - a^2}{\dfrac{2b^2}{3}}$。

$\because \angle ADB = \pi - \angle CDB$，

$\therefore \dfrac{\dfrac{13b^2}{9} - c^2}{\dfrac{4b^2}{3}} = \dfrac{a^2 - \dfrac{10b^2}{9}}{\dfrac{2b^2}{3}}$，整理得 $2a^2 + c^2 = \dfrac{11b^2}{3}$。又 $b^2 = ac$，

$\therefore 2a^2 + \dfrac{b^4}{a^2} = \dfrac{11b^2}{3}$，整理得 $6a^4 - 11a^2b^2 + 3b^4 = 0$，

解得 $\dfrac{a^2}{b^2} = \dfrac{1}{3}$ 或 $\dfrac{a^2}{b^2} = \dfrac{3}{2}$。

由余弦定理知：$\cos\angle ABC = \dfrac{a^2 + c^2 - b^2}{2ac} = \dfrac{4}{3} - \dfrac{a^2}{2b^2}$，

当 $\dfrac{a^2}{b^2} = \dfrac{1}{3}$ 时，$\cos\angle ABC = \dfrac{7}{6} > 1$ 不合题意；

当 $\dfrac{a^2}{b^2} = \dfrac{3}{2}$ 时，$\cos\angle ABC = \dfrac{7}{12}$；

综上，$\cos\angle ABC = \dfrac{7}{12}$。

**高考链接 2**：2020 年·山东卷·17

在① $ac = \sqrt{3}$，② $c\sin A = 3$，③ $c = \sqrt{3}b$ 这三个条件中任选一个，补充在下面问题中。若问题中的三角形存在，求 $c$ 的值；若问题中的三角形不存在，说明理由。

问题：是否存在 $\triangle ABC$，它的内角 $A$，$B$，$C$ 的对边分别为 $a$，$b$，$c$，且 $\sin A = \sqrt{3}\sin B$，$C = \dfrac{\pi}{6}$，_____？

注：如果选择多个条件分别解答，按第一个解答计分。

解法一：由 $\sin A = \sqrt{3}\sin B$ 可得 $\dfrac{a}{b} = \sqrt{3}$。

不妨设 $a = \sqrt{3}m$，$b = m(m > 0)$，

则 $c^2 = a^2 + b^2 - 2ab\cos C = 3m^2 + m^2 - 2 \times \sqrt{3}m \times m \times \dfrac{\sqrt{3}}{2} = m^2$，即 $c = m$。

选①：$ac = \sqrt{3}m \times m = \sqrt{3}m^2 = \sqrt{3}$，$\therefore m = 1$，此时 $c = m = 1$。

选②：$\cos A = \dfrac{b^2 + c^2 - a^2}{2bc} = \dfrac{m^2 + m^2 - 3m^2}{2m^2} = -\dfrac{1}{2}$，

则 $\sin A = \sqrt{1 - \left(-\dfrac{1}{2}\right)^2} = \dfrac{\sqrt{3}}{2}$，此时 $c\sin A = m \times \dfrac{\sqrt{3}}{2} = 3$，

则 $c = m = 2\sqrt{3}$。

选③：可得 $\dfrac{c}{b} = \dfrac{m}{m} = 1$，$c = b$，与条件 $c = \sqrt{3}b$ 矛盾，则问题中的三角形不存在。

解法二：$\because \sin A = \sqrt{3}\sin B$，$C = \dfrac{\pi}{6}$，$B = \pi - (A + C)$，

$\therefore \sin A = \sqrt{3}\sin(A + C) = \sqrt{3}\sin\left(A + \dfrac{\pi}{6}\right)$，

$\sin A = \sqrt{3}\left(\sin A\cos\dfrac{\pi}{6} + \cos A\sin\dfrac{\pi}{6}\right) = \dfrac{3}{2}\sin A + \dfrac{\sqrt{3}}{2}\cos A$，

$\therefore \sin A = -\sqrt{3}\cos A$，$\therefore \tan A = -\sqrt{3}$，$\therefore A = \dfrac{2\pi}{3}$，$\therefore B = C = \dfrac{\pi}{6}$。

选①，$ac = \sqrt{3}$，$\because a = \sqrt{3}b = \sqrt{3}c$，$\therefore \sqrt{3}c^2 = \sqrt{3}$，$\therefore c = 1$；

选②，$c\sin A = 3$，则 $\dfrac{\sqrt{3}c}{2} = 3$，$c = 2\sqrt{3}$；

选③，与条件 $c = \sqrt{3}b$ 矛盾。

**典例 6-8**：《必修第二册》第 50 页例 10

如图，$AB$ 是底部 $B$ 不可到达的一座建筑物，$A$ 为建筑物的最高点。设计一种测量建筑物高度 $AB$ 的方法，并求出建筑物的高度。

分析：由锐角三角函数知识可知，只要获得一点 $C$（点 $C$ 到地面的距离可求）到建筑物的顶部 $A$ 的距离 $CA$，并测出由点 $C$ 观察 $A$ 的仰角，就可以计算出建筑物的高度，为此，应再选取一点 $D$，构造另一个含有 $CA$ 的 $\triangle ACD$，并进行相关的长度和角度的测量，然后通过解三角形的方法计算出 $CA$。

答案：如图 $6-8$ 所示，选择一条水平基线 $HG$，使 $H$，$G$，$B$ 三点在同一条直线上。在 $G$，$H$ 两点用测角仪器测得 $A$ 的仰角分别是 $\alpha$，$\beta$，$CD = a$，测角仪器的高是 $h$。那么，在 $\triangle ACD$ 中，由正弦定理，得 $AC = \dfrac{a\sin\beta}{\sin(\alpha - \beta)}$。

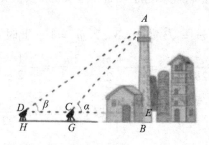

图 $6-8$

所以，这座建筑物的高度为 $AB = AE + h = AC\sin\alpha + h = \dfrac{a\sin\alpha\sin\beta}{\sin(\alpha - \beta)} + h$。

**引申 1**：《必修第二册》第 53 页复习巩固 8

如图 $6-9$ 所示，测量河对岸的塔高 $AB$ 时，可以选取与塔底 $B$ 在同一水平面内的两个测量基点 $C$ 与 $D$。

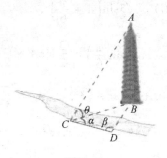

图 $6-9$

现测得 $\angle BCD = \alpha$，$\angle BDC = \beta$，$CD = s$，在点 $C$ 测得塔顶 $A$ 的仰角为 $\theta$，求塔高 $AB$。

答案：$AB = \dfrac{s\sin\beta\tan\theta}{\sin(\alpha + \beta)}$。

**引申2**：《必修第二册》第 54 页习题 6.4 拓广探索第 21 题

如图 6 – 10 所示，为了测量两山顶 $M$，$N$ 间的距离，飞机沿水平方向在 $A$，$B$ 两点进行测量，$A$，$B$，$M$，$N$ 在同一个铅垂平面内。请设计一个测量方案，包括：

（1）指出要测量的数据（用字母表示，并标示在图中）；

（2）用文字和公式写出计算 $M$，$N$ 间距离的步骤。

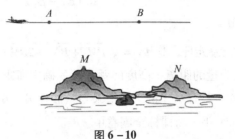

**图 6 – 10**

答案：（1）需要测量的数据有：

如图 6 – 11 所示，$A$ 点到 $M$，$N$ 点的俯角 $\alpha_1$，$\beta_1$；$B$ 点到 $M$，$N$ 点的俯角 $\alpha_2$，$\beta_2$；

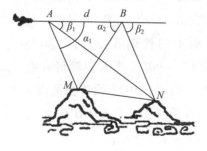

**图 6 – 11**

$A$，$B$ 间的距离 $d$。

（2）方案一：

第一步：计算 $AM$。

在 $\triangle ABM$ 中，由正弦定理，得 $AM = \dfrac{d\sin\alpha_2}{\sin(\alpha_1 + \alpha_2)}$。

第二步：计算 $AN$。

在 $\triangle ABN$ 中，由正弦定理，得 $AN = \dfrac{d\sin\beta_2}{\sin(\beta_2 - \beta_1)}$。

第三步：计算 $MN$。

在 $\triangle AMN$ 中，由余弦定理，得 $MN = \sqrt{AM^2 + AN^2 - 2AM \cdot AN \cdot \cos(\alpha_1 - \beta_1)}$。

方案二：

第一步：计算 $BM$。

在 $\triangle ABM$ 中，由正弦定理，得 $BM = \dfrac{d\sin\alpha_1}{\sin(\alpha_1 + \alpha_2)}$。

第二步：计算 $BN$。

在 $\triangle ABN$ 中，由正弦定理，得 $BN = \dfrac{d\sin\beta_1}{\sin(\beta_2 - \beta_1)}$。

第三步：计算 $MN$。

在 $\triangle BMN$ 中，由余弦定理，得 $MN = \sqrt{BM^2 + BN^2 + 2BM \cdot BN \cdot \cos(\alpha_2 + \beta_2)}$。

【求不方便直接测量的距离、高度问题，首先确定所求量所在的三角形，若其他量已知则直接解；若有未知量，则把未知量放在另一确定三角形中求解】

**高考链接 1**：2021 年·新课标全国卷甲·8

2020 年 12 月 8 日，中国和尼泊尔联合公布珠穆朗玛峰最新高程为 8848.86（单位：m），三角高程测量法是珠峰高程测量方法之一。如图 6 - 12 所示是三角高程测量法的一个示意图，现有 $A$，$B$，$C$ 三点，且 $A$，$B$，$C$ 在同一水平面上的投影 $A'$，$B'$，$C'$ 满足 $\angle A'C'B' = 45°$，$\angle A'B'C' = 60°$。由 $C$ 点测得 $B$ 点的仰角为 $15°$，$BB'$ 与 $CC'$ 的差为 $100$；由 $B$ 点测得 $A$ 点的仰角为 $45°$，则 $A$，$C$ 两点到水平面 $A'B'C'$ 的高度差 $AA' - CC'$ 约为（$\sqrt{3} \approx 1.732$）（　　）

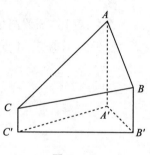

图 6 - 12

A. 346　　　　B. 373　　　　C. 446　　　　D. 473

答案：B。

如图 6 - 13 所示，过 $C$ 作 $CH \perp BB'$，过 $B$ 作 $BD \perp AA'$，

故 $AA' - CC' = AA' - (BB' - BH) = AA' - BB' + 100 = AD + 100$。

由题易知 $\triangle ADB$ 为等腰直角三角形，所以 $AD = DB$，

所以 $AA' - CC' = DB + 100 = A'B' + 100$。

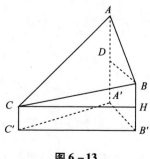

图 6 - 13

因为 $\angle BCH = 15°$，所以 $CH = C'B' = \dfrac{100}{\tan15°}$，

在 $\triangle A'B'C'$ 中，由正弦定理得：

$$\frac{A'B'}{\sin45°} = \frac{C'B'}{\sin75°} = \frac{100}{\tan15°\cos15°} = \frac{100}{\sin15°},$$

$$\sin15° = \sin(45° - 30°)$$

$$= \sin45°\cos30° - \cos45°\sin30° = \frac{\sqrt{6} - \sqrt{2}}{4},$$

$$A'B' = \frac{100 \times 4 \times \frac{\sqrt{2}}{2}}{\sqrt{6} - \sqrt{2}} = 100(\sqrt{3} + 1) \approx 273,$$

所以 $AA' - CC' = A'B' + 100 \approx 373$，故选 B。

**高考链接 2**：2021 年·新课标全国卷乙·9

魏晋时刘徽撰写的《海岛算经》是有关测量的数学著作，其中第一题是测海岛的高。如图 6 - 14 所示，点 $E$，$H$，$G$ 在水平线 $AC$ 上，$DE$ 和 $FG$ 是两个垂直于水平面且等高的测量标杆的高度，称为"表高"，$EG$ 称为"表距"，$GC$ 和 $EH$ 都称为"表目距"，$GC$ 与 $EH$ 的差称为"表目距的差"，则海岛的高 $AB = ($ 　　$)$

A. $\dfrac{表高 \times 表距}{表目距的差} + 表高$　　　　B. $\dfrac{表高 \times 表距}{表目距的差} - 表高$

C. $\dfrac{表高 \times 表距}{表目距的差} + 表距$　　　　D. $\dfrac{表高 \times 表距}{表目距的差} - 表距$

答案：A。

如图所示：

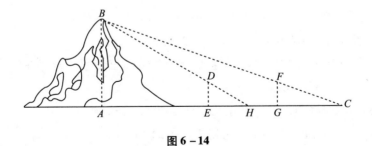

图 6 - 14

由平面相似可知，$\dfrac{DE}{AB} = \dfrac{EH}{AH}$，$\dfrac{FG}{AB} = \dfrac{CG}{AC}$，

而 $DE = FG$，所以 $\dfrac{DE}{AB} = \dfrac{EH}{AH} = \dfrac{CG}{AC} = \dfrac{CG - EH}{AC - AH} = \dfrac{CG - EH}{CH}$。

而 $CH = CE - EH = CG - EH + EG$，

即 $AB = \dfrac{CG - EH + EG}{CG - EH} \times DE = \dfrac{EG \times DE}{CG - EH} + DE = \dfrac{\text{表高} \times \text{表距}}{\text{表目距的差}} + \text{表高}$ ，故选 A。

**典例 6 - 9**：《必修第二册》第 53 页习题 6.4 复习巩固第 10 题

你能用三角形的边和角的正弦表示三角形的面积吗？

答案：$S = \dfrac{1}{2}ab\sin C = \dfrac{1}{2}bc\sin A = \dfrac{1}{2}ac\sin B$。

**引申**：《必修第二册》第 54 页习题 6.4 综合运用第 18 题

利用第 10 题的结论，证明三角形的面积公式 $S = \dfrac{1}{2}a^2 \dfrac{\sin B \sin C}{\sin A}$。

答案：由正弦定理，得 $b = \dfrac{a\sin B}{\sin A}$，

又第 10 题的结论 $S = \dfrac{1}{2}ab\sin C$，

代入得 $S = \dfrac{1}{2}ab\sin C = \dfrac{1}{2}a \cdot \dfrac{a\sin B}{\sin A} \cdot \sin C = \dfrac{1}{2}a^2 \dfrac{\sin B \sin C}{\sin A}$。得证。

【三角形面积计算，一般用公式 $S = \dfrac{1}{2}ab\sin C = \dfrac{1}{2}bc\sin A = \dfrac{1}{2}ac\sin B$ 进行求解；常用解题策略：①若所求面积为不规则图形，可通过作辅助线或其他途径构造三角形，转化为求三角形的面积；②若所给条件为边角关系，则需要运用正、余弦定理求出某两边及夹角，再利用三角形面积公式进行求解】

**高考链接**：2021 年·新高考全国卷二·18

在 $\triangle ABC$ 中，角 $A$，$B$，$C$ 所对的边长为 $a$，$b$，$c$，$b = a + 1$，$c = a + 2$。

（1）若 $2\sin C = 3\sin A$，求 $\triangle ABC$ 的面积；

（2）是否存在正整数 $a$，使得 $\triangle ABC$ 为钝角三角形？若存在，求出 $a$ 的值；若不存在，请说明理由。

答案：由 $2\sin C = 3\sin A$ 及正弦定理，得 $2c = 3a$，

由 $b = a + 1$，$c = a + 2$，可得 $2(a + 2) = 3a$，

所以 $a = 4$，$b = 5$，$c = 6$，

所以 $\cos C = \dfrac{a^2 + b^2 - c^2}{2ab} = \dfrac{1}{8}$，$\sin C = \sqrt{1 - \cos^2 C} = \dfrac{3\sqrt{7}}{8}$，

所以 $\triangle ABC$ 的面积 $S = \dfrac{1}{2}ab\sin C = \dfrac{1}{2} \times 4 \times 5 \times \dfrac{3\sqrt{7}}{8} = \dfrac{15\sqrt{7}}{4}$。

（2）由 $b = a + 1$，$c = a + 2$，可得 $c > b > a$，所有 $C > B > A$，

若 $\triangle ABC$ 为钝角三角形，则 $\cos C = \dfrac{a^2 + (a+1)^2 - (a+2)^2}{2a(a+1)} < 0$。

整理得 $a^2 - 2a - 3 < 0$，解得 $0 < a < 3$。

又 $a + a + 1 > a + 2$，所以 $a > 1$。

因为 $a$ 为正整数，所以 $a = 2$。

所以 $a = 2$ 使得 $\triangle ABC$ 为钝角三角形。

**典例 6 – 10**：《必修第二册》第 54 页习题 6.4 拓广探索第 22 题

已知 $a$，$b$，$c$ 分别为 $\triangle ABC$ 三个内角 $A$，$B$，$C$ 的对边，且 $a\cos C + \sqrt{3}a\sin C - b - c = 0$。

（1）求 $A$；（2）若 $a = 2$，$\triangle ABC$ 的面积为 3，求 $b$，$c$。

答案：（1）$A = \dfrac{\pi}{3}$；（2）$b = c = 2$。

（1）因为 $a\cos C + \sqrt{3}a\sin C - b - c = 0$，由正弦定理，得

$\sin A\cos C + \sqrt{3}\sin A\sin C - \sin B - \sin C = 0$。

$\because A + B + C = \pi$，$\therefore \sin B = \sin(A + C)$，

$\therefore \sin A\cos C + \sqrt{3}\sin A\sin C - \sin(A + C) - \sin C = 0$，

$\therefore \sin A\cos C + \sqrt{3}\sin A\sin C - \sin A\cos C - \cos A\sin C - \sin C = 0$，

$\therefore \sqrt{3}\sin A\sin C - \cos A\sin C - \sin C = 0$。

$\because \sin C \neq 0$，$\therefore \sqrt{3}\sin A - \cos A - 1 = 0$，

$\therefore 2\sin\left(A - \dfrac{\pi}{6}\right) = 1$，$\sin\left(A - \dfrac{\pi}{6}\right) = \dfrac{1}{2}$。

$\because -\dfrac{\pi}{6} < A - \dfrac{\pi}{6} < \dfrac{5\pi}{6}$，$\therefore A - \dfrac{\pi}{6} = \dfrac{\pi}{6}$，$\therefore A = \dfrac{\pi}{3}$。

（2）$\because S_{\triangle ABC} = \dfrac{1}{2}bc\sin A = \sqrt{3}$，$A = \dfrac{\pi}{3}$，$\therefore bc = 4$。

又 $a^2 = b^2 + c^2 - 2bc\cos\dfrac{\pi}{3}$，$\therefore 4 = b^2 + c^2 - 2bc \times \dfrac{1}{2}$，$\therefore b^2 + c^2 = 8$，

解得 $b = c = 2$。

**引申**：若 $a\cos A = b\cos B$，则 $\triangle ABC$ 是＿＿＿＿＿三角形。

答案：等腰或直角。

由正弦定理，得 $\dfrac{a}{b} = \dfrac{\sin A}{\sin B}$。

又 $a\cos A = b\cos B$ ，所以 $\dfrac{a}{b} = \dfrac{\cos B}{\cos A}$ ，

所以 $\dfrac{\sin A}{\sin B} = \dfrac{\cos B}{\cos A}$ ，所以 $\sin A\cos A = \sin B\cos B$ ，

所以 $2\sin A\cos A = 2\sin B\cos B$ ，即 $\sin 2A = \sin 2B$ 。

因为 $A$ ， $B$ 为三角形内角，

所以 $2A = 2B$ 或 $2A + 2B = \pi$ ，得 $A = B$ 或 $A + B = \dfrac{\pi}{2}$ ，

故 $\triangle ABC$ 是等腰三角形或直角三角形。

【将题目中的所有条件利用正、余弦定理化边为角或者化角为边，再根据三角函数的有关知识解三角形或者判断三角形形状是常考题型，综合性较强】

**高考链接1：** 2016年·新课标全国卷一·17

$\triangle ABC$ 的内角 $A$ ， $B$ ， $C$ 的对边分别为 $a$ ， $b$ ， $c$ ，已知 $2\cos C(a\cos B + b\cos A) = c$ 。

（1）求 $C$ ；（2）若 $c = \sqrt{7}$ ， $\triangle ABC$ 的面积为 $\dfrac{3\sqrt{3}}{2}$ ，求 $\triangle ABC$ 的周长。

答案：（1） $2\cos C(a\cos B + b\cos A) = c$ ，

由正弦定理得：$2\cos C(\sin A \cdot \cos B + \sin B \cdot \cos A) = \sin C$ ，

则 $2\cos C \cdot \sin(A + B) = \sin C$ 。

$\because A + B + C = \pi$ ，$A$ ， $B$ ， $C \in (0, \pi)$ ，$\therefore \sin(A + B) = \sin C > 0$ ，

$\therefore 2\cos C = 1$ ，$\cos C = \dfrac{1}{2}$ 。$\therefore C \in (0, \pi)$ ，$\therefore C = \dfrac{\pi}{3}$ 。

（2）由余弦定理得：$c^2 = a^2 + b^2 - 2ab \cdot \cos C$ ，

$7 = a^2 + b^2 - 2ab \cdot \dfrac{1}{2}$ ，$(a + b)^2 - 3ab = 7$ ，

$S = \dfrac{1}{2}ab \cdot \sin C = \dfrac{\sqrt{3}}{4}ab = \dfrac{3\sqrt{3}}{2}$ ，$\therefore ab = 6$ ，$\therefore (a + b)^2 - 18 = 7$ ，$a + b = 5$ ，

$\therefore \triangle ABC$ 的周长为 $a + b + c = 5 + \sqrt{7}$ 。

**高考链接2：** 2014年·新课标全国卷一·16

已知 $a$ ， $b$ ， $c$ 分别为 $\triangle ABC$ 的三个内角 $A$ ， $B$ ， $C$ 的对边， $a = 2$ ，且 $(2 + b)(\sin A - \sin B) = (c - b)\sin C$ ，则 $\triangle ABC$ 面积的最大值为 _____ 。

答案：$\sqrt{3}$ 。

由 $a = 2$ ，且 $(2 + b)(\sin A - \sin B) = (c - b)\sin C$ ，即 $(a + b)(\sin A - \sin B)$

$= (c - b)\sin C$，由余弦定理及正弦定理得：$(a + b)(a - b) = (c - b)c$，$\therefore b^2$

$+ c^2 - a^2 = bc$，故 $\cos A = \dfrac{b^2 + c^2 - a^2}{2bc} = \dfrac{1}{2}$，$\therefore \angle A = 60°$，$\therefore b^2 + c^2 - 4 =$

$bc,4 = b^2 + c^2 - bc \geqslant bc$，$\therefore S_{\triangle ABC} = \dfrac{1}{2}bc\sin A \leqslant \sqrt{3}$。

**高考链接 3**：2017 年·新课标全国卷一·17

$\triangle ABC$ 的内角 $A$，$B$，$C$ 的对边分别为 $a$，$b$，$c$，已知 $\triangle ABC$ 的面积

为 $\dfrac{a^2}{3\sin A}$。

（1）求 $\sin B\sin C$；（2）若 $6\cos B\cos C = 1$，$a = 3$，求 $\triangle ABC$ 的周长。

答案：（1）$\because \triangle ABC$ 面积 $S = \dfrac{a^2}{3\sin A}$，且 $S = \dfrac{1}{2}bc\sin A$，

$\therefore \dfrac{a^2}{3\sin A} = \dfrac{1}{2}bc\sin A$，$\therefore a^2 = \dfrac{3}{2}bc\sin^2 A$，

由正弦定理得 $\sin^2 A = \dfrac{3}{2}\sin B\sin C\sin^2 A$，由 $\sin A \neq 0$ 得 $\sin B\sin C = \dfrac{2}{3}$。

（2）由（1）得 $\sin B\sin C = \dfrac{2}{3}$，$\cos B\cos C = \dfrac{1}{6}$。$\because A + B + C = \pi$，

$\therefore \cos A = \cos(\pi - B - C) = -\cos(B + C) = \sin B\sin C - \cos B\cos C = \dfrac{1}{2}$。

又 $\because A \in (0，\pi)$，$\therefore A = 60°$，$\sin A = \dfrac{\sqrt{3}}{2}$，$\cos A = \dfrac{1}{2}$，

由余弦定理得 $a^2 = b^2 + c^2 - bc = 9$ ①。

由正弦定理得 $b = \dfrac{a}{\sin A} \cdot \sin B$，$c = \dfrac{a}{\sin A} \cdot \sin C$，

$\therefore bc = \dfrac{a^2}{\sin^2 A} \cdot \sin B\sin C = 8$ ②。

由①②得 $b + c = \sqrt{33}$，$\therefore a + b + c = 3 + \sqrt{33}$，即 $\triangle ABC$ 的周长为 $3 +$

$\sqrt{33}$。

# 第 七 章

# 复　数

　　复数在高考题目中基本处于前 5 题的位置，属于容易档，在本单元的学习中，学生要了解整个数系的发展过程，体会一个虚数单位发现创建经历了非常漫长的时期，是很多数学家付出和坚持的结晶，这对学生也是很好的德育教育。知识层面上，在《普通高中数学课程标准》中有如下具体的要求：

　　（1）复数的概念：①通过方程的解，认识复数。②理解复数的代数表示及其几何意义，理解两个复数相等的含义。

　　（2）复数的运算：掌握复数代数表示式的四则运算，了解复数加、减运算的几何意义。

　　复数的学习，重在提升数学运算核心素养，加深对几何意义的理解，同时掌握一些常用的结论，培养运算技巧，避免花费过多的时间，同时要保证此基础题的正确率。

## 虚数单位 i 产生的时间轴

　　公元 3 世纪，丢番图在《算术》中遇到了二次方程无实解的问题，之后很长一段时间，数学家都认为二次方程在判别式小于 0 时方程无实数解；

　　16 世纪，意大利数学家卡尔达诺在《重要的艺术》一书中提出了"卡当公式"，他是第一个把负数的平方根写到公式中去的数学家，在讨论是否能把 10 分成两部分，使它们的乘积等于 40 时，他的答案是 $(5 + \sqrt{15})(5 - \sqrt{15})$；

　　1637 年，法国数学家笛卡尔在《几何学》中给出了"虚数"这一名称，从此，虚数才流传开来；

　　1722 年，法国数学家隶莫弗提出了著名的隶莫弗定理；

　　1747 年，法国数学家达朗贝尔指出，如果按照四则运算形式对虚数进行运算，那么它的结果总是 $a+bi$ 的形式（$a$，$b$ 都是实数）；

1777 年，欧拉在《微分公式》一文中，第一次用 i 表示 $-1$ 的平方根；

1831—1832 年，高斯提出复数，并用实数组代表复数，并建立了复数的某些运算。

虚数单位 i 的出现及复数的发展，经历了漫长的过程，经过许多数学家的努力，完善了数系的扩充，推动了社会的发展。

**典例 7 - 1：**《必修第二册》第 69 页例 1

当实数 $m$ 取什么值时，复数 $z=m+1+(m-1)i$ 是下列数？

（1）实数；（2）虚数；（3）纯虚数。

答案：（1）$m=1$；（2）$m\neq1$；（3）$m=-1$。

**引申：**《必修二》第 73 页习题 7.1 第 2 题

当实数 $m$ 取什么值时，复数 $(m^2-5m+6)+(m^2-3m)i$ 是下列数？

（1）实数；（2）虚数；（3）纯虚数。

答案：（1）$m=0$ 或 $m=3$；（2）$m\neq0$ 且 $m\neq3$；（3）$m=2$。

【复数的分类：根据复数的相关概念，实数对应虚部为 0；虚数对应虚部不为 0；纯虚数对应实部为 0，虚部不为 0，解题时根据要求分清实部与虚部的取值】

**高考链接：**2020 年·浙江卷·2

已知 $a\in\mathbf{R}$，若 $a-1+(a-2)i$（i 为虚数单位）是实数，则 $a=$（　　）

A．1　　　　B．$-1$　　　　C．2　　　　D．$-2$

答案：实数时对应虚部为 0，所以 $a-2=0,a=2$。选 C。

**典例 7 - 2：**《必修第二册》第 73 页习题 7.1 综合运用第 6 题

当实数 $m$ 取什么值时，复平面内表示复数 $z=(m^2-8m+15)+(m^2-5m-14)i$ 的点分别满足下列条件？

（1）位于第四象限；（2）位于第一象限或第三象限；

（3）位于直线 $y=x$ 上。

答案：（1）$\{m\mid-2<m<3$ 或 $5<m<7\}$；

（2）$\{m\mid3<m<5$ 或 $m>7$ 或 $m<-2\}$；

（3）$\left\{m\ \middle|\ m=\dfrac{29}{3}\right\}$。

【复数 $z=a+bi$（$a$，$b\in\mathbf{R}$）与复平面的点 $Z(a,b)$，与向量 $\overrightarrow{OZ}=(a,b)$ 建立一一对应的关系，由复数的代数形式转化为几何形式，能根据复数的几

何意义，求相应参数的取值】

**高考链接**：2019 年·新课标全国卷二·2

设 $z = 3 + 2\mathrm{i}$，则在复平面内 $\bar{z}$ 对应的点位于（　　）

A. 第一象限　　　B. 第二象限　　　C. 第三象限　　　D. 第四象限

答案：D。

根据题意知，$\bar{z} = 3 - 2i$，在复平面内对应的点为（3，－2），位于第四象限。

**典例 7 - 3**：《必修第二册》第 72 页例 3

设 $z \in \mathbf{C}$，在复平面内，$z$ 对应的点为 $Z$，那么满足下列条件的点 $Z$ 的集合是什么图形？

（1）$|z| = 1$；（2）$1 < |z| < 2$。

答案：（1）点 $Z$ 的集合是以原点 $O$ 为圆心，以 1 为半径的圆；

（2）点 $Z$ 的集合是以原点 $O$ 为圆心，以 1 及 2 为半径的两个圆所夹的圆环，不包括圆环的边界。

**引申**：《必修第二册》第 81 页习题 7.2 拓广探索第 9 题

若 $z = x + y\mathrm{i}(x，y \in \mathbf{R})$，则复平面内满足 $|z - (2 + \mathrm{i})| = 3$ 的点 $Z$ 的集合是什么图形？

答案：由已知得，复数 $z$ 对应的点为 $(x，y)$，根据 $|z - (2 + i)| = 3$ 知，点 $Z$ 的集合是以（2，1）为圆心，半径为 3 的圆。

【复数模的几何意义，$|z|$ 表示复数 $z$ 在复平面内对应的点到原点的距离；$|z_1 - z_2|$ 表示复数 $z_1，z_2$ 在复平面内对应两点间的距离】

**高考链接 1**：2020 年·新课标全国卷二·15

设复数 $z_1，z_2$，满足 $|z_1| = |z_2| = 2$，$z_1 + z_2 = \sqrt{3} + \mathrm{i}$，则 $|z_1 - z_2| = $ ＿＿＿＿＿＿。

答案：$2\sqrt{3}$。

设复数 $z_1，z_2$ 在复平面内对应的点为 $Z_1，Z_2$，以 $OZ_1，OZ_2$ 为临边所作的平行四边形是菱形，且 $|z_1 + z_2| = 2$，所以 $|z_1 - z_2| = 2\sqrt{3}$。

**高考链接 2**：2019 年·新课标全国卷一·3

设复数 $z$ 满足 $|z - i| = 1$，$z$ 在复平面内对应的点为 $(x，y)$，则（　　）

A. $(x + 1)^2 + y^2 = 1$　　　　　　　　B. $(x - 1)^2 + y^2 = 1$

C. $x^2 + (y - 1)^2 = 1$          D. $x^2 + (y + 1)^2 = 1$

答案：C。

由 $|z - i| = 1$ 得点 $(x，y)$ 与点 $(0，1)$ 间的距离恒为 1，

所以点 $(x，y)$ 满足的方程为 $x^2 + (y - 1)^2 = 1$。

**典例 7-4**：《必修第二册》第 79 页例 5

计算 $(1 + 2i) \div (3 - 4i)$。

答案：$-\dfrac{1}{5} + \dfrac{2}{5}i$。

因为 $\dfrac{1 + 2i}{3 - 4i} = \dfrac{(1 + 2i)(3 + 4i)}{(3 - 4i)(3 + 4i)} = \dfrac{-5 + 10i}{25} = -\dfrac{1}{5} + \dfrac{2}{5}i$。

**引申**：《必修第二册》第 95 页复习参考题 7 综合运用第 8 题

（1）求 $i^1$，$i^2$，$i^3$，$i^4$，$i^5$，$i^6$，$i^7$，$i^8$ 的值；

（2）由（1）推测 $i^n (n \in \mathbf{N}^*)$ 的值有什么变化规律，并把这个规律用式子表示出来。

答案：（1）$i^1 = i$，$i^2 = -1$，$i^3 = -i$，$i^4 = 1$，$i^5 = i$，$i^6 = -1$，$i^7 = -i$，$i^8 = 1$；

（2）$(n \in \mathbf{N}^*)$ $i^{4k+1} = i$，$i^{4k+2} = -1$，$i^{4k+3} = -i$，$i^{4k} = 1$。

【复数运算是高考中对复数考查的一个重点，既要掌握复数的运算法则，同时也要掌握复数运算的一些常见结论，除了 $i^n (n \in \mathbf{N}^*)$ 取值呈现周期性之外，再如 $\dfrac{1 + i}{1 - i} = i$，$\dfrac{1 - i}{1 + i} = -i$，$(1 + i)^2 = 2i$，$(1 - i)^2 = -2i$，$\dfrac{1}{i} = -i$，$|z_1 z_2| = |z_1||z_2|$，$\left|\dfrac{z_1}{z_2}\right| = \dfrac{|z_1|}{|z_2|}$ 等，这些结论必须要熟记，这样对复数运算的速度和正确率都有帮助】

**高考链接 1**：2020 年·新课标全国卷二·2

$(1 - i)^4 = ($     $)$

A. $-4$          B. 4          C. $-4i$          D. 4i

答案：A。

$(1 - i)^4 = (-2i)^2 = -4$。

**高考链接 2**：2020 年·新课标全国卷三·2

若 $\bar{z}(1 + i) = 1 - i$，则 $z = ($     $)$

A. $1 - i$          B. $1 + i$          C. $-i$          D. i

答案：D。

因为 $\bar{z} = \dfrac{1-i}{1+i} = -i$，则 $z = i$。

**典例 7 - 5**：《必修第二册》第 79 页例 6

在复数范围内解下列方程：

(1) $x^2 + 2 = 0$；

(2) $ax^2 + bx + c = 0$，其中 $a$，$b$，$c \in \mathbf{R}$，且 $a \neq 0$，$\Delta = b^2 - 4ac < 0$。

答案：(1) $x = \pm\sqrt{2}i$；

(2) $x = -\dfrac{b}{2a} \pm \dfrac{\sqrt{b^2 - 4ac}}{2a}i$。

**引申 1**：《必修第二册》第 81 页习题 7.2 综合运用第 7 题

已知 $2i - 3$ 是关于 $x$ 的方程 $2x^2 + px + q = 0$ 的一个根，求实数 $p$，$q$ 的值。

答案：$\because 2(2i - 3)^2 + p(2i - 3) + q = 0$，

$\therefore (10 - 3p + q) + (2p - 24)i = 0$，$10 - 3p + q = 0$，$2p - 24 = 0$，

$\therefore p = 12, q = 26$。

【在复数范围内，实系数方程 $ax^2 + bx + c = 0(a \neq 0)$ 的解法可以代入求根

公式，分两种情况：$\Delta \geq 0$，$\Delta < 0$。当 $\Delta < 0$ 时，$x = \dfrac{-b \pm \sqrt{b^2 - 4ac}i}{2a}$，两根互

为共轭复数；如果是复系数方程，则按复数相等的充要条件，即实部等于实部，

虚部等于虚部列方程求解】

**引申 2**：《必修第二册》第 95 页复习参考题 7 拓广探索第 9 题

已知复数 $z_1 = m + (4 - m^2)i(m \in \mathbf{R})$，$z_2 = 2\cos\theta + (\lambda + 3\sin\theta)i(\lambda, \theta \in \mathbf{R})$，并且 $z_1 = z_2$，求 $\lambda$ 的取值范围。

答案：$\because \begin{cases} m = 2\cos\theta \\ 4 - m^2 = (\lambda + 3\sin\theta) \end{cases}$，$\therefore 4 - 4\cos^2\theta = \lambda + 3\sin\theta$，

$\therefore \lambda = 4\sin^2\theta - 3\sin\theta = 4\left(\sin\theta - \dfrac{3}{8}\right)^2 - \dfrac{9}{16}$，且 $\sin\theta \in [-1, 1]$，

$\therefore$ 当 $\sin\theta = \dfrac{3}{8}$ 时，$\lambda_{\min} = -\dfrac{9}{16}$；当 $\sin\theta = -1$ 时，$\lambda_{\max} = 7$。

$\therefore \lambda \in \left[-\dfrac{9}{16}, 7\right]$。

**高考链接 1**：2012 年·上海卷·15

若 $1 + \sqrt{2}i$ 是关于 $x$ 的实系数方程 $x^2 + bx + c = 0$ 的一个复数根，则（　　）

A. $b = 2$，$c = 3$　　　　　　　　B. $b = 2$，$c = -1$

C. $b = -2$，$c = -1$          D. $b = -2$，$c = 3$

答案：D。

法一：把 $1 + \sqrt{2}i$ 代入方程得：$(b + c - 1) + (2\sqrt{2} + \sqrt{2}b)i = 0$，

则 $b + c - 1 = 0$，且 $2\sqrt{2} + \sqrt{2}b = 0$，解得，$b = -2$，$c = 3$。

法二：因为 $1 + \sqrt{2}i$ 是方程的根，所以 $1 - \sqrt{2}i$ 也是方程的根，

根据韦达定理得：$(1 + \sqrt{2}i) + (1 - \sqrt{2}i) = -b$，$(1 + \sqrt{2}i)(1 - \sqrt{2}i) = c$，

解得，$b = -2$，$c = 3$。

# 第 八 章

# 立体几何初步

立体几何研究现实世界中物体的形状、大小与位置关系。本单元以长方体为载体，展示空间点、直线、平面的位置关系；用数学语言表述有关平行、垂直的性质与判定，并对某些结论进行论证；推导出一些简单几何体的表面积与体积的计算方法；运用直观感知、操作确认、推理论证、度量计算等认识和探索空间图形的性质，并建立空间观念。知识层面上，在《普通高中数学课程标准》中有如下具体的要求：

（1）基本立体图形：①利用实物、计算机软件等观察空间图形，认识柱、锥、台、球及简单组合体的结构特征，能运用这些特征描述现实生活中简单物体的结构。②知道球、棱柱、棱锥、棱台的表面积和体积的计算公式，能用公式解决简单的实际问题。③能用斜二测法画出简单空间图形（长方体、球、圆柱、圆锥、棱柱及其简单组合）的直观图。

（2）基本图形位置关系：①借助长方体，在直观认识空间点、直线、平面的位置关系的基础上抽象出空间点、直线、平面的位置关系的定义，了解以下基本事实（基本事实1-4也称公理）和定理。基本事实1：过不在一条直线上的三个点，有且只有一个平面。基本事实2：如果一条直线上的两个点在一个平面内，那么这条直线在这个平面内。基本事实3：如果两个不重合的平面有一个公共点，那么它们有且只有一条过该点的公共直线。基本事实4：平行于同一条直线的两条直线平行。定理：如果空间中两个角的两条边分别对应平行，那么这两个角相等或互补。②从上述定义和基本事实出发，借助长方体通过直观感知，了解空间中直线与直线、直线与平面、平面与平面的平行和垂直的关系，归纳出以下判定定理并加以证明。

a. 一条直线与一个平面平行，如果过该直线的平面与此平面相交，那么该直线与交线平行。

b. 两个平面平行，如果另一个平面与这两个平面相交，那么两条交线平行。

c. 垂直于同一个平面的两条直线平行。

d. 两个平面垂直，如果一个平面内有一条直线垂直于这两个平面的交线，那么这条直线与另一个平面垂直。

③从上述定义和基本事实出发，借助长方体通过直观感知，了解空间中直线与直线、直线与平面、平面与平面的平行和垂直的关系，归纳出以下性质定理并加以证明。

a. 如果平面外一条直线与此平面内的一条直线平行，那么该直线与此平面平行。

b. 如果一个平面内的两条相交直线与另一个平面平行，那么这两个平面平行。

c. 如果一条直线与一个平面内的两条相交直线垂直，那么该直线与此平面垂直。

d. 如果一个平面过另一个平面的垂线，那么这两个平面垂直。

④能用已获得的结论证明空间基本图形位置关系的简单命题。在本单元的学习中，要能够通过直观图理解空间图形，掌握基本空间图形及其简单组合体的概念和基本特征，学会解决简单的实际问题。能够运用图形的概念描述图形的基本关系和基本结果，能够证明简单的几何命题。还要重点提升直观想象、逻辑推理、数学运算和教学抽象等素养。与原来教材相比，这部分删去了三视图这一内容。在高考中以中档题为主，题量一般稳定在一个小题和一个大题。

**典例 8-1：**《必修第二册》第 101 页练习 1

观察图 8-1 中的物体，说出它们的主要结构特征。

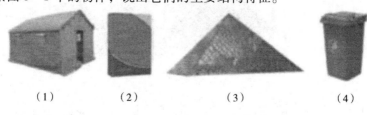

（1）　　　（2）　　　　（3）　　　　（4）

**图 8-1**

解：（1）直五棱柱，它的左、右两个面是全等的五边形，其他各面都是矩形。

（2）长方体，它的各个面都是矩形。

（3）四棱锥，底面是四边形，四个侧面都是三角形，且有一个公共点。

（4）四棱台，上、下两个底面是相似的四边形，侧面是梯形。

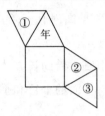

图 8 - 2

引申：某人用如图 8 - 2 所示的纸片，沿折痕折叠后粘成一个四棱锥形的"走马灯"，正方形做灯底，且有一个三角形面上写上了"年"字，当灯旋转时，正好看到"新年快乐"的字样，则在①②③处应依次写上（    ）

A. 快、新、乐                    B. 乐、新、快

C. 新、乐、快                    D. 乐、快、新

答案：A。

【文化视角下的经典建筑图形，突出对空间几何体的认识，通过分析几何体的结构特征，考查直观想象的素养】

**高考链接 1**：2020 年·全国 I 卷·理 3

埃及胡夫金字塔是古代世界建筑奇迹之一，它的形状可视为一个正四棱锥，如图 8 - 3 所示，以该四棱锥的高为边长的正方形面积等于该四棱锥一个侧面三角形的面积，则其侧面三角形底边上的高与底面正方形边长的比值为（    ）

图 8 - 3

A. $\dfrac{\sqrt{5}-1}{4}$         B. $\dfrac{\sqrt{5}-1}{2}$         C. $\dfrac{\sqrt{5}+1}{4}$         D. $\dfrac{\sqrt{5}+1}{2}$

答案：C。

如图 8 - 4 所示，设 $CD = a$，$PE = b$，

则 $PO = \sqrt{PE^2 - OE^2} = \sqrt{b^2 - \dfrac{a^2}{4}}$。

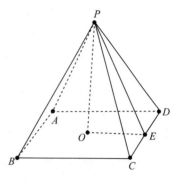

由题意，$PO^2 = \dfrac{1}{2}ab$，即 $b^2 - \dfrac{a^2}{4} = \dfrac{1}{2}ab$，

化简得 $4\left(\dfrac{b}{a}\right)^2 - 2 \cdot \dfrac{b}{a} - 1 = 0$，

解得 $\dfrac{b}{a} = \dfrac{1 + \sqrt{5}}{4}$（负值舍去）。

图 8 - 4

**高考链接 2**：2019 年·全国 Ⅱ 卷·理 16

中国有悠久的金石文化，印信是金石文化的代表之一。印信的形状多为长方体、正方体或圆柱体，但南北朝时期的官员独孤信的印信形状是"半正多面体"（如图 8 - 5 所示）。半正多面体是由两种或两种以上的正多边形围成的多面体。半正多面体体现了数学的对称美。如图 8 - 6 所示，一个棱数为 48 的半正多面体，它的所有顶点都在同一个正方体的表面上，且此正方体的棱长为 1。则该半正多面体共有_____个面，其棱长为_____。

图 8 - 5

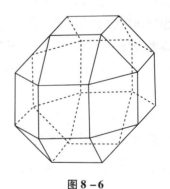

图 8 - 6

答案：26 $\sqrt{2} - 1$。

**典例 8 - 2**：《必修第二册》第 114 页例 1

四面体 $P - ABC$ 的各棱长均为 $a$，求它的表面积。

分析：因为四面体 $P - ABC$ 的四个面是全等的等边三角形，所以四面体的表面积等于其中任何一个面三角形面积的 4 倍。

因为 $\triangle PBC$ 是正三角形，其边长为 $a$，所以 $S_{\triangle PBC} = \frac{\sqrt{3}}{4}a^2$。

因此，四面体 $P-ABC$ 的表面积 $S_{P-ABC} = \frac{\sqrt{3}}{4}a^2 \times 4 = \sqrt{3}a^2$。

**引申1：**《必修第二册》第119页习题8.3复习巩固1

每一个面都是正三角形的八面体，并且4个顶点 $A$，$B$，$C$，$D$ 在同一个平面内。如果四边形 $ABCD$ 是边长为30cm的正方形，那么这个八面体的表面积是多少？

答案：$1800\sqrt{3}\text{cm}^2$。

**引申2：**《必修第二册》第120页习题8.3复习巩固4

如图8-7所示，圆锥 $PO$ 的底面直径和高均是 $a$，过 $PO$ 的中点 $O'$ 作平行于底面的截面，以该截面为底面挖去一个圆柱，求剩下几何体的表面积和体积。

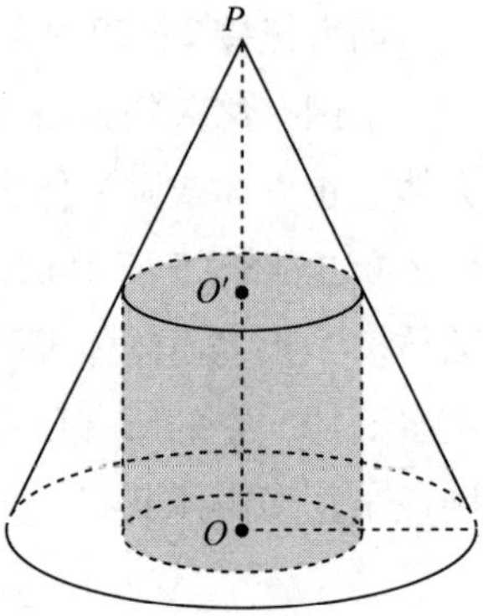

答案：表面积为 $\frac{(2+\sqrt{5})\pi}{4}a^2$；体积为 $\frac{5\pi}{96}a^3$。

【掌握几何体的结构特征，准确记忆空间几何体的表面积与体积公式，并能将组合体合理拆分，考查直观想象和数学运算等素养】

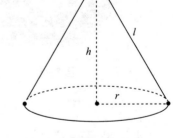

图8-7

**高考链接1：**2021年·全国甲卷·文14

已知一个圆锥的底面半径为6，其体积为 $30\pi$，则该圆锥的侧面积为_____。

答案：$39\pi$。

圆锥示意图如图8-8所示。

$\because V = \frac{1}{3}\pi 6^2 \cdot h = 30\pi$，$\therefore h = \frac{5}{2}$，

$\therefore l = \sqrt{h^2 + r^2} = \sqrt{\left(\frac{5}{2}\right)^2 + 6^2} = \frac{13}{2}$，

$\therefore S_{侧} = \pi r l = \pi \times 6 \times \frac{13}{2} = 39\pi$。

图8-8

**高考链接2：**2018年·天津卷·理11

已知正方体 $ABCD-A_1B_1C_1D_1$ 的棱长为1，除面 $ABCD$ 外，该正方体其余各面的中心分别为点 $E$，$F$，$G$，$H$，$M$（如图8-9所示），则四棱锥 $M-EFGH$ 的体积为_____。

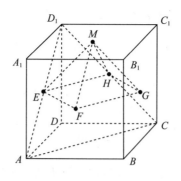

**图 8 - 9**

答案：$\dfrac{1}{12}$。

连接 $AD_1$，$CD_1$，$AC$，$\therefore$ $EH \parallel AC$，$EH = \dfrac{1}{2}AC$，

同理 $FG \parallel AC$，$FG = \dfrac{1}{2}AC$，

$\therefore$ $EH \parallel FG$，$EH = FG$，$\therefore$ 四边形 $EFGH$ 为平行四边形。

又 $EG = HF$，$EH = HG$，$\therefore$ 四边形 $EFGH$ 为正方形，

$\therefore$ $S_{EHGF} = \left(\dfrac{\sqrt{2}}{2}\right)^2 = \dfrac{1}{2}$，点 $M$ 到平面 $EFGH$ 的距离为 $\dfrac{1}{2}$，

$\therefore$ $V_{M-EHGF} = \dfrac{1}{3} \times \dfrac{1}{2} \times \dfrac{1}{2} = \dfrac{1}{12}$。

**典例 8 - 3**：《必修第二册》第 119 页例 4

圆柱的底面直径和高都等于球的直径，求球与圆柱的体积之比。

设球的半径为 $R$，则圆柱的底面半径为 $R$，高为 $2R$。

$\because$ $V_{球} = \dfrac{4}{3}\pi R^3$，$V_{圆柱} = \pi R^2 \cdot 2R = 2\pi R^3$，

$\therefore$ $V_{球} : V_{圆柱} = \dfrac{4}{3}\pi R^3 : 2\pi R^3 = \dfrac{2}{3}$。

**引申 1**：在半球内有一个内接正方体，求此半球的体积与正方体的体积之比。

作正方体对角面的截面，如图 8 - 10 所示，设半球的半径为 $R$，正方体的棱长为 $a$，那么 $CC' = a$，$OC = \dfrac{\sqrt{2}}{2}a$。

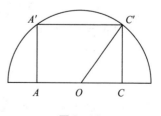

**图 8 - 10**

在 Rt $\triangle OCC'$ 中，由勾股定理，得 $CC'^2 + OC^2 = OC'^2$，

$\therefore R = \dfrac{\sqrt{6}}{2}a$。

从而 $V_{半球} = \dfrac{2}{3}\pi R^3 = \dfrac{2}{3}\pi\left(\dfrac{\sqrt{6}}{2}a\right)^3 = \dfrac{\sqrt{6}}{2}\pi a^3$，$V_{正方体} = a^3$。

因此 $V_{半球} : V_{正方体} = \dfrac{\sqrt{6}}{2}\pi a^3 : a^3 = \sqrt{6}\pi : 2$。

**引申 2**：已知四面体 $S-ABC$ 的各棱长均为 $\sqrt{3}$，求该四面体内切球及外接球的体积。

答案：内切球的体积为 $\dfrac{\sqrt{2}\pi}{24}$；外接球的体积为 $\dfrac{9\sqrt{2}\pi}{8}$。

如图 8-11 所示，在四面体 $S-ABC$ 中，取底面 $\triangle ABC$ 的中心为 $O_1$，连接 $SO_1$，$O_1A$，则 $SO_1 \perp O_1A$。

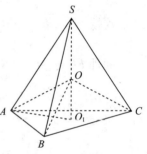

图 8-11

$\therefore AO_1 = \dfrac{2}{3} \times \dfrac{\sqrt{3}}{2} \times \sqrt{3} = 1$，$\therefore SO_1 = \sqrt{2}$，

$\therefore$ 四面体的体积为 $V = \dfrac{1}{3} \times \dfrac{\sqrt{3}}{4} \times (\sqrt{3})^2 \times \sqrt{2} = \dfrac{\sqrt{6}}{4}$。

设内切球球心为 $O$，半径为 $r$，连接 $OA$，$OB$，$OC$，

$\therefore V_{S-ABC} = V_{O-SAB} + V_{O-SBC} + V_{O-SAC} + V_{O-ABC}$

$\qquad = \dfrac{1}{3} S_{表} \cdot r = \dfrac{1}{3} \times 4 \times \dfrac{\sqrt{3}}{4} \times (\sqrt{3})^2 \times r = \sqrt{3}r = \dfrac{\sqrt{6}}{4}$，

$\therefore r = \dfrac{\sqrt{2}}{4}$，

$\therefore$ 内切球的体积为 $V_{内} = \dfrac{4\pi}{3} r^3 = \dfrac{4\pi}{3} \times \left(\dfrac{\sqrt{2}}{4}\right)^3 = \dfrac{\sqrt{2}\pi}{24}$。

设外接球的半径为 $R$，

则 $R = OS = SO_1 - OO_1 = SO_1 - r = \sqrt{2} - \dfrac{\sqrt{2}}{4} = \dfrac{3\sqrt{2}}{4}$，

$\therefore$ 外接球的体积为 $V_{外} = \dfrac{4}{3}\pi R^3 = \dfrac{4\pi}{3} \times \left(\dfrac{3\sqrt{2}}{4}\right)^3 = \dfrac{9\sqrt{2}\pi}{8}$。

【空间几何体的内切球与外接球，一般通过作截面的方法将立体问题转化为平面问题解决，截面往往是圆锥的轴截面、球的大圆等，外接球问题常用到勾

股定理，内切球常借助等体积求高的方法。主要考查直观想象、数学运算、逻辑推理等素养，几何体的外接球是重点】

**高考链接 1**：2021 年·全国甲卷·理 11

已知 $A$ , $B$ , $C$ 是半径为 1 的球 $O$ 的球面上的三个点，且 $AC \perp BC$ , $AC = BC = 1$ ，则三棱锥 $O - ABC$ 的体积为（　　）

A. $\dfrac{\sqrt{2}}{12}$　　　　B. $\dfrac{\sqrt{3}}{12}$　　　　C. $\dfrac{\sqrt{2}}{4}$　　　　D. $\dfrac{\sqrt{3}}{4}$

答案：A。

∵ $AC \perp BC$ , $AC = BC = 1$ ，∴ △ABC 为等腰直角三角形，∴ $AB = \sqrt{2}$ ，

则 △ABC 外接圆的半径为 $\dfrac{\sqrt{2}}{2}$ ，又球的半径为 1 ，

设 $O$ 到平面 $ABC$ 的距离为 $d$ ，则

$$d = \sqrt{1 - \left(\dfrac{\sqrt{2}}{2}\right)^2} = \dfrac{\sqrt{2}}{2} ,$$

所以 $V_{O-ABC} = \dfrac{1}{3} S_{\triangle ABC} \cdot d = \dfrac{1}{3} \times \dfrac{1}{2} \times 1 \times 1 \times \dfrac{\sqrt{2}}{2} = \dfrac{\sqrt{2}}{12}$ 。故选 A。

**高考链接 2**：2020 年·全国 Ⅲ 卷·理 15

已知圆锥的底面半径为 1 ，母线长为 3 ，则该圆锥内半径最大的球的体积为＿＿＿＿＿＿。

答案：$\dfrac{\sqrt{2}}{3}\pi$ 。

易知半径最大的球为圆锥的内切球，球与圆锥内切时的轴截面如图 8 - 12 所示，

其中 $BC = 2$ ，$AB = AC = 3$ ，且点 $M$ 为 $BC$ 边的中点，设内切圆的圆心为 $O$ ，

由于 $AM = \sqrt{3^2 - 1^2} = 2\sqrt{2}$ ，

故 $S_{\triangle ABC} = \dfrac{1}{2} \times 2 \times 2\sqrt{2} = 2\sqrt{2}$ 。

设内切圆半径为 $r$ ，则

$$S_{\triangle ABC} = S_{\triangle AOB} + S_{\triangle BOC} + S_{\triangle AOC} = \dfrac{1}{2} \cdot AB \cdot r + \dfrac{1}{2} \cdot BC \cdot r + \dfrac{1}{2} \cdot AC \cdot r$$

$$= \dfrac{1}{2} \times (3 + 3 + 2) \times r = 2\sqrt{2} ,$$

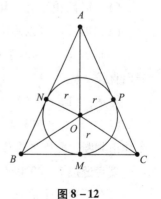

图 8 - 12

解得 $r = \dfrac{\sqrt{2}}{2}$，其体积：$V = \dfrac{4}{3}\pi r^3 = \dfrac{\sqrt{2}}{3}\pi$。故答案为 $\dfrac{\sqrt{2}}{3}\pi$。

**典例 8 - 4**：《必修第二册》第 130 页探究

在长方体 $ABCD - A'B'C'D'$ 中，连接 $AB$，$CD$，请你再举出一些图中表示空间直线、平面之间位置关系的例子，并用符号表示这些位置关系。

答案：（1）直线与直线位置关系：平行、相交、异面；

（2）直线与平面位置关系：平行、相交、直线在平面内；

（3）平面与平面位置关系：平行、相交。

**引申 1**：《必修第二册》第 131 页练习 3

判断下列命题是否正确，正确的在括号内画"√"，错误的画"×"。

（1）若直线 $l$ 上有无数个点不在平面 $\alpha$ 内，则 $l /\!/ \alpha$。（　　）

（2）若直线 $l$ 与平面 $\alpha$ 平行，则 $l$ 与平面 $\alpha$ 内的任意一条直线都平行。（　　）

（3）如果两条平行直线中的一条与一个平面平行，那么另一条也与这个平面平行。（　　）

（4）若直线 $l$ 与平面 $\alpha$ 平行，则 $l$ 与平面 $\alpha$ 内的任意一条直线都没有公共点。（　　）

答案：（1）×（2）×（3）×（4）√。

**引申 2**：《必修第二册》第 132 页习题 8.4 复习巩固 3

判断下列命题是否正确，正确的在括号内画"√"，错误的画"×"。

（1）两两相交且不共点的三条直线确定一个平面。（　　）

（2）四边形可以确定一个平面。（　　）

（3）若 $a$，$b$ 是两条直线，$\alpha$，$\beta$ 是两个平面，且 $a \subset \alpha$，$b \subset \beta$，则 $a$，$b$ 是异面直线。（　　）

答案：（1）√（2）×（3）×。

【结合基本事实考查空间点、线、面的位置关系，可以通过构建长方体模型来作出判断，所以要有模型意识，主要考查直观想象的素养】

**高考链接 1**：2020 年·全国 II 卷·理 16

设有下列四个命题：

$p_1$：两两相交且不过同一点的三条直线必在同一平面内。

$p_2$：过空间中任意三点有且仅有一个平面。

$p_3$：若空间两条直线不相交，则这两条直线平行。

$p_4$：若直线 $l \subset$ 平面 $\alpha$，直线 $m \perp$ 平面 $\alpha$，则 $m \perp l$。

则下述命题中所有真命题的序号是_____。

① $p_1 \wedge p_4$ ；② $p_1 \wedge p_2$ ；③ $\neg p_2 \vee p_3$ ；④ $\neg p_3 \vee \neg p_4$ 。

答案：①③④。

如图 8 - 13 所示，对于命题 $p_1$ ，可设 $l_1$ 与 $l_2$ 相交，这两条直线确定的平面为 $\alpha$ ；

设 $l_3$ 与 $l_1$ 相交，则交点 $A$ 在平面 $\alpha$ 内，

同理， $l_3$ 与 $l_2$ 的交点 $B$ 也在平面 $\alpha$ 内，

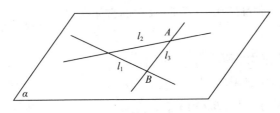

图 8 - 13

所以， $AB \subset \alpha$ ，即 $l_3 \subset \alpha$ ，命题 $p_1$ 为真命题；

对于命题 $p_2$ ，若三点共线，则过这三个点的平面有无数个，命题 $p_2$ 为假命题；

对于命题 $p_3$ ，空间中两条直线可能相交、平行或异面，命题 $p_3$ 为假命题；

对于命题 $p_4$ ，若直线 $m \perp$ 平面 $\alpha$ ，则 $m$ 垂直于平面 $\alpha$ 内所有直线。

∵ 直线 $l \subset$ 平面 $\alpha$ ，∴ 直线 $m \perp$ 直线 $l$ ，命题 $p_4$ 为真命题。

综上可知， $p_1$ ， $p_4$ 为真命题， $p_2$ ， $p_3$ 为假命题，

所以 $p_1 \wedge p_4$ 为真命题， $p_1 \wedge p_2$ 为假命题， $\neg p_2 \vee p_3$ 为真命题， $\neg p_3 \vee \neg p_4$ 为真命题。

故答案为①③④。

**高考链接 2**：2020 年·浙江卷·6

已知空间中不过同一点的三条直线 $m$ ， $n$ ， $l$ ，则" $m$ ， $n$ ， $l$ 在同一平面"是" $m$ ， $n$ ， $l$ 两两相交"的（　　）

A. 充分不必要条件　　　　B. 必要不充分条件

C. 充分必要条件　　　　　D. 既不充分也不必要条件

答案：B。

依题意 $m$ ， $n$ ， $l$ 是空间中不过同一点的三条直线，

当 $m$ ， $n$ ， $l$ 在同一平面时，可能 $m \parallel n \parallel l$ ，故不能得出 $m$ ， $n$ ， $l$ 两两相交。

当 $m$ , $n$ , $l$ 两两相交时，设 $m \cap n = A$ , $m \cap l = B$ , $n \cap l = C$ ,

根据公理 2 可知 $m$ , $n$ 确定一个平面 $\alpha$ , 而 $B \in m \subset \alpha$ , $C \in n \subset \alpha$ ,

根据公理 1 可知，直线 $BC$ 即 $l \subset \alpha$ , 所以 $m$ , $n$ , $l$ 在同一平面内。

综上所述，" $m$ , $n$ , $l$ 在同一平面"是" $m$ , $n$ , $l$ 两两相交"的必要不充分条件。

**典例 8 – 5**：《必修第二册》第 138 页练习 2

如图 8 – 14 所示，在正方体 $ABCD - A_1B_1C_1D_1$ 中，$E$ 为 $DD_1$ 的中点，判断 $BD_1$ 与平面 $AEC$ 的位置关系，并说明理由。

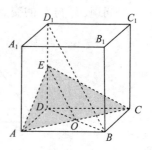

图 8 – 14

答案：$BD_1$ // 平面 $AEC$ 。

证明：连接 $BD$ 交 $AC$ 于点 $O$ , 连接 $OE$ ,

则 $E$ , $O$ 分别为 $D_1D$ , $BD$ 的中点，

$\therefore OE$ // $BD_1$ 。

又 $BD_1 \not\subset$ 平面 $AEC$ , $OE \subset$ 平面 $AEC$ ,

$\therefore BD_1$ // 平面 $AEC$ 。

**引申 1**：《必修第二册》第 142 页练习 3

如图 8 – 15 所示，在正方体 $ABCD - A_1B_1C_1D_1$ 中，$M$ , $N$ , $E$ , $F$ 分别是棱 $A_1B_1$ , $A_1D_1$ , $B_1C_1$ , $C_1D_1$ 的中点，求证：平面 $AMN$ // 平面 $DBEF$ 。

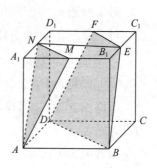

图 8 – 15

答案：连接 $NE$ , $\because N$ , $E$ 分别是棱 $A_1D_1$ , $B_1C_1$ 的中点，$\therefore NE$ // $A_1B_1$ , $NE = A_1B_1$ 。

又 $AB$ // $A_1B_1$ , $AB = A_1B_1$ ,

$\therefore NE$ // $AB$ , $NE = AB$ ,

$\therefore$ 四边形 $NEBA$ 是平行四边形，即 $AN$ // $BE$ 。

$\because AN \not\subset$ 平面 $DBEF$ , $BE \subset$ 平面 $DBEF$ ,

$\therefore AN$ // 平面 $DBEF$ 。

同理，$NM$ // 平面 $DBEF$ , 又 $AN \cap MN = N$ ,

$\therefore$ 平面 $AMN$ // 平面 $DBEF$ 。

**引申 2**：《必修第二册》第 170 页复习参考题 8 综合运用 11

如图 8 – 16 所示，在四面体 $ABCD$ 中，$AD \perp$ 平面 $BCD$ , $M$ 是 $AD$ 的中点，$P$ 是 $BM$ 的中点，点 $Q$ 在线段 $AC$ 上，且 $AQ = 3QC$ 。求证：$PQ$ // 平面 $BCD$ 。

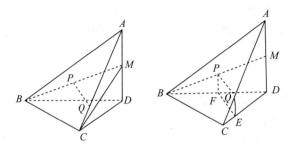

图 8-16

答案：在线段 $CD$ 上取点 $E$ ，使得 $DE = 3EC$ ，连接 $QE$ ，

则 $QE /\!/ AD$ ，$QE = \frac{1}{4}AD$ 。

取线段 $BD$ 的中点 $F$ ，连接 $PF$ ，$EP$ ，则 $PF /\!/ AD$ ，$PF = \frac{1}{2}MD = \frac{1}{4}AD$ ，

$\therefore PF /\!/ QE$ ，$PF = QE$ ，则四边形 $PQEF$ 为平行四边形，$\therefore PQ /\!/ EF$ 。

又 $EF \subset$ 平面 $BCD$ ，$PQ \not\subset$ 平面 $BCD$ ，$\therefore PQ /\!/$ 平面 $BCD$ 。

【线面平行的证明主要通过平行四边形或者三角形中位线的性质先证明线线平行，进而证明线面平行、面面平行，主要考查直观想象、逻辑推理等素养】

**高考链接 1**：2018 年·全国Ⅲ卷·文 19（2）

如图 8-17 所示，矩形 $ABCD$ 所在平面与半圆弧 $\overset{\frown}{CD}$ 所在平面垂直，$M$ 是 $\overset{\frown}{CD}$ 上异于 $C$ ，$D$ 的点。

（1）证明：平面 $AMD \perp$ 平面 $BMC$ ；

（2）在线段 $AM$ 上是否存在点 $P$ ，使得 $MC /\!/$ 平面 $PBD$ ？说明理由。

答案：（1）由题设知，平面 $CMD \perp$ 平面 $ABCD$ ，交线为 $CD$ 。

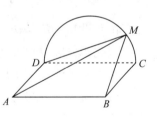

图 8-17

因为 $BC \perp CD$ ，$BC \subset$ 平面 $ABCD$ ，

所以 $BC \perp$ 平面 $CMD$ ，故 $BC \perp DM$ 。

因为 $M$ 为 $\overset{\frown}{CD}$ 上异于 $C$ ，$D$ 的点，且 $DC$ 为直径，

所以 $DM \perp CM$ 。

又 $BC \cap CM = C$ ，所以 $DM \perp$ 平面 $BMC$ 。

而 $DM \subset$ 平面 $AMD$ ，故平面 $AMD \perp$ 平面 $BMC$ 。

（2）当 $P$ 为 $AM$ 的中点时，$MC$ // 平面 $PBD$。

证明如下：如图 8−18 所示，连接 $AC$ 交 $BD$ 于 $O$。

因为 $ABCD$ 为矩形，所以 $O$ 为 $AC$ 中点。

连接 $OP$，因为 $P$ 为 $AM$ 中点，所以 $MC$ // $OP$。

因为 $MC \not\subset$ 平面 $PBD$，$OP \subset$ 平面 $PBD$，

所以 $MC$ // 平面 $PBD$。

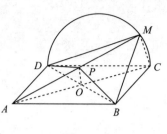

图 8−18

**高考链接 2**：2019 年·全国 I 卷·文 19（1）

如图 8−19 所示，直四棱柱 $ABCD - A_1B_1C_1D_1$ 的底面是菱形，$AA_1 = 4$，$AB = 2$，$\angle BAD = 60°$，$E$，$M$，$N$ 分别是 $BC$，$BB_1$，$A_1D$ 的中点。

（1）证明：$MN$ // 平面 $C_1DE$；

（2）求点 $C$ 到平面 $C_1DE$ 的距离。

答案：（1）连接 $B_1C$，$ME$。

因为 $M$，$E$ 分别为 $BB_1$，$BC$ 的中点，

所以 $ME$ // $B_1C$，且 $ME = \dfrac{1}{2}B_1C$。

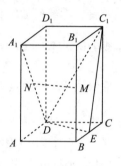

图 8−19

又因为 $N$ 为 $A_1D$ 的中点，所以 $ND = \dfrac{1}{2}A_1D$。

由题设知 $A_1B_1 \underline{\underline{\parallel}} DC$，可得 $B_1C \underline{\underline{\parallel}} A_1D$，故 $ME \underline{\underline{\parallel}} ND$，

因此四边形 $MNDE$ 为平行四边形，$MN$ // $ED$。

又 $MN \not\subset$ 平面 $C_1DE$，所以 $MN$ // 平面 $C_1DE$。

（2）如图 8−20 所示，过 $C$ 作 $C_1E$ 的垂线，垂足为 $H$。

由已知可得 $DE \perp BC$，$DE \perp C_1C$，

所以 $DE \perp$ 平面 $C_1CE$，故 $DE \perp CH$。

从而 $CH \perp$ 平面 $C_1DE$，

故 $CH$ 的长即为 $C$ 到平面 $C_1DE$ 的距离。

由已知可得 $CE = 1$，$C_1C = 4$，所以 $C_1E = \sqrt{17}$，

故 $CH = \dfrac{4\sqrt{17}}{17}$。

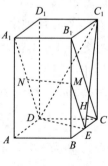

图 8−20

即点 $C$ 到平面 $C_1DE$ 的距离为 $\dfrac{4\sqrt{17}}{17}$。

**典例 8 - 6**：《必修第二册》第 163 页习题 8.6 复习巩固第 5 题

如图 8 - 21 所示，在三棱锥 $P - ABC$ 中，$CD \perp AB$，垂足为 $D$，$PO \perp$ 底面 $ABC$，垂足为 $O$，且 $O$ 在 $CD$ 上，求证：$AB \perp PC$。

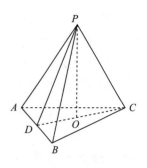

图 8 - 21

答案：$\because PO \perp$ 平面 $ABC$，$AB \subset$ 平面 $ABC$，

$\therefore AB \perp PO$。

连接 $PD$，又 $AB \perp CD$，且 $CD \cap PO = O$，

$\therefore AB \perp$ 平面 $PCD$。

$\because PC \subset$ 平面 $PCD$，$\therefore AB \perp PC$。

**引申**：《必修第二册》第 164 页习题 8.6 拓广探索 19

如图 8 - 22 所示，在直三棱柱 $ABC - A_1B_1C_1$ 中，$\angle ABC = 90^\circ$，$AA_1 = AB$，求证：$A_1C \perp AB_1$。

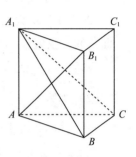

答案：$\because AA_1 \perp$ 平面 $ABC$，$BC \subset$ 平面 $ABC$，

$\therefore BC \perp AA_1$。

$\because BC \perp AB$，$AB \cap AA_1 = A$，$\therefore BC \perp$ 平面 $A_1ABB_1$。

$\because AB_1 \subset$ 平面 $A_1ABB_1$，$AB_1 \perp BC$。

连接 $A_1B$，$\because AA_1 = AB$，$\therefore AB_1 \perp A_1B$。

$\because A_1B \cap BC = B$，$\therefore AB_1 \perp$ 平面 $A_1BC$。

$\because A_1C \subset$ 平面 $A_1BC$，$\therefore AB_1 \perp A_1C$。

图 8 - 22

【空间垂直关系的证明，以线面垂直为核心，通过平面几何知识（勾股定理逆定理、菱形对角线、矩形相邻两边、直径所对圆周角等）证明线线垂直，进而证明线面垂直；若已知面面垂直，则通过面面垂直性质定理得到线面垂直；已知线面垂直，则直线垂直于该平面内的任意一条垂线。考查直观想象、逻辑推理等素养】

**高考链接 1**：2021 年·新高考全国 2 卷·19（1）

如图 8 - 23 所示，在四棱锥 $Q - ABCD$ 中，底面 $ABCD$ 是正方形，若 $AD = 2$，$QD = QA = \sqrt{5}$，$QC = 3$。

（1）求证：平面 $QAD \perp$ 平面 $ABCD$；

（2）求二面角 $B - QD - A$ 的平面角的余弦值。

答案：（1）证明见解析；

（2）$\dfrac{2}{3}$。

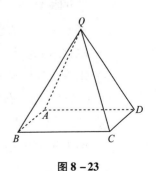

图 8 - 23

（1）证明：因为 $QD = \sqrt{5}$ ，$CD = 2$ ，$QC = 3$ ，

所以 $QC^2 = QD^2 + CD^2$ ，所以 $CD \perp QD$ 。

因为底面 $ABCD$ 是正方形，所以 $CD \perp AD$ 。

因为 $AD \cap QD = D$ ，所以 $CD \perp$ 平面 $QAD$ 。

因为 $CD \subset$ 平面 $ABCD$ ，所以平面 $QAD \perp$ 平面 $ABCD$ 。

**高考链接 2**：2021 年·全国甲卷·19（1）

如图 8－24 所示，已知直三棱柱 $ABC － A_1B_1C_1$ 中，侧面 $AA_1B_1B$ 为正方形，$AB = BC = 2$ ，$E$ ，$F$ 分别为 $AC$ 和 $CC_1$ 的中点，$D$ 为棱 $A_1B_1$ 上的点，$BF \perp A_1B_1$ 。

（1）证明：$BF \perp DE$ ；

（2）当 $B_1D$ 为何值时，面 $BB_1C_1C$ 与面 $DFE$ 所成的二面角的正弦值最小？

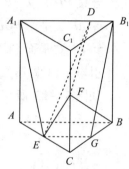

**图 8－24**

答案：（1）证明见解析；

（2）当 $B_1D = \dfrac{1}{2}$ 时，该二面角的正弦值最小。

（1）证明：取 $BC$ 中点 $G$ ，连接 $EG$ ，

则 $EG \parallel A_1B_1$ ，故 $A_1$ ，$B_1$ ，$G$ ，$E$ 共面，

且 $BF \perp A_1B_1$ ，所以 $BF \perp EG$ 。

连接 $A_1E$ ，$B_1G$ ，由四边形 $B_1C_1CB$ 为正方形，可得 $BF \perp B_1G$ 。

因为 $BG \cap EG = G$ ，所以 $BF \perp$ 平面 $A_1B_1GE$ 。

因为 $DE \subset$ 平面 $A_1B_1GE$ ，所以 $BF \perp DE$ 。

因为三棱柱 $ABC － A_1B_1C_1$ 是直三棱柱，所以 $BB_1 \perp$ 底面 $ABC$ ，所以 $BB_1 \perp AB$ 。

因为 $A_1B_1 \parallel AB$ ，$BF \perp A_1B_1$ ，所以 $BF \perp AB$ 。

**典例 8－7**：《必修第二册》第 147 页例 1

已知正方体 $ABCD － A'B'C'D'$ 。

（1）哪些棱所在的直线与直线 $AA'$ 垂直？

（2）求直线 $BA'$ 与 $CC'$ 所成的角的大小。

（3）求直线 $BA'$ 与 $AC$ 所成的角的大小。

解：（1）棱 $AB$ ，$BC$ ，$CD$ ，$DA$ ，$A'B'$ ，$B'C'$ ，$C'D'$ ，$D'A'$ 所在直线分别与直线 $AA'$ 垂直。

（2）因为 $ABCD － A'B'C'D'$ 是正方体，所以 $BB' \parallel CC'$ ，因此 $\angle A'BB'$ 为直线 $BA'$ 与 $CC'$ 所成的角。

又因为 $\angle A'BB' = 45°$，所以直线 $BA'$ 与 $CC'$ 所成的角等于 $45°$。

（3）连接 $A'C$。因为 $ABCD - A'B'C'D'$ 是正方体，所以 $AA' \underline{\underline{\parallel}} CC'$。

从而可知四边形 $AA'C'C$ 是平行四边形，所以 $AC \parallel AC'$。

于是 $\angle BA'C'$ 为异面直线 $BA'$ 与 $AC$ 所成的角。

连接 $BC'$，易知 $\triangle A'BC'$ 是等边三角形，所以 $\angle BA'C' = 60°$，

从而可知异面直线 $BA'$ 与 $AC$ 所成的角等于 $60°$。

**引申 1**：《必修第二册》第 152 页例 4

在正方体 $ABCD - A_1B_1C_1D_1$ 中，求直线 $A_1B$ 和平面 $A_1DCB_1$ 所成的角。

分析：关键是找出直线 $A_1B$ 在平面 $A_1DCB_1$ 上的射影。

答案：连接 $BC_1$，$BC_1$ 与 $B_1C$ 相交于点 $O$，连接 $A_1O$。

设正方体的棱长为 $a$。

因为 $A_1B_1 \perp B_1C_1$，$A_1B_1 \perp B_1B$，$B_1C_1 \cap B_1B = B_1$，

所以 $A_1B_1 \perp$ 平面 $BCC_1B_1$，所以 $A_1B_1 \perp BC_1$。

又 $BC_1 \perp B_1C$，$A_1B_1 \cap B_1C = B_1$，所以 $BC_1 \perp$ 平面 $A_1DCB_1$。

所以 $A_1O$ 为斜线 $AB$ 在平面 $A_1DCB_1$ 上的射影，

$\angle BA_1O$ 为 $A_1B$ 和平面 $A_1DCB_1$ 所成的角。

在 $\mathrm{Rt}\triangle A_1BO$ 中，$A_1B = \sqrt{2}a$，$BO = \dfrac{\sqrt{2}}{2}a$，所以 $BO = \dfrac{1}{2}A_1B$。

所以 $\angle BA_1O = 30°$，

所以直线 $A_1B$ 和平面 $A_1DCB_1$ 所成的角为 $30°$。

**引申 2**：《必修第二册》163 页习题 8.6 复习巩固 6

在正方体 $ABCD - A'B'C'D'$ 中，平面 $ABC'D'$ 与正方体的各个面所在的平面所成的二面角的大小分别是多少？

答案：平面 $ABC'D'$ 与平面 $ABCD$，平面 $A'B'C'D'$，平面 $ABB'A'$，平面 $CC'D'D$ 所成二面角的大小是 $45°$ 或 $135°$；

平面 $ABC'D'$ 与平面 $ADD'A'$，平面 $BCC'B'$ 所成二面角的大小都是 $90°$。

【空间角的考查，通过基本模型，借助线线平行找到异面直线所成的角；通过线面垂直找到线面角；通过定义法找到二面角的平面角，主要考查直观想象、逻辑推理等素养（复杂空间角问题通过空间向量来解决）】

**高考链接 1**：2021 年·全国乙卷·5

在正方体 $ABCD - A_1B_1C_1D_1$ 中，$P$ 为 $B_1D_1$ 的中点，则直线 $PB$ 与 $AD_1$ 所成的角为（　　）

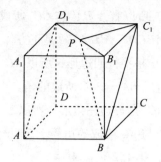

图 8-25

A. $\dfrac{\pi}{2}$　　　　B. $\dfrac{\pi}{3}$　　　　C. $\dfrac{\pi}{4}$　　　　D. $\dfrac{\pi}{6}$

答案：D。

如图 8-25 所示，连接 $PC_1$，$BC_1$，

则 $\angle PBC_1$ 就是直线 $PB$，$AD_1$ 所成的角，

易得 $PB \perp PC_1$，且 $BC_1 = 2PC_1$，所以 $\angle PBC_1 = \dfrac{\pi}{6}$，故选 D。

**高考链接 2**：2020 年·浙江卷·19（2）

如图 8-26 所示，三棱台 $DEF—ABC$ 中，面 $ADFC \perp$ 面 $ABC$，$\angle ACB = \angle ACD = 45°$，$DC = 2BC$。

（1）证明：$EF \perp DB$；

（2）求 $DF$ 与面 $DBC$ 所成角的正弦值。

答案：（1）证明见解析；（2）$\dfrac{\sqrt{3}}{3}$。

（1）如图 8-27 所示，作 $DH \perp AC$ 交 $AC$ 于 $H$，连接 $BH$。

∵ 平面 $ADFC \perp$ 平面 $ABC$，而平面 $ADFC \cap$ 平面 $ABC = AC$，$DH \subset$ 平面 $ADFC$，

∴ $DH \perp$ 平面 $ABC$，而 $BC \subset$ 平面 $ABC$，即有 $DH \perp BC$。

∵ $\angle ACB = \angle ACD = 45°$，∴ $CD = \sqrt{2}CH = 2BC \Rightarrow CH = \sqrt{2}BC$。

在 $\triangle CBH$ 中，$BH^2 = CH^2 + BC^2 - 2CH \cdot BC\cos45° = BC^2$，

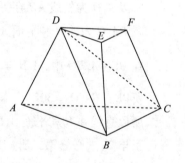

图 8-26

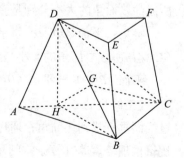

图 8-27

即有 $BH^2 + BC^2 = CH^2$，$\therefore$ $BH \perp BC$。

由棱台的定义可知，$EF /\!/ BC$，所以 $DH \perp EF$，$BH \perp EF$，而 $BH \cap DH = H$，

$\therefore$ $EF \perp$ 平面 $BHD$，而 $BD \subset$ 平面 $BHD$，$\therefore$ $EF \perp DB$。

（2）因为 $DF /\!/ CH$，所以 $DF$ 与平面 $DBC$ 所成角即为 $CH$ 与平面 $DBC$ 所成角。作 $HG \perp BD$ 于 $G$，连接 $CG$。

由（1）可知，$BC \perp$ 平面 $BHD$，所以平面 $BCD \perp$ 平面 $BHD$。

而平面 $BCD \cap$ 平面 $BHD = BD$，$HG \subset$ 平面 $BHD$，$HG \perp BD$，

$\therefore$ $HG \perp$ 平面 $BCD$。

即 $CH$ 在平面 $DBC$ 内的射影为 $CG$，$\angle HCG$ 即为所求角。

设 $BC = a$，则 $CH = \sqrt{2}a$，$HG = \dfrac{BH \cdot DH}{BD} = \dfrac{\sqrt{2}a \cdot a}{\sqrt{3}a} = \dfrac{\sqrt{2}}{\sqrt{3}}a$，

在 $\text{Rt}\triangle HGC$ 中，$\therefore$ $\sin\angle HCG = \dfrac{HG}{CH} = \dfrac{1}{\sqrt{3}} = \dfrac{\sqrt{3}}{3}$。

故 $DF$ 与平面 $DBC$ 所成角的正弦值为 $\dfrac{\sqrt{3}}{3}$。

**典例 8-8**：《必修第二册》第 158 页例 8

如图 8-28 所示，$AB$ 是 $\odot O$ 的直径，$PA$ 垂直于 $\odot O$ 所在的平面，$C$ 是圆周上不同于 $A$，$B$ 的任意一点。求证：平面 $PAC \perp$ 平面 $PBC$。

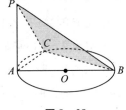

图 8-28

分析：要证明两个平面垂直，根据两个平面垂直的判定定理，只需证明其中一个平面内的一条直线垂直于另一个平面。而由直线和平面垂直的判定定理，还需证明这条直线和另一个平面内的两条相交直线垂直。由题意可知 $BC \perp AC$，$BC \perp PA$，$AC \cap PA = A$，从而 $BC \perp$ 平面 $PAC$，进而平面 $PAC \perp$ 平面 $PBC$。

答案：因为 $PA \perp$ 平面 $ABC$，$BC \subset$ 平面 $ABC$，所以 $PA \perp BC$。

因为点 $C$ 是圆周上不同于 $A$，$B$ 的任意一点，$AB$ 是 $\odot O$ 的直径，

所以 $\angle BCA = 90°$，即 $BC \perp AC$。

又 $PA \cap AC = A$，$PA \subset$ 平面 $PAC$，$AC \subset$ 平面 $PAC$，

所以 $BC \perp$ 平面 $PAC$。

又 $BC \subset$ 平面 $PBC$，所以平面 $PAC \perp$ 平面 $PBC$。

**引申 1**：《必修第二册》第 160 页例 10

如图 8-29 所示，已知 $PA \perp$ 平面 $ABC$，平面 $PAB \perp$ 平面 $PBC$，求证：$BC$

⊥平面 $PAB$ 。

分析：要证明 $BC \perp$ 平面 $PAB$ ，需证明 $BC$ 垂直于平面 $PAB$ 内的两条相交直线。由已知条件易得 $BC \perp PA$ ，再利用平面 $PAB \perp$ 平面 $PBC$ ，过点 $A$ 作 $PB$ 的垂线 $AE$ ，由两个平面垂直的性质可得 $BC \perp AE$ 。

答案：如图 8－30 所示，过点 $A$ 作 $AE \perp PB$ ，垂足为 $E$ 。

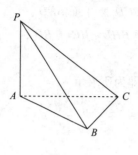

图 8－29

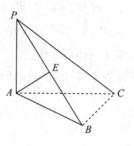

图 8－30

因为平面 $PAB \perp$ 平面 $PBC$ ，平面 $PAB \cap$ 平面 $PBC = PB$ ，所以 $AE \perp$ 平面 $PBC$ 。

又因为 $BC \subset$ 平面 $PBC$ ，所以 $AE \perp BC$ 。

因为 $PA \perp$ 平面 $ABC$ ， $BC \subset$ 平面 $ABC$ ，所以 $PA \perp BC$ 。

又 $PA \cap AE = A$ ，所以 $BC \perp$ 平面 $PAB$ 。

**引申 2**：《必修第二册》第 164 页习题 8.6 拓广探索 21

如图 8－31 所示，在四棱锥 $P － ABCD$ 中，底面 $ABCD$ 为正方形，$PA \perp$ 底面 $ABCD$ ，$PA = AB$ ，$E$ 为线段 $PB$ 的中点，$F$ 为线段 $BC$ 上的动点。平面 $AEF$ 与平面 $PBC$ 是否互相垂直？如果垂直，请证明；如果不垂直，请说明理由。

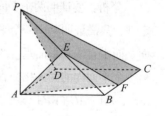

图 8－31

答案：平面 $AEF \perp$ 平面 $PBC$ 。

∵ $PA \perp$ 平面 $ABCD$ ，$BC \subset$ 平面 $ABCD$ ，

∴ $BC \perp PA$ 。

∵ $BC \perp AB$ ，$AB \cap PA = A$ ，∴ $BC \perp$ 平面 $PAB$ 。

∵ $AE \subset$ 平面 $PAB$ ，∴ $AE \perp BC$ 。

又 $PA = AB$ ，$E$ 为 $PB$ 的中点，∴ $AE \perp PB$ 。

∵ $PB \cap BC = B$ ，∴ $AE \perp$ 平面 $PBC$ 。

又 $AE \subset$ 平面 $AEF$ ，∴ 平面 $AEF \perp$ 平面 $PBC$ 。

【鳖臑模型：四个面均为直角三角形的三棱锥；阳马模型：底面为长方形且有一条侧棱与底面垂直的四棱锥。此模型在主体几何中含有丰富的垂直关系，应用十分广泛，注意运用模型解决问题】

**高考链接 1**：2020 年·新高考全国 I 卷·20（1）

如图 8 – 32 所示，四棱锥 $P - ABCD$ 的底面为正方形，$PD \perp$ 底面 $ABCD$。设平面 $PAD$ 与平面 $PBC$ 的交线为 $l$。

（1）证明：$l \perp$ 平面 $PDC$；

答案：（1）证明见解析；（2）$\dfrac{\sqrt{6}}{3}$。

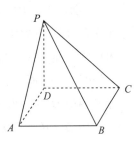

图 8 – 32

（1）证明：在正方形 $ABCD$ 中，$AD \parallel BC$。

因为 $AD \not\subset$ 平面 $PBC$，$BC \subset$ 平面 $PBC$，所以 $AD \parallel$ 平面 $PBC$。

又因为 $AD \subset$ 平面 $PAD$，平面 $PAD \cap$ 平面 $PBC = l$，所以 $AD \parallel l$。

因为在四棱锥 $P - ABCD$ 中，底面 $ABCD$ 是正方形，

所以 $AD \perp DC$，所以 $l \perp DC$，

且 $PD \perp$ 平面 $ABCD$，所以 $AD \perp PD$，所以 $l \perp PD$，

因为 $CD \cap PD = D$ 所以 $l \perp$ 平面 $PDC$。

**高考链接 2**：2021 年·全国乙卷·文 18

如图 8 – 33 所示，四棱锥 $P - ABCD$ 的底面是矩形，$PD \perp$ 底面 $ABCD$，$M$ 为 $BC$ 的中点，且 $PB \perp AM$。

（1）证明：平面 $PAM \perp$ 平面 $PBD$；

（2）若 $PD = DC = 1$，求四棱锥 $P - ABCD$ 的体积。

答案：

（1）因为 $PD \perp$ 底面 $ABCD$，$AM \subset$ 平面 $ABCD$，

所以 $PD \perp AM$。

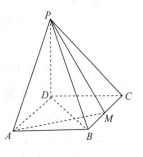

图 8 – 33

又 $PB \perp AM$，$PB \cap PD = P$，所以 $AM \perp$ 平面 $PBD$。

而 $AM \subset$ 平面 $PAM$，所以平面 $PAM \perp$ 平面 $PBD$。

（2）由（1）可知，$AM \perp$ 平面 $PBD$，所以 $AM \perp BD$，

从而 $\triangle DAB \backsim \triangle ABM$，设 $BM = x$，$AD = 2x$，

则 $\dfrac{BM}{AB} = \dfrac{AB}{AD}$，即 $2x^2 = 1$，解得 $x = \dfrac{\sqrt{2}}{2}$，所以 $AD = \sqrt{2}$。

因为 $PD \perp$ 底面 $ABCD$，

故四棱锥 $P - ABCD$ 的体积为 $V = \dfrac{1}{3} \times (1 \times \sqrt{2}) \times 1 = \dfrac{\sqrt{2}}{3}$。

**高考链接3**：2015年·湖北卷·理19

《九章算术》中，将底面为长方形且有一条侧棱与底面垂直的四棱锥称之为阳马，将四个面都为直角三角形的四面体称之为鳖臑。

如图 8 – 34 所示，在阳马 $P - ABCD$ 中，侧棱 $PD$ $\perp$ 底面 $ABCD$，且 $PD = CD$，过棱 $PC$ 的中点 $E$，作 $EF \perp PB$ 交 $PB$ 于点 $F$，连接 $DE$、$DF$、$BD$、$BE$。

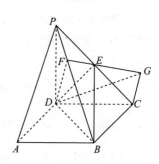

图 8 – 34

（1）证明：$PB \perp$ 平面 $DEF$。试判断四面体 $DBEF$ 是否为鳖臑，若是，写出其每个面的直角（只需写出结论）；若不是，说明理由。

（2）若面 $DEF$ 与面 $ABCD$ 所成二面角的大小为 $\dfrac{\pi}{3}$，求 $\dfrac{DC}{BC}$ 的值。

答案：（1）因为 $PD \perp$ 底面 $ABCD$，所以 $PD \perp BC$，由底面 $ABCD$ 为长方形，有 $BC \perp CD$，而 $PD \cap CD = D$，所以 $BC \perp$ 平面 $PCD$。而 $DE \subset$ 平面 $PCD$，所以 $BC \perp DE$。

又因为 $PD = CD$，点 $E$ 是 $PC$ 的中点，所以 $DE \perp PC$。

而 $PB \cap BC = C$，所以 $DE \perp$ 平面 $PBC$。

而 $PB \subset$ 平面 $PBC$，所以 $PB \perp DE$。

又 $PB \perp EF$，$DE \cap EF = E$，所以 $PB \perp$ 平面 $DEF$。

由 $DE \perp$ 平面 $PBC$，$PB \perp$ 平面 $DEF$，可知四面体 $BDEF$ 的四个面都是直角三角形，即四面体 $BDEF$ 是一个鳖臑，其四个面的直角分别为 $\angle DEB$，$\angle DEF$，$\angle EFB$，$\angle DFB$。

（2）在面 $PBC$ 内，延长 $BC$ 与 $FE$ 交于点 $G$，则 $DG$ 是平面 $DEF$ 与平面 $ABCD$ 的交线。由（1）知，$PB \perp$ 平面 $DEF$，所以 $PB \perp DG$。

又因为 $PD \perp$ 底面 $ABCD$，所以 $PD \perp DG$。

而 $PD \cap PB = P$，所以 $DG \perp$ 平面 $PBD$。

故 $\angle BDF$ 是面 $DEF$ 与面 $ABCD$ 所成二面角的平面角，设 $PD = DC = 1$，$BC = \lambda$，有 $BD = \sqrt{1 + \lambda^2}$。在 $\text{Rt}\triangle PDB$ 中，由 $DF \perp PB$，得 $\angle DPF = \angle FDB$ $= \dfrac{\pi}{3}$，则 $\tan \dfrac{\pi}{3} = \tan \angle DPF = \dfrac{BD}{PD} = \sqrt{1 + \lambda^2} = \sqrt{3}$，解得 $\lambda = \sqrt{2}$。

所以 $\dfrac{DC}{BC} = \dfrac{1}{\lambda} = \dfrac{\sqrt{2}}{2}$。

故当面 $DEF$ 与面 $ABCD$ 所成二面角的大小为 $\dfrac{\pi}{3}$ 时，$\dfrac{DC}{BC} = \dfrac{\sqrt{2}}{2}$。

**典例 8 – 9**：《必修第二册》第 164 页习题 8.6 综合运用 15

如图 8 – 35 所示，在正方形 $SG_1G_2G_3$ 中，$E$，$F$ 分别是 $G_1G_2$，$G_2G_3$ 的中点，$D$ 是 $EF$ 的中点。若沿 $SE$，$SF$ 及 $EF$ 把这个正方形折成一个四面体，使 $G_1$，$G_2$，$G_3$ 三点重合，重合后的点记为 $G$，则在四面体 $S – EFG$ 中，哪些棱与面互相垂直？

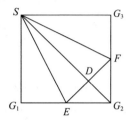

图 8 – 35

答案：棱 $SG \perp$ 面 $GEF$，棱 $FG \perp$ 面 $GSE$，棱 $EG \perp$ 面 $GSF$。

**引申 1**：《必修第二册》第 169 页复习参考题 8 复习巩固 4

如图 8 – 36 所示，一块边长为 10cm 的正方形铁片上有四块阴影部分。将这些阴影部分裁下来，然后用余下的四个全等的等腰三角形加工成一个正四棱锥形容器，把容器的容积 $V$（单位：$cm^3$）表示为 $x$（单位：cm）的函数。

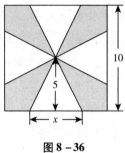

图 8 – 36

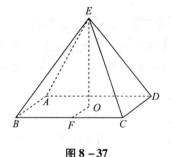

图 8 – 37

答案：加工成的正四棱锥容器的示意图如图 8 – 37 所示。

由题意得，$BC = x$，取 $BC$ 的中点 $F$，连接 $OF$，$EF$，$OE$，

则 $EF = 5$，$OF = \dfrac{x}{2}$，$OE = \sqrt{EF^2 - OF^2} = \sqrt{25 - \dfrac{x^2}{4}} = \dfrac{1}{2}\sqrt{100 - x^2}$，

$\therefore V = \dfrac{1}{3} S_{ABCD} \cdot OE = \dfrac{1}{3}x^2 \cdot \dfrac{1}{2}\sqrt{100 - x^2} = \dfrac{1}{6}x^2\sqrt{100 - x^2}(0 < x < 10)$。

**引申 2**：《必修第二册》第 170 页复习参考题 8 综合运用 10

如图 8 – 38 所示，在边长为 2 的正方形 $ABCD$ 中，点 $E$ 是 $AB$ 的中点，点 $F$

是 $BC$ 的中点，将 $\triangle AED$，$\triangle BEF$，$\triangle DCF$ 分别沿 $DE$，$EF$，$DF$ 折起，使 $A$，$B$，$C$ 三点重合于点 $A'$，如图 8 – 39 所示。

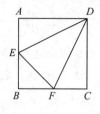
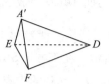

图 8 – 38                 图 8 – 39

（1）求证：$A'D \perp EF$；（2）求三棱锥 $A' - EFD$ 的体积。

答案：（1）证明：折叠后，有 $A'D \perp A'E$，$A'D \perp A'F$，

且 $A'E \cap A'F = A'$，$\therefore A'D \perp$ 平面 $A'EF$。

$\because EF \subset$ 平面 $A'EF$，$\therefore A'D \perp EF$。

（2）解：由题意知 $A'E = 1$，$A'F = 1$，$EF = \sqrt{2}$，$\therefore A'E^2 + A'F^2 = EF^2$，

$\therefore \angle EA'F = 90°$，$\therefore S_{\triangle A'EF} = \dfrac{1}{2}A'E \cdot A'F = \dfrac{1}{2}$。

$\therefore V_{A'-EFD} = V_{D-A'EF} = \dfrac{1}{3}S_{\triangle A'EF} \cdot A'D = \dfrac{1}{3} \times \dfrac{1}{2} \times 2 = \dfrac{1}{3}$。

【翻折问题注意翻折前后几何元素之间的位置关系和数量关系。一般地，翻折后还在同一个平面上几何元素的性质不发生变化，不在同一个平面上几何元素的性质发生变化。重视等形沿对角线翻折的模型，重视正方形的翻折问题】

**高考链接 1**：2019 年·全国 Ⅲ 卷·文 19

图 8 – 40 是由矩形 $ADEB$、$Rt\triangle ABC$ 和菱形 $BFGC$ 组成的一个平面图形，其中 $AB = 1$，$BE = BF = 2$，$\angle FBC = 60°$。将其沿 $AB$，$BC$ 折起，使得 $BE$ 与 $BF$ 重合，连接 $DG$，如图 8 – 41 所示。

（1）证明图 8 – 41 中的 $A$，$C$，$G$，$D$ 四点共面，且平面 $ABC \perp$ 平面 $BCGE$；

（2）求图 8 – 41 中的四边形 $ACGD$ 的面积。

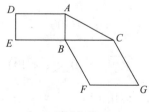
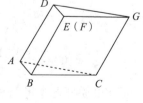
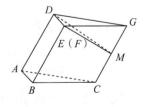

图 8 – 40                 图 8 – 41                 图 8 – 42

答案：如图 8-42 所示，（1）由已知得 $AD \parallel BE$，$CG \parallel BE$，所以 $AD \parallel CG$，

故 $AD$，$CG$ 确定一个平面，从而 $A$，$C$，$G$，$D$ 四点共面。

由已知得 $AB \perp BE$，$AB \perp BC$，$BE \cap BC = B$，故 $AB \perp$ 平面 $BCGE$。

又因为 $AB \subset$ 平面 $ABC$，所以平面 $ABC \perp$ 平面 $BCGE$。

（2）取 $CG$ 的中点 $M$，连接 $EM$，$DM$。

因为 $AB \parallel DE$，$AB \perp$ 平面 $BCGE$，所以 $DE \perp$ 平面 $BCGE$，故 $DE \perp CG$。

由已知四边形 $BCGE$ 是菱形，且 $\angle EBC = 60°$ 得 $EM \perp CG$，

又 $DE \cap EM = E$，故 $CG \perp$ 平面 $DEM$。

因此 $DM \perp CG$。

在 $\mathrm{Rt}\triangle DEM$ 中，$DE = 1$，$EM = \sqrt{3}$，故 $DM = 2$。

又因为 $CG = 2$，所以四边形 $ACGD$ 的面积为 4。

**高考链接 2**：2018 年·全国 Ⅰ 卷·理 18

如图 8-43 所示，四边形 $ABCD$ 为正方形，$E$，$F$ 分别为 $AD$，$BC$ 的中点，以 $DF$ 为折痕把 $\triangle DFC$ 折起，使点 $C$ 到达点 $P$ 的位置，且 $PF \perp BF$。

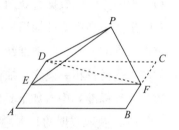

图 8-43

（1）求证：平面 $PEF \perp$ 平面 $ABFD$；

（2）求 $DP$ 与平面 $ABFD$ 所成角的正弦值。

答案：（1）证明：由已知可得，$BF \perp PF$，$BF \perp EF$，$PF \cap EF = F$，所以 $BF \perp$ 平面 $PEF$。

又 $BF \subset$ 平面 $ABFD$，所以平面 $PEF \perp$ 平面 $ABFD$。

（2）解：作 $PH \perp EF$，交 $EF$ 于点 $H$。

由（1）得，$PH \perp$ 平面 $ABFD$，

则 $\angle PDH$ 为 $DP$ 与平面 $ABFD$ 所成角。

设正方形 $ABCD$ 的边长为 2，由（1）得 $DE \perp PE$，

又 $DP = 2$，$DE = 1$，$\therefore PE = \sqrt{3}$。

又 $PF = 1$，$EF = 2$，$\therefore PF \perp PE$。

可得 $PH = \dfrac{PE \cdot PF}{EF} = \dfrac{\sqrt{3}}{2}$，则 $\sin\angle PDH = \dfrac{HP}{DP} = \dfrac{\sqrt{3}}{4}$，

所以 $DP$ 与平面 $ABFD$ 所成角的正弦值为 $\dfrac{\sqrt{3}}{4}$。

第 九 章

# 统 计

统计的研究对象是数据，核心是数据分析。概率为统计的发展提供理论基础。本单元的学习是在初中统计基础上，通过具体实例，进一步学习数据收集和整理的方法、数据直观图表的表示方法、数据统计特征的刻画方法，感悟在实际生活中利用统计知识进行科学决策的必要性和可能性；体会统计思维与确定性思维的差异、归纳推断与演绎证明的差异。具体到知识点，包括获取数据的基本途径及相关概念、抽样、统计图表、用样本估计总体等。在《普通高中数学课程标准》中有如下具体的要求：

（1）获取数据的基本途径及相关概念：①知道获取数据的基本途径，包括统计报表和年鉴、社会调查、试验设计、普查和抽样、互联网等。②了解总体、样本、样本量的概念，了解数据的随机性。

（2）抽样：①简单随机抽样：通过实例了解简单随机抽样的含义及其解决问题的过程，掌握两种简单随机抽样方法：抽签法和随机数法。会计算样本均值和样本方差，了解样本与总体的关系。②分层随机抽样：通过实例了解分层随机抽样的特点和适用范围，了解分层随机抽样的必要性，掌握各层样本量比例分配的方法。结合具体实例掌握分层随机抽样的样本均值和样本方差。③抽样方法的选择：在简单的实际情境中，能根据实际问题的特点，设计恰当的抽样方法解决问题。

（3）统计图表：根据实际问题的特点选择恰当的统计图表对数据进行可视化描述，体会合理使用统计图表的重要性。

（4）用样本估计总体：①结合实例，能用样本估计总体的集中趋势参数（平均数、中位数、众数），理解集中趋势参数的统计含义。②结合实例，能用样本估计总体的离散程度参数（标准差、方差、极差），理解离散程度参数的统计含义。③结合实例，能用样本估计总体的取值规律。④结合实例，能用样本估计百分位数，理解百分位数的统计含义。

在统计学习中，能够区别统计思维与确定性思维的差异、归纳推断与演绎证明的差异。能够结合具体问题，理解统计推断结果的或然性，正确运用统计结果解释实际问题。重点提升数据分析、数学建模、逻辑推理和数学运算素养。与原来教材相比，新增了用样本估计《百分位数》这一内容，删去了《系统抽样》，将《变量的相关性》后移至选修中。高考中的试题难度中档，与概率相结合，题型一般为一大一小。

**典例 9 - 1：**《必修第二册》第 181 页问题 3

在树人中学高一年级的 712 名学生中，男生有 326 名，女生有 386 名。能否利用这个辅助信息改进简单随机抽样方法，减少"极端"样本的出现，从而提高对整个年级平均身高的估计效果呢？

答案：影响身高的因素有很多，性别是其中的一个主要因素，高中男生的身高普遍高于女生的身高，而相同性别的身高差异相对较小。把高一年级学生分成男生和女生两个身高有明显差异的群体，对两个群体分别进行简单随机抽样，然后汇总作为总体的一个样本。由于在男生和女生两个群体中都抽取了相应的个体，这样就能有效地避免"极端"样本。

自然地，为了使样本的结构与总体的分布相近，人数多的群体应多抽一些，人数少的群体应少抽一些。因此，按男生、女生在全体学生中所占的比例进行分配是一种比较合理的方式，即

$$男生样本量 = \frac{男生人数}{总人数} \times 总样本量,$$

$$女生样本量 = \frac{女生人数}{总人数} \times 总样本量。$$

这样无论男生还是女生，每个学生抽到的概率都相等。当总样本量为 50 时，可以计算出从男生、女生中分别应抽取的人数为

$$n_男 = \frac{326}{712} \times 50 \approx 23, n_女 = \frac{386}{712} \times 50 \approx 27。$$

**引申 1：**《必修第二册》第 184 页练习 3

高二年级有男生 490 人，女生 510 人，张华按男生、女生进行分层，通过分层随机抽样的方法，得到男生、女生的平均身高分别为 170.2cm 和 160.8cm。

（1）如果张华在各层中按比例分配样本，总样本量为100，那么在男生、女生中分别抽取了多少名？在这种情况下，请估计高二年级全体学生的平均身高。

（2）如果张华从男生、女生中抽取的样本量分别为30和70，那么在这种情况下，如何估计高二年级全体学生的平均身高更合理？

答案：（1）由分层随机抽样的方法得，从男生中抽取49人，从女生中抽取51人，则估计高二年级全体学生的平均身高为

$$\frac{49}{100} \times 170.2 + \frac{51}{100} \times 160.8 \approx 165.4 \ (\text{cm})。$$

（2）仍按（1）中方式进行估计较为合理。

**引申2**：《必修第二册》第188页习题9.1复习巩固5

一支田径队有男运动员56名，女运动员42名，按性别进行分层，用分层随机抽样的方法从全体运动员中抽出一个容量为28的样本。如果样本按比例分配，那么男、女运动员应各抽取多少名？

答案：男运动员16名，女运动员12名。

【抽样方法考查以概念为主，分层随机抽样的条件和抽样比的考查是重点】

**高考链接1**：2020年·全国Ⅱ卷·理18（3）

某沙漠地区经过治理，生态系统得到很大改善，野生动物数量有所增加。为调查该地区某种野生动物的数量，将其分成面积相近的200个地块，从这些地块中用简单随机抽样的方法抽取20个作为样区，调查得到样本数据（$x_i$，$y_i$）（$i=1$，2，…，20），其中$x_i$和$y_i$分别表示第$i$个样区的植物覆盖面积（单位：公顷）和这种野生动物的数量，并计算得$\sum\limits_{i=1}^{20} x_i = 60$，$\sum\limits_{i=1}^{20} y_i = 1200$，

$\sum\limits_{i=1}^{20}(x_i - \bar{x})^2 = 80$，$\sum\limits_{i=1}^{20}(y_i - \bar{y})^2 = 9000$，$\sum\limits_{i=1}^{20}(x_i - \bar{x})(y_i - \bar{y}) = 800$。

（1）求该地区这种野生动物数量的估计值（这种野生动物数量的估计值等于样区这种野生动物数量的平均数乘以地块数）；

（2）求样本（$x_i$，$y_i$）（$i=1$，2，…，20）的相关系数（精确到0.01）；

（3）根据现有统计资料，各地块间植物覆盖面积差异很大。为提高样本的代表性以获得该地区这种野生动物数量更准确的估计，请给出一种你认为更合理的抽样方法，并说明理由。

答案：（1）12000；（2）0.94；（3）详见解析。

（3）由（2）知各样区的这种野生动物的数量与植物覆盖面积有很强的正

相关性，由于各地块间植物覆盖面积差异很大，从而导致各地块间这种野生动物的数量差异也很大，采用分层抽样的方法较好地保持了样本结构与总体结构的一致性，提高了样本的代表性，从而可以获得该地区这种野生动物数量更准确的估计。

**高考链接 2：** 2015 年·北京卷·4

某校老年、中年和青年教师的人数见表 9 - 1，采用分层抽样的方法调查教师的身体状况，在抽取的样本中，青年教师有 320 人，则该样本中的老年教师人数为（　　）

表 9 - 1

| 类别 | 老年教师 | 中年教师 | 青年教师 | 合 计 |
|------|---------|---------|---------|------|
| 人数 | 900 | 1800 | 1600 | 4300 |

A. 90　　　　　B. 100　　　　　C. 180　　　　　D. 300

答案：C。

**典例 9 - 2：**《必修第二册》第 202 页例 3

根据表 9 - 2 或图 9 - 1，估计月均用水量的样本数据的 80% 和 95% 分位数。

表 9 - 2

| 分组 | 频数累计 | 频数 | 频率 |
|------|---------|------|------|
| [1.2，4.2) | 正正正下 | 23 | 0.23 |
| [4.2，7.2) | 正正正正正丁 | 32 | 0.32 |
| [7.2，10.2) | 正正下 | 13 | 0.13 |
| [10.2，13.2) | 正下 | 9 | 0.09 |
| [13.2，16.2) | 正下 | 9 | 0.09 |
| [16.2，19.2) | 正 | 5 | 0.05 |
| [19.2，22.2) | 下 | 3 | 0.03 |
| [22.2，25.2) | 下 | 4 | 0.04 |
| [25.2，28.2] | 丁 | 2 | 0.02 |
| 合计 | | 100 | 1.00 |

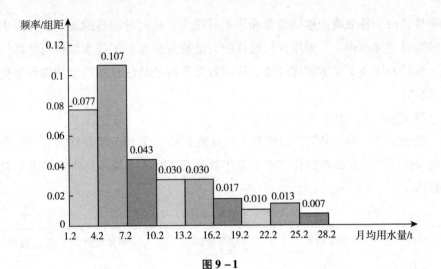

图 9 - 1

答案：由表 9 - 2 可知，月均用水量在 13.2 t 以下的居民用户所占比例为 23% + 32% + 13% + 9% = 77%。

在 16.2 t 以下的居民用户所占的比例为 77% + 9% = 86%。

因此，80% 分位数一定位于 [13.2，16.2) 内。

由 $13.2 + 3 \times \dfrac{0.80 - 0.77}{0.86 - 0.77} = 14.2$，

可以估计月均用水量的样本数据的 80% 分位数约为 14.2。

类似地，由 $22.2 + 3 \times \dfrac{0.95 - 0.94}{0.98 - 0.94} = 22.95$，

可以估计月均用水量的样本数据的 95% 分位数约为 22.95。

**引申 1**：《必修第二册》第 206 页探究

探究：样本的平均数、中位数和众数可以分别作为总体的平均数、中位数和众数的估计，但在某些情况下我们无法获知原始的样本数据。例如，我们在报纸、网络上获得的往往是已经整理好的统计表或统计图。这时该如何估计样本的平均数、中位数和众数？你能以图 9 - 1 中频率分布直方图提供的信息为例，给出估计方法吗？

答案：在频率分布直方图中，我们无法知道每个组内的数据是如何分布的。此时，通常假设它们在组内均匀分布。这样就可以获得样本的平均数、中位数和众数的近似估计，进而估计总体的平均数、中位数和众数。

（1）因为样本平均数可以表示为数据与它的频率的乘积之和，所以在频率分布直方图中，样本平均数可以用每个小矩形底边中点的横坐标与小矩形

的面积的乘积之和近似代替。测出图中每个小矩形的高度，于是平均数的近似值为

$$0.077 \times 3 \times \left(\frac{1.2 + 4.2}{2}\right) + 0.107 \times 3 \times \left(\frac{4.2 + 7.2}{2}\right) + \cdots + 0.007 \times 3 \times$$

$$\left(\frac{25.2 + 28.2}{2}\right) = 8.96 ,$$

这个结果与根据原始数据计算的样本平均数 8.79 相差不大。

（2）根据中位数的意义，在样本中，有 50% 的个体小于或等于中位数，也有 50% 的个体大于或等于中位数。因此，在频率分布直方图中，中位数左边和右边的直方图的面积应该相等。由于

$0.077 \times 3 = 0.231$，$(0.077 + 0.107) \times 3 = 0.552$。

因此中位数落在区间 $[4.2, 7.2)$ 内。

设中位数为 $x$ ，由 $0.077 \times 3 + 0.107 \times (x - 4.2) = 0.5$ ，

得到 $x \approx 6.71$。因此，中位数约为 6.71。

这个结果与根据原始数据求得的中位数 6.6 相差不大。

（3）月均用水量在区间 $[4.2, 7.2)$ 内的居民最多，可以将这个区间的中点 5.7 作为众数的估计值。众数常用在描述分类型数据中，在这个实际问题中，众数"5.7"表示月均用水量在区间 $[4.2, 7.2)$ 内的居民用户最多。这个信息具有重要的实际意义。

**引申 2**：《必修第二册》第 197 页练习 1

从某小区抽取 100 户居民用户进行月用电量调查，发现他们的用电量都在 $50 \sim 350\text{kW} \cdot \text{h}$ 之间，进行适当分组后（每组为左闭右开的区间），画出频率分布直方图如图 9 - 2 所示。

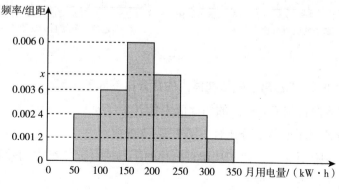

**图 9 - 2**

(1) 直方图中 $x$ 的值为_____；

(2) 在被调查的用户中，用电量落在区间 $[100，250)$ 内的户数为_____。

答案：0.0044　70。

【频率分布直方图中，易错点是纵轴表示频率与组距的比，解题过程中要引起足够重视。依据样本的频率分布直方图，估计总体集中趋势（众数、平均数、中位数、第 $p$ 百分位数）。(1) 众数求法：取最高小长方形底边中点的横坐标作为众数；(2) 中位数求法：把频率分布直方图划分为左右两个面积相等的部分的分界线与 $x$ 轴交点的横坐标称为中位数；(3) 平均数求法：频率分布直方图中每个小矩形的面积乘以小矩形底边中点的横坐标之和。(4) 第 $p$ 百分位数求法：确定所在分组 $[A，B]$，样本中小于 $A$ 的频率为 $a$，小于 $B$ 的频率为 $b$，第 $p$ 百分位数 $=A+$组距 $\times \dfrac{p-a}{b-a}$。估计总体离散程度（极差、方差、标准差）】

**高考链接 1**：2019 年·全国Ⅲ卷·理 17

为了解甲、乙两种离子在小鼠体内的残留程度，进行如下试验：将 200 只小鼠随机分成 A、B 两组，每组 100 只，其中 A 组小鼠给服甲离子溶液，B 组小鼠给服乙离子溶液，每组小鼠给服的溶液体积相同，摩尔浓度相同。经过一段时间后用某种科学方法测算出残留在小鼠体内离子的百分比。根据试验数据分别得到直方图，如图 9 - 3 所示：

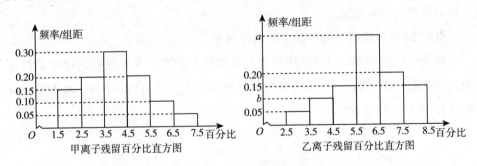

图 9 - 3

记 $C$ 为事件："乙离子残留在体内的百分比不低于 5.5"，

根据直方图得到 $P(C)$ 的估计值为 0.70。

(1) 求乙离子残留百分比直方图中 $a$，$b$ 的值；

(2) 分别估计甲、乙离子残留百分比的平均值（同一组中的数据以该组区间的中点值为代表）。

答案：(1) 由已知得，$0.70 = a + 0.20 + 0.15$，故 $a = 0.35$。

$b = 1 - 0.05 - 0.15 - 0.70 = 0.10$。

（2）甲离子残留百分比的平均值的估计值为

$2 \times 0.15 + 3 \times 0.20 + 4 \times 0.30 + 5 \times 0.20 + 6 \times 0.10 + 7 \times 0.05 = 4.05$。

乙离子残留百分比的平均值的估计值为

$3 \times 0.05 + 4 \times 0.10 + 5 \times 0.15 + 6 \times 0.35 + 7 \times 0.20 + 8 \times 0.15 = 6.00$。

**高考链接2**：2020年·天津卷·4

从一批零件中抽取80个，测量其直径（单位：mm），将所得数据分为9组，并整理得到如下频率分布直方图，如图9-4所示，则在被抽取的零件中，直径落在区间 [5.43，5.47) 内的个数为（　　　）

A. 10　　　　　B. 18　　　　　C. 20　　　　　D. 36

答案：B。

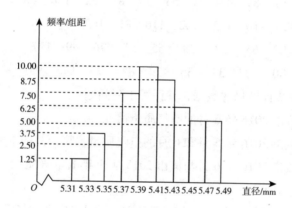

图9-4

根据直方图，直径落在区间 [5.43，5.47) 之间的零件频率为

$(6.25 + 5.00) \times 0.02 = 0.225$，则区间 [5.43，5.47) 内零件的个数为 $80 \times 0.225 = 18$。

**典例9-3**：《必修第二册》第198页例1

已知某市2015年全年空气质量等级如表9-3所示。

表9-3

| 空气质量等级（空气质量指数AQI） | 频数 | 频率 |
|---|---|---|
| 优（AQI≤50） | 83 | 22.8% |
| 良（50＜AQI≤100） | 121 | 33.2% |
| 轻度污染（100＜AQI≤150） | 68 | 18.6% |

| 空气质量等级（空气质量指数 AQI） | 频数 | 频率 |
|---|---|---|
| 中度污染（150＜AQI≤200） | 49 | 13.4% |
| 重度污染（200＜AQI≤300） | 30 | 8.2% |
| 严重污染（AQI＞300） | 14 | 3.8% |
| 合计 | 365 | 100% |

2016 年 5 月和 6 月的空气质量指数如下：

5 月　240　80　56　53　92　126　45　87　56　60
　　　191　62　55　58　56　53　89　90　125　124
　　　103　81　89　44　34　53　79　81　62　116　88

6 月　63　92　110　122　102　116　81　163　158　76
　　　33　102　65　53　38　55　52　76　99　127
　　　120　80　108　33　35　73　82　90　146　95

选择合适的统计图描述数据，并回答下列问题：

(1) 分析该市 2016 年 6 月的空气质量情况。

(2) 比较该市 2016 年 5 月和 6 月的空气质量，哪个月的空气质量较好？

(3) 比较该市 2016 年 6 月与该市 2015 年全年的空气质量，2016 年 6 月的空气质量是否好于去年？

答案：(1) ①根据该市 2016 年 6 月的空气质量指数和空气质量分级标准，可以画出该市这个月的不同空气质量等级的频数与频率分布表，如表 9 - 4 所示。

表 9 - 4

| | 空气质量等级 | | | | | | 合计 |
|---|---|---|---|---|---|---|---|
| | 优 | 良 | 轻度污染 | 中度污染 | 重度污染 | 严重污染 | |
| 天数 | 4 | 15 | 9 | 2 | 0 | 0 | 30 |
| 比例 | 13.33% | 50% | 30% | 6.67% | 0 | 0 | 100% |

从表中可以看出，"优""良"的天数达 19 天，占了整月的 63.33%，没有出现"重度污染"和"严重污染"。

②用条形图和扇形图对数据作出直观的描述，如图 9 - 5 和图 9 - 6 所示。

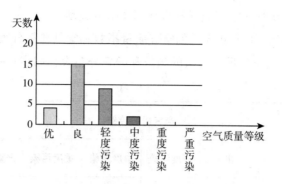

图 9 – 5

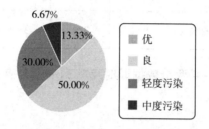

图 9 – 6

从条形图中可以看出，前三个等级占绝大多数，空气质量等级为"良"的天数最多，后三个等级的天数很少。从扇形图中可以看出，空气质量为"良"的天数占了总天数的一半，大约有三分之二为"优"和"良"，大多数是"良"和"轻度污染"。因此，整体上 6 月的空气质量不错。

③ 用折线图展示空气质量指数随时间的变化情况，如图 9 – 7 所示。

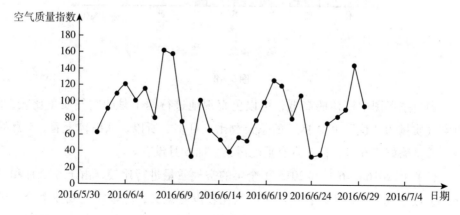

图 9 – 7

容易发现，6月的空气质量指数在100附近波动。

（2）根据该市2016年5月的空气质量指数和空气质量分级标准，可以画出该市这个月的不同空气质量等级的频数和频率分布表，如表9-4所示。

表9-4

| | 空气质量等级 | | | | | | 合计 |
|---|---|---|---|---|---|---|---|
| | 优 | 良 | 轻度污染 | 中度污染 | 重度污染 | 严重污染 | |
| 天数 | 3 | 21 | 5 | 1 | 1 | 0 | 31 |
| 比例 | 10% | 68% | 16% | 3% | 3% | 0 | 100% |

将表9-3和表9-4两组数据同时反映到一个复合条形图中，如图9-8所示：

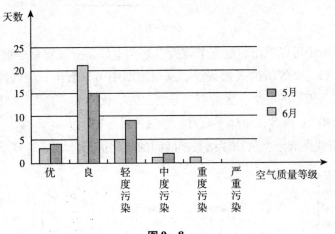

图9-8

通过条形图中柱体的高低，可以更直观地进行两个月的空气质量比较，5月空气质量为"优"和"良"的总天数比6月多。所以，从整体上看，5月的空气质量略好于6月，但5月有重度污染，而6月没有。

（3）把2016年6月和2015年全年的空气质量进行比较，由于一个月和一年的天数差别很大，所以直接通过频数比较没有意义，应该转化成频率分布进行比较。通过二者的空气质量指数的频率分布直方图或空气质量等级的频率分布条形图进行比较，如图9-9所示。

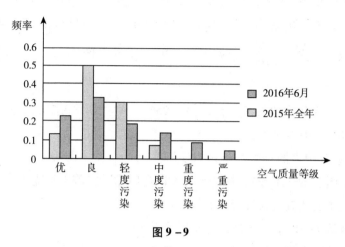

图 9 - 9

通过图 9 - 9 可以看出，虽然 2016 年 6 月的空气质量为"优"的频率略低于 2015 年，但"良"的频率明显高于 2015 年，而且 2016 年 6 月中度以上的污染天气频率明显小于 2015 年，所以从整体上看，2016 年 6 月的空气质量要好于 2015 年全年的空气质量。

引申：某学校为了了解本校学生的上学方式，在全校范围内随机抽查部分学生，了解到上学方式主要有：A. 结伴步行；B. 自行乘车；C. 家人接送；D. 其他方式，并将收集的数据整理绘制成如图 9 - 10 所示的两幅不完整的统计图。根据图中信息可知，下列说法正确的是 （   ）

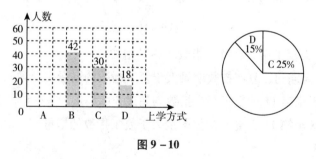

图 9 - 10

A. 扇形统计图中 D 的占比最小

B. 条形统计图中 A 和 C 一样高

C. 无法计算扇形统计图中 A 的占比

D. 估计该校一半的学生选择结伴步行或家人接送

答案：ABD。

由条形统计图知，自行乘车上学的有 42 人，家人接送上学的有 30 人，其他方式上学的有 18 人，采用 B，C，D 三种方式上学的共 90 人。设结伴步行上学的有 $x$ 人，由扇形统计图知，结伴步行上学与自行乘车上学的学生占 60%，所以 $\dfrac{x+42}{x+90}=\dfrac{60}{100}$，解得 $x=30$，故条形图中 A，C 一样高，故 B 正确；

扇形图中 A 的占比与 C 一样，都为 25%，A 和 C 共占 50%，故 D 正确；

D 的占比最小，故 A 正确。

【其他统计图表的理解与分析以实际生活为背景，图表丰富（条形图、扇形图、折线图、雷达图等），解决统计类问题时常需将若干种统计图结合，不能孤立分开，主要考查逻辑推理、数据分析等素养】

**高考链接 1**：2020 年·新高考全国 II 卷·9

我国新冠肺炎疫情进入常态化，各地有序推进复工复产，下面是某地连续 11 天复工复产指数折线图（如图 9 – 11 所示），下列说法正确的是（　　　）

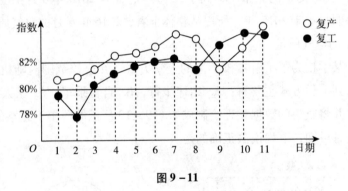

图 9 – 11

A. 这 11 天复工指数和复产指数均逐日增加

B. 这 11 天期间，复产指数增量大于复工指数的增量

C. 第 3 天至第 11 天复工复产指数均超过 80%

D. 第 9 天至第 11 天复产指数增量大于复工指数的增量

答案：CD。

**高考链接 2**：2018 年·全国 I 卷·理 3

某地区经过一年的新农村建设，农村的经济收入增加了一倍，实现了翻番，为更好地了解该地区农村的经济收入变化情况，统计了该地区新农村建设前后农村的经济收入构成比例，得到饼图（如图 9 – 12 所示）：

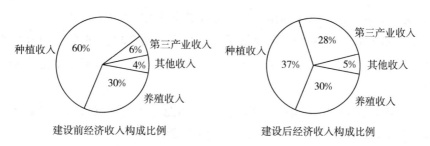

图 9 − 12

则下面结论中不正确的是（　　）

A. 新农村建设后，种植收入减少

B. 新农村建设后，其他收入增加了一倍以上

C. 新农村建设后，养殖收入增加了一倍

D. 新农村建设后，养殖收入与第三产业收入的总和超过了经济收入的一半

答案：A。

**典例 9 − 4**：《必修第二册》第 214 页习题 9.2 复习巩固 2

1. 甲、乙两台机床同时生产一种零件，在 10 天内，两台机床每天生产的次品数分别为：

甲　0 1 0 2 2 0 3 1 2 4

乙　2 3 1 1 0 2 1 1 0 1

分别计算这两组数据的平均数和标准差，从计算结果看，哪台机床的性能更好？

答案：甲机床每天生产的次品数的平均数 $\bar{x}_{甲} = 1.5$，标准差 $s_{甲} \approx 1.28$；

乙机床每天生产的次品数的平均数 $\bar{x}_{乙} = 1.2$，标准差 $s_{乙} \approx 0.87$。

比较发现乙机床每天生产的次品数的平均数较小而且标准差也较小，说明乙机床每天生产的次品数比甲机床每天生产的次品数少，而且更为稳定，所以乙机床的性能更好。

**引申 1**：《必修第二册》第 215 页习题 9.2 综合运用 9

在一次人才招聘会上，有一家公司的招聘员告诉你，"我们公司的收入水平很高，去年，在 50 名员工中，最高年收入达到了 200 万，员工年收入的平均数是 10 万"。而你的预期是获得 9 万元年薪。

（1）你能否判断年薪为 9 万元的员工在这家公司算高收入者？

（2）如果招聘员继续告诉你，"员工年收入的变化范围是从 3 万到 200

万"，这个信息是否足以使你作出自己是否受聘的决定？为什么？

（3）如果招聘员继续给你提供了如下信息，员工收入的第一四分位数为4.5万，第三四分位数为9.5万，你又该如何使用这条信息来作出是否受聘的决定？

（4）根据（3）中招聘员提供的信息，你能估计出这家公司员工收入的中位数是多少吗？为什么平均数比估计出的中位数高很多？

答案：（1）能。因为平均收入和最高收入相差太大，说明高收入的员工占极少数。现在已经知道至少有一个人的年收入为200万元，那么其他员工的年收入之和为 $\sum_{i=1}^{49} x_i = 10 \times 50 - 200 = 300$（万元），所以其他员工的平均收入约为6.12万元。如果其中再有几个收入特别高的，那么其他员工的收入将会更低，所以年薪为9万元的员工在这家公司算高收入者。

（2）不能。要看中位数是多少。

（3）可以确定有75%的员工年收入在4.5万元以上，25%的员工年收入在9.5万元以上，即有50%的员工年收入在4.5万元至9.5万元之间，而"我"的预期是获得9万元年薪，故可以受聘。

（4）能。收入的中位数大约是7万元，因为受年收入200万元这个极端值的影响，所以平均数比中位数高很多。

**引申2**：《必修第二册》第222页复习参考题9复习巩固2

四名同学各掷骰子5次，分别记录每次骰子出现的点数。根据四名同学的统计结果，可以判断出一定没有出现点数6的是（　　　）

A. 平均数为3，中位数为2

B. 中位数为3，众数为2

C. 平均数为2，方差为2.4

D. 中位数为3，方差为2.8

答案：C。

【特征数的统计学意义：众数（一组数据中出现次数最多的数，不一定唯一，也不一定存在），平均数（一组数据的和除以数据个数所得到的数，受极端值影响大），中位数［把一组数据按从小到大（或从大到小）的顺序排列，处在中间位置的数（或中间两个数的平均数）］，第 $p$ 百分位数（一组数据中至少有 $p$% 的数据小于或等于这个值，且至少有 $(100-p)$% 的数据大于或等于这个值），极差（一组数据最大值与最小值之差）；标准差、方差描述了一组数据围绕平均数波动的大小。标准差、方差越大，数据的离散程度越大；标准差、方差越小，数据的离散程度越小，标准差的大小不会超过极差。

若一组数据 $x_1$，$x_2$，$\cdots$，$x_n$ 的平均数和方差分别是 $\bar{x}$，$s^2$，另一组数据 $y_1$，$y_2$，$\cdots$，$y_n$，若 $y_i = ax_i + b$，则 $y_1$，$y_2$，$\cdots$，$y_n$ 的平均数和方差分别是 $a\bar{x} + b$，$a^2 s^2$ 】

**高考链接 1：** 2021 年·新高考全国 2 卷·9

下列统计量可用于度量样本 $x_1$，$x_2$，$\cdots x_n$ 离散程度的有（　　　）

A. $x_1$，$x_2$，$\cdots$，$x_n$ 的标准差

B. $x_1$，$x_2$，$\cdots$，$x_n$ 的中位数

C. $x_1$，$x_2$，$\cdots$，$x_n$ 的极差

D. $x_1$，$x_2$，$\cdots$，$x_n$ 的平均数

答案：AC。

标准差是方差的算术平方根。它反映了一个数据集的离散程度。极差是最大值与最小值的差，可反应数据的离散程度，中位数是通过排序得到的，它不受最大、最小两个极端数值的影响，不可用于度量样本 $x_1$，$x_2$，$\cdots$，$x_n$ 的离散程度，平均数反应数据的平均水平，它是反映数据集中趋势的一项指标，不可用于度量样本 $x_1$，$x_2$，$\cdots$，$x_n$ 的离散程度，故选 AC。

**高考链接 2：** 2019 年·全国 Ⅱ 卷·理 5

演讲比赛共有 9 位评委分别给出某选手的原始评分，评定该选手的成绩时，从 9 个原始评分中去掉 1 个最高分、1 个最低分，得到 7 个有效评分。7 个有效评分与 9 个原始评分相比，不变的数字特征是（　　　）

A. 中位数　　　　B. 平均数　　　　C. 方差　　　　D. 极差

答案：A。

# 第十章

# 概　率

概率的研究对象是随机现象，从不确定性的角度认识客观世界，是一种重要的思维模式和解决问题的方法。本单元的学习同统计一样，也是结合具体实例理解样本点、有限样本空间、随机事件，会计算古典概型中简单随机事件的概率，加深对随机现象的认识和理解。在《普通高中数学课程标准》中有如下具体的要求：

（1）随机事件与概率：①结合具体实例，理解样本点和有限样本空间的含义，理解随机事件与样本点的关系。了解随机事件的并、交与互斥的含义，能结合实例进行随机事件的并、交运算。②结合具体实例，理解古典概型，能计算古典概型中简单随机事件的概率。③通过实例理解概率的性质，掌握随机事件概率的运算法则。④结合实例会用频率估计概率。

（2）随机事件的独立性：结合有限样本空间，了解两个随机事件独立性的含义。结合古典概型，利用独立性计算概率。

在概率的学习中，能够掌握古典概率的基本特征，根据实际问题构建概率模型，并能解决简单的实际问题。能够借助古典概型初步认识有限样本空间、随机事件，以及随机事件的概率。需要掌握基本计数方法（如树状图、列表等，常与排列组合知识相结合）。与原来教材相比，删去了几何概型，增加了随机事件的独立性。高考中试题难度中档，常与概率相结合，题型一般为一大一小。

**典例 10 –1**：《必修第二册》第 236 页例 9

袋子中有 5 个大小、质地完全相同的球，其中 2 个红球、3 个黄球，从中不放回地依次随机摸出 2 个球，求下列事件的概率：

（1）$A$ = "第一次摸到红球"；

(2) $B$ = "第二次摸到红球";

(3) $AB$ = "两次都摸到红球"。

答案：将两个红球编号为1，2，三个黄球编号为3，4，5。

第一次摸球时有5种等可能的结果，对应第一次摸球的每个可能结果。

第二次摸球时有4种等可能的结果。

将两次摸球的结果配对，组成20种等可能的结果，用表10-1表示。

表 10-1

| 第一次 | 第二次 | | | | |
|---|---|---|---|---|---|
| | 1 | 2 | 3 | 4 | 5 |
| 1 | × | (1，2) | (1，3) | (1，4) | (1，5) |
| 2 | (2，1) | × | (2，3) | (2，4) | (2，5) |
| 3 | (3，1) | (3，2) | × | (3，4) | (3，5) |
| 4 | (4，1) | (4，2) | (4，3) | × | (4，5) |
| 5 | (5，1) | (5，2) | (5，3) | (5，4) | × |

(1) 第一次摸到红球的可能结果有8种（表中第1，2行），即

$A$ = { (1，2)，(1，3)，(1，4)，(1，5)，(2，1)，(2，3)，(2，4)，

(2，5)}，所以 $P(A) = \dfrac{8}{20} = \dfrac{2}{5}$。

(2) 第二次摸到红球的可能结果也有8种（表中第1、2列），即

$B$ = { (2，1)，(3，1)，(4，1)，(5，1)，(1，2)，(3，2)，(4，2)，

(5，2)}，所以 $P(B) = \dfrac{8}{20} = \dfrac{2}{5}$。

(3) 事件 $AB$ 包含2个可能结果，即 $AB$ = { (1，2)，(2，1)}，

所以 $P(AB) = \dfrac{2}{20} = \dfrac{1}{10}$。

**引申1**：《必修第二册》第241页例11

从不包含大小王的52张扑克牌中随机抽取一张，设事件 $A$ = "抽到红心"，

事件 $B$ = "抽到方片"，$P(A) = P(B) = \dfrac{1}{4}$。那么

(1) $C$ = "抽到红花色"，求 $P(C)$；

(2) $D$ = "抽到黑花色"，求 $P(D)$。

答案：(1) 因为 $C = A \cup B$，且 $A$ 与 $B$ 不会同时发生，所以 $A$ 与 $B$ 是互斥

事件。

根据互斥事件的概率加法公式，得 $P(C) = P(A) + P(B) = \frac{1}{4} + \frac{1}{4} = \frac{1}{2}$。

（2）因为 $C$ 与 $D$ 互斥，又因为 $C \cup D$ 是必然事件，所以 $C$ 与 $D$ 互为对立事件。因此 $P(D) = 1 - P(C) = 1 - \frac{1}{2} = \frac{1}{2}$。

**引申 2：**《必修第二册》第 245 页习题 10.1 拓广探索 15

如图 10-1 所示是某班级 50 名学生订阅数学、语文、英语学习资料的情况，其中 $A$ 表示订阅数学学习资料的学生，$B$ 表示订阅语文学习资料的学生，$C$ 表示订阅英语学习资料的学生。

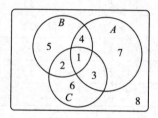

**图 10-1**

（1）从这个班任意选择一名学生，用自然语言描述 1，4，5，8 各区域所代表的事件：

（2）用 $A$，$B$，$C$ 表示下列事件：

① 至少订阅一种学习资料；

② 恰好订阅一种学习责料；

③ 没有订阅任何学习资料。

答案：（1）区域 1 代表三种资料都订阅，区域 4 代表只订阅数学和语文，区域 5 代表只订阅语文，区域 8 代表三种资料都没订阅。

（2）① $1 - \overline{A}\,\overline{B}\,\overline{C}$；② $A\overline{B}\,\overline{C} + \overline{A}B\overline{C} + \overline{A}\,\overline{B}C$；③ $\overline{A}\,\overline{B}\,\overline{C}$。

【古典概型对基本事件与样本空间的准确理解是基础，与排列组合知识相结合突出对概念的理解以及简单的计算，考查互斥事件加法公式以及对立事件正难则反的思想】

**高考链接 1：** 2021 年·全国甲卷·理 10

将 4 个 1 和 2 个 0 随机排成一行，则 2 个 0 不相邻的概率为（    ）

A. $\frac{1}{3}$        B. $\frac{2}{5}$        C. $\frac{2}{3}$        D. $\frac{4}{5}$

答案：C。

解法一：先将 4 个 1 随机排成一行，4 个 1 之间与两端有 5 个空，利用插空法排 0，若 2 个 0 相邻，则有 $C_5^1 = 5$ 种排法，若 2 个 0 不相邻，则有 $C_5^2 = 10$ 种排法，所以 2 个 0 不相邻的概率为 $\dfrac{10}{5+10} = \dfrac{2}{3}$。故选 C。

解法二：把 4 个 1 和 2 个 0 随机排成一行，排法种数为 $C_6^4 C_2^2 = 15$，2 个 0 相邻的排法种数为 $C_4^4 C_5^1 = 5$，所以 2 个 0 不相邻的概率为 $1 - \dfrac{5}{15} = \dfrac{2}{3}$，故选 C。

**高考链接 2**：2020 年·新高考全国 I 卷·5

某中学的学生积极参加体育锻炼，其中有 96% 的学生喜欢足球或游泳，60% 的学生喜欢足球，82% 的学生喜欢游泳，则该中学既喜欢足球又喜欢游泳的学生数占该校学生总数的比例是（　　）

A. 62%　　　　　B. 56%　　　　　C. 46%　　　　　D. 42%

答案：C。

记"该中学学生喜欢足球"为事件 $A$，"该中学学生喜欢游泳"为事件 $B$，则"该中学学生喜欢足球或游泳"为事件 $A + B$，"该中学学生既喜欢足球又喜欢游泳"为事件 $A \cdot B$，

则 $P(A) = 0.6$，$P(B) = 0.82$，$P(A + B) = 0.96$，

所以 $P(A \cdot B) = P(A) + P(B) - P(A + B) = 0.6 + 0.82 - 0.96 = 0.46$，

所以该中学既喜欢足球又喜欢游泳的学生数占该校学生总数的比例为 46%。故选 C。

**典例 10－2**：《必修第二册》第 249 页例 3

甲、乙两人组成"星队"参加猜成语活动，每轮活动由甲、乙各猜一个成语，已知甲每轮猜对的概率为 $\dfrac{3}{4}$，乙每轮猜对的概率为 $\dfrac{2}{3}$。在每轮活动中，甲和乙猜对与否互不影响，各轮结果也互不影响。求"星队"在两轮活动中猜对 3 个成语的概率。

分析：两轮活动猜对 3 个成语，相当于事件"甲猜对 1 个，乙猜对 2 个"与事件"甲猜对 2 个，乙猜对 1 个"的和事件发生。

答案：设 $A_1$，$A_2$ 分别表示甲两轮猜对 1 个、2 个成语的事件，$B_1$，$B_2$ 分别表示乙两轮猜对 1 个、2 个成语的事件，得

$$P(A_1) = \dfrac{3}{4} \times \dfrac{1}{4} + \dfrac{1}{4} \times \dfrac{3}{4} = \dfrac{3}{8},$$

$$P(A_2) = \left(\frac{3}{4}\right)^2 = \frac{9}{16}。$$

$$P(B_1) = \frac{2}{3} \times \frac{1}{3} + \frac{1}{3} \times \frac{2}{3} = \frac{4}{9},$$

$$P(B_2) = \left(\frac{2}{3}\right)^2 = \frac{4}{9}。$$

设 $A =$ "两轮活动'星队'猜对 3 个成语",

则 $A = A_1B_2 \cup A_2B_1$，且 $A_1B_2$ 与 $A_2B_1$ 互斥，$A_1$ 与 $B_2$，$A_2$ 与 $B_1$ 分别相互独立，所以

$$P(A) = P(A_1B_2) + P(A_2B_1) = P(A_1)P(B_2) + P(A_2)P(B_1)$$

$$= \frac{3}{8} \times \frac{4}{9} + \frac{9}{16} \times \frac{4}{9} = \frac{5}{12}。$$

因此，"星队"在两轮活动中猜对 3 个成语的概率是 $\frac{5}{12}$。

**引申 1**：《必修第二册》第 249 页练习 1

分别抛掷两枚质地均匀的硬币，设事件 $A =$ "第 1 枚正面朝上"，事件 $B =$ "第 2 枚正面朝上"，事件 $C =$ "2 枚硬币朝上的面相同"，$A$，$B$，$C$ 中哪两个相互独立？

答案：$P(A) = P(B) = P(C) = \frac{1}{2}$，

$$P(AB) = P(AC) = P(BC) = \frac{1}{4},$$

所以 $P(AB) = P(A)P(B)$，$P(AC) = P(A)P(C)$，$P(BC) = P(B)P(C)$，则 $A$ 与 $B$，$B$ 与 $C$，$A$ 与 $C$ 均相互独立。

**引申 2**：不同赛制的可行性探究

乒乓球比赛规则如下：

在一局比赛中，先得 11 分的一方为胜方，10 分平后，先多得 2 分的一方为胜方；一场比赛应采用奇数局，如三局两胜制、五局三胜制等。

某校要通过选拔赛选取一名学生参加市级乒乓球单打比赛，选拔赛采取淘汰制，败者直接出局。现有两种赛制方案：三局两胜制和五局三胜制。

问题 1：若甲、乙对决，甲每局获胜的概率为 0.6，现采用三局两胜制，则这场比赛中甲获胜的概率是多少？

答案：甲、乙两人对决，甲每局获胜的概率为 0.6，采用三局两胜制时，甲获胜，其胜局情况是"甲甲"或"乙甲甲"或"甲乙甲"。

而这三种结局互不影响，于是由独立事件的概率公式，得

甲最终获胜的概率为 $P_1 = 0.6^2 + 2 \times 0.6^2 \times (1 - 0.6) = 0.648$。

问题 2：若甲、乙对决，甲每局获胜的概率为 0.6，现采用五局三胜制，则这场比赛中甲获胜的概率是多少？

答案：甲、乙两人对决，甲每局获胜的概率为 0.6，采用五局三胜制，若甲最终获胜，至少需比赛 3 局，且最后一局必须是甲胜，而前面甲需胜两局，由独立事件的概率公式，得五局三胜制下甲最终获胜的概率为

$P_2 = 0.6^3 + 3 \times 0.6^3 \times (1 - 0.6) + 6 \times 0.6^3 \times (1 - 0.6)^2 = 0.682\,56$。

问题 3：两选手对决时，选择何种赛制更有利于选拔出实力最强的选手，并说明理由。（各局胜负相互独立，各选手水平互不相同）

答案：甲、乙两人对决，若甲更强，即其获胜的概率 $p > \dfrac{1}{2}$。

采用三局两胜制，若甲最终获胜，概率为 $P_3 = p^2 + 2p^2(1 - p)$。

采用五局三胜制，若甲最终获胜，概率为 $P_4 = p^3 + 3p^3(1 - p) + 6p^3(1 - p)^2$。

而 $P_4 - P_3 = p^2(6p^3 - 15p^2 + 12p - 3) = 3p^2(p - 1)^2(2p - 1)$。

因为 $p > \dfrac{1}{2}$，所以 $P_4 > P_3$，即五局三胜制下甲最终获胜的可能性更大。

所以五局三胜制更能选拔出最强的选手。

【事件的相互独立性是高考的核心考点，往往与互斥事件、对立事件综合考查，有一定难度，主要考查逻辑推理、数学运算等素养】

**高考链接 1**：2021 年·新高考全国 I 卷·8

有 6 个相同的球，分别标有数字 1，2，3，4，5，6，从中有放回地随机取两次，每次取 1 个球，甲表示事件"第一次取出的球的数字是 1"，乙表示事件"第二次取出的球的数字是 2"，丙表示事件"两次取出的球的数字之和是 8"，丁表示事件"两次取出的球的数字之和是 7"，则（　　　）

A. 甲与丙相互独立          B. 甲与丁相互独立

C. 乙与丙相互独立          D. 丙与丁相互独立

答案：B。

由题意可得，$P(\text{甲}) = \dfrac{1}{6}$，$P(\text{乙}) = \dfrac{1}{6}$，$P(\text{丙}) = \dfrac{5}{36}$，$P(\text{丁}) = \dfrac{6}{36} = \dfrac{1}{6}$，

$P(\text{甲丙}) = 0$，$P(\text{甲})P(\text{丙}) = \dfrac{5}{216}$，$P(\text{甲丙}) \neq P(\text{甲})P(\text{丙})$，故甲与丙

不相互独立；

$$P(甲丁) = \frac{1}{36} , P(甲)P(丁) = \frac{1}{36} , P(甲丁) = P(甲)P(丁) , 故甲与丁$$

相互独立；

$$P(乙丙) = \frac{1}{36} , P(乙)P(丙) = \frac{5}{216} , P(乙丙) \neq P(乙)P(丙) , 故乙与丙$$

不相互独立；

$$P(丙丁) = 0 , P(丙)P(丁) = \frac{5}{216} , P(丙丁) \neq P(丙)P(丁) , 故丙与丁$$

不相互独立；

故选 B。

**高考链接 2**：2020 年·全国 I 卷·理 19

1. 甲、乙、丙三位同学进行羽毛球比赛，约定赛制如下：累计负两场者被淘汰；比赛前抽签决定首先比赛的两人，另一人轮空；每场比赛的胜者与轮空者进行下一场比赛，负者下一场轮空，直至有一人被淘汰；当一人被淘汰后，剩余的两人继续比赛，直至其中一人被淘汰，另一人最终获胜，比赛结束。

经抽签，甲、乙首先比赛，丙轮空。设每场比赛双方获胜的概率都为 $\frac{1}{2}$。

（1）求甲连胜四场的概率；

（2）求需要进行第五场比赛的概率；

（3）求丙最终获胜的概率。

答案：（1）$\frac{1}{16}$；（2）$\frac{3}{4}$；（3）$\frac{7}{16}$。

（1）记事件 $M$：甲连胜四场，则 $P(M) = \left(\frac{1}{2}\right)^4 = \frac{1}{16}$；

（2）记事件 $A$ 为甲输，事件 $B$ 为乙输，事件 $C$ 为丙输，

则四局内结束比赛的概率为

$$P' = P(ABAB) + P(ACAC) + P(BCBC) + P(BABA) = 4 \times \left(\frac{1}{2}\right)^4 = \frac{1}{4} ,$$

所以，需要进行第五场比赛的概率为 $P = 1 - P' = \frac{3}{4}$；

（3）记事件 $A$ 为甲输，事件 $B$ 为乙输，事件 $C$ 为丙输，

记事件 $M$：甲赢，记事件 $N$：丙赢，

则甲赢的基本事件包括 $BCBC$，$ABCBC$，$ACBCB$，$BABCC$，$BACBC$，

$BCACB$，$BCABC$，$BCBAC$，

所以，甲赢的概率为 $P(M) = \left(\dfrac{1}{2}\right)^4 + 7 \times \left(\dfrac{1}{2}\right)^5 = \dfrac{9}{32}$。

由对称性可知，乙赢的概率和甲赢的概率相等，

所以丙赢的概率为 $P(N) = 1 - 2 \times \dfrac{9}{32} = \dfrac{7}{16}$。

**典例 10－3：《必修第二册》第 253 页例 1**

新生婴儿性别比是每 100 名女婴对应的男婴数。通过抽样调查得知，我国 2014 年、2015 年出生的婴儿性别比分别为 115.88 和 113.51。

（1）分别估计我国 2014 年和 2015 年男婴的出生率（新生儿中男婴的比率，精确到 0.001）；

（2）根据估计结果，你认为"生男孩和生女孩是等可能的"这个判断可靠吗？

分析：根据"性别比"的定义和抽样调查结果，可以计算男婴出生的频率；由频率的稳定性，可以估计男婴的出生率。

解：（1）2014 年男婴出生的频率为 $\dfrac{115.88}{100 + 115.88} \approx 0.537$。

2015 年男婴出生的频率为 $\dfrac{113.51}{100 + 113.51} \approx 0.532$。

由此估计，我国 2014 年男婴出生率约为 0.537，2015 年男婴出生率约为 0.532。

（2）由于调查新生儿人数的样本非常大，根据频率的稳定性，上述对男婴出生率的估计具有较高的可信度。

因此我们有理由怀疑"生男孩和生女孩是等可能的"的结论。

（要得到更为科学的判断，还需要用统计学中假设检验的方法进行检验）

**引申 1：《必修第二册》第 263 页复习参考题 10 复习巩固 3**

某个制药厂正在测试一种减肥药的疗效，有 500 名志愿者服用此药，结果如表 10－2 所示：

表 10－2

| 体重变化 | 体重减轻 | 体重不变 | 体重增加 |
|---|---|---|---|
| 人数 | 276 | 144 | 80 |

如果另有一人服用此药，估计下列事件发生的概率：

（1）这个人的体重减轻了；

（2）这个人的体重不变；

（3）这个人的体重增加了。

答案：（1）志愿者中体重减轻的频率为$\frac{69}{125}$，由此估计这个人体重减轻的

概率为$\frac{69}{125}$。

（2）志愿者中体重不变的频率为$\frac{36}{125}$，由此估计这个人体重不变的概率

为$\frac{36}{125}$。

（3）志愿者中体重增加的频率为$\frac{4}{25}$，由此估计这个人体重增加的概率

为$\frac{4}{25}$。

**引申 2**：《必修第二册》第 263 页复习参考题 10 复习巩固 4

某中学有教职工 30 人，对他们进行年龄状况和受教育程度的调查，其结果如下（如表 10 – 3 所示）：

表 10 – 3

|  | 本科 | 研究生 | 合计 |
|---|---|---|---|
| 35 岁以下 | 50 | 35 | 85 |
| 35 ~ 50 岁 | 20 | 13 | 33 |
| 50 岁以上 | 10 | 2 | 12 |

从这 130 名教职工中随机地抽取一人，求下列事件的概率：

（1）具有本科学历；（2）35 岁及以上；（3）35 岁以下且具有研究生学历。

答案：（1）具有本科学历的概率为$\frac{50+20+10}{130}=\frac{8}{13}$。

（2）35 岁及以上的概率为$\frac{33+12}{130}=\frac{9}{26}$。

（3）35 岁以下且具有研究生学历的概率为$\frac{35}{130}=\frac{7}{26}$。

【频率是事件 $A$ 发生的次数 $m$ 与试验总次数 $n$ 的比值，频率本身是随机变量，当 $n$ 很大时，频率总是在一个稳定值附近摆动，这个稳定值就是概率，概

率是常数。常用频率估计概率，注重考查数据分析、数学运算等素养】

**高考链接 1**：2020 年·全国 I 卷·文 17

某厂接受了一项加工业务，加工出来的产品（单位：件）按标准分为 A，B，C，D 四个等级。加工业务约定：对于 A 级品、B 级品、C 级品，厂家每件分别收取加工费 90 元、50 元、20 元；对于 D 级品，厂家每件要赔偿原料损失费 50 元。该厂有甲、乙两个分厂可承接加工业务。甲分厂加工成本费为 25 元/件，乙分厂加工成本费为 20 元/件。厂家为决定由哪个分厂承接加工业务，在两个分厂各试加工了 100 件这种产品，并统计了这些产品的等级，整理如下（如表 10 – 4、表 10 – 5 所示）：

**表 10 – 4　甲分厂产品等级的频数分布表**

| 等级 | A | B | C | D |
| --- | --- | --- | --- | --- |
| 频数 | 40 | 20 | 20 | 20 |

**表 10 – 5　乙分厂产品等级的频数分布表**

| 等级 | A | B | C | D |
| --- | --- | --- | --- | --- |
| 频数 | 28 | 17 | 34 | 21 |

（1）分别估计甲、乙两分厂加工出来的一件产品为 A 级品的概率；

（2）分别求甲、乙两分厂加工出来的 100 件产品的平均利润，以平均利润为依据，厂家应选哪个分厂承接加工业务？

答案：（1）甲分厂加工出来的 A 级品的概率为 0.4，乙分厂加工出来的 A 级品的概率为 0.28；（2）选甲分厂，理由见解析。

（1）由表可知，甲分厂加工出来的一件产品为 A 级品的概率为 $\frac{40}{100} = 0.4$，

乙分厂加工出来的一件产品为 A 级品的概率为 $\frac{28}{100} = 0.28$；

（2）甲分厂加工 100 件产品的总利润为 $40 \times (90 - 25) + 20 \times (50 - 25) + 20 \times (20 - 25) - 20 \times (50 + 25) = 1500$（元），

所以甲分厂加工 100 件产品的平均利润为 15 元/件；

乙分厂加工 100 件产品的总利润为

$28 \times (90 - 20) + 17 \times (50 - 20) + 34 \times (20 - 20) - 21 \times (50 + 20) = 1000$（元），

所以乙分厂加工 100 件产品的平均利润为 10 元/件。

故厂家应选择甲分厂承接加工任务。

**高考链接 2**：2012 年·全国 I 卷·文 18

某花店每天以每枝 5 元的价格从农场购进若干枝玫瑰花，然后以每枝 10 元的价格出售，如果当天卖不完，剩下的玫瑰花作垃圾处理。

（1）若花店一天购进 17 枝玫瑰花，求当天的利润 $y$（单位：元）关于当天需求量 $n$（单位：枝，$n \in \mathbf{N}$）的函数解析式；

（2）花店记录了 100 天玫瑰花的日需求量（单位：枝），整理得下表（如表 10-6 所示）：

表 10-6

| 日需求量 $n$ | 14 | 15 | 16 | 17 | 18 | 19 | 20 |
|---|---|---|---|---|---|---|---|
| 频数 | 10 | 20 | 16 | 16 | 15 | 13 | 10 |

① 假设花店在这 100 天内每天购进 17 枝玫瑰花，求这 100 天的日利润（单位：元）的平均数；

② 若花店一天购进 17 枝玫瑰花，以 100 天记录的各需求量的频率作为各需求量发生的概率，求当天的利润不少于 75 元的概率。

答案：（1）当日需求量 $n \geq 17$ 时，利润 $y = 17 \times 5 = 85$；

当日需求量 $n \leq 16$ 时，利润 $y = 5n - 5(17 - n) = 10n - 85$。

所以当天的利润 $y$ 关于当天需求量 $n$ 的函数解析式为

$$y = \begin{cases} 10n - 85(n \leq 16) \\ 85(n \geq 17) \end{cases} \quad (n \in \mathbf{N})。$$

（2）①假设花店在这 100 天内每天购进 17 枝玫瑰花，

则这 100 天的日利润（单位：元）的平均数为

$$\bar{y} = \frac{1}{100}[10 \times (140 - 85) + 20 \times (150 - 85) + 16 \times (160 - 85) + 16 \times 85 + 15 \times 85 + 13 \times 85 + 10 \times 85] = 76.4（元）。$$

② 利润不低于 75 元当且仅当日需求量不少于 16 枝。

故当天的利润不少于 75 元的概率为 $P = 0.16 + 0.16 + 0.15 + 0.13 + 0.10 = 0.7$。

# 第十一章

# 空间向量与立体几何

在必修课程平面向量、立体几何初步的基础上，本单元利用类比的方法理解空间向量的概念、运算、基本定理和应用，体会平面向量和空间向量的共性和差异，学会运用向量的方法研究空间基本图形的位置关系和度量关系，体会向量方法和综合几何方法的共性和差异，并运用向量方法解决简单的数学问题和实际问题，感悟向量是研究几何问题的有效工具。具体知识点包括空间直角坐标系、空间向量及其运算、向量基本定理及坐标表示、空间向量的应用。在《普通高中数学课程标准》中有如下具体的要求：

（1）空间直角坐标系：①在平面直角坐标系的基础上，了解空间直角坐标系，感受建立空间直角坐标系的必要性，会用空间直角坐标系刻画点的位置。②借助特殊长方体（所有边分别与坐标轴平行）顶点的坐标，探索并得出空间两点间的距离公式。

（2）空间向量及其运算：①经历由平面向量推广到空间向量的过程，了解空间向量的概念。②经历由平面向量的运算及其法则推广到空间向量的过程。

（3）向量基本定理及坐标表示：①了解空间向量基本定理及其意义，掌握空间向量的正交分解及其坐标表示。②掌握空间向量的线性运算及其坐标表示。③掌握空间向量的数量积及其坐标表示。④了解空间向量投影的概念以及投影向量的意义。

（4）空间向量的应用：①能用向量语言描述直线和平面，理解直线的方向向量与平面的法向量。②能用向量语言表述直线与直线、直线与平面、平面与平面的夹角以及垂直与平行的关系。③能用向量方法证明必修内容中有关直线、平面位置关系的判定定理。④能用向量方法解决点到直线、点到平面、相互平行的直线、相互平行的平面的距离问题和简单夹角问题，并能描述解决这一类问题的程序，体会向量方法在研究几何问题中的作用。

在本单元的学习中，要能够理解空间向量的概念、运算、背景和作用；能够依托空间向量建立空间图形及图形关系；能够掌握空间向量基本定理，体会其作用，并能简单应用；能够运用空间向量解决这一些简单的立体几何问题，体会用向量解决这一类问题的思路。与老教材相比，增加了投影向量的概念以及对空间距离的探究内容。要重点提升直观想象、数学运算、数学建模、逻辑推理和数学抽象等素养。

**典例 11 – 1：**《选择性必修第一册》第 5 页例 1

如图 11 – 1 所示，已知平行四边形 $ABCD$，过平面 $AC$ 外一点 $O$ 作射线 $OA$，$OB$，$OC$，$OD$，在四条射线上分别取点 $E$，$F$，$G$，$H$，使 $\dfrac{OE}{OA} = \dfrac{OF}{OB} = \dfrac{OG}{OC} = \dfrac{OH}{OD}$ $= k$，求证：$E$，$F$，$G$，$H$ 四点共面。

分析：欲证 $E$，$F$，$G$，$H$ 四点共面，只需证明 $\overrightarrow{EH}$，$\overrightarrow{EF}$，$\overrightarrow{HG}$ 共面。

而由已知 $\overrightarrow{AD}$，$\overrightarrow{AB}$，$\overrightarrow{AC}$ 共面，可以利用向量运算由 $\overrightarrow{AD}$，$\overrightarrow{AB}$，$\overrightarrow{AC}$ 共面的表达式推得 $\overrightarrow{EH}$，$\overrightarrow{EF}$，$\overrightarrow{HG}$ 共面的表达式。

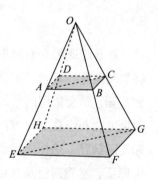

**图 11 – 1**

答案：因为 $\dfrac{OE}{OA} = \dfrac{OF}{OB} = \dfrac{OG}{OC} = \dfrac{OH}{OD} = k$，所以

$\overrightarrow{OE} = k\overrightarrow{OA}$，$\overrightarrow{OF} = k\overrightarrow{OB}$，$\overrightarrow{OG} = k\overrightarrow{OC}$，$\overrightarrow{OH} = k\overrightarrow{OD}$。

因为四边形 $ABCD$ 是平行四边形，所以 $\overrightarrow{AC} = \overrightarrow{AD} + \overrightarrow{AB}$。

因此 $\overrightarrow{EG} = \overrightarrow{OG} - \overrightarrow{OE} = k\overrightarrow{OC} - k\overrightarrow{OA} = k\overrightarrow{AC}$

$\qquad = k(\overrightarrow{AB} + \overrightarrow{AD}) = k(\overrightarrow{OB} - \overrightarrow{OA} + \overrightarrow{OD} - \overrightarrow{OA})$

$\qquad = \overrightarrow{OF} - \overrightarrow{OE} + \overrightarrow{OH} - \overrightarrow{OE} = \overrightarrow{EF} + \overrightarrow{EH}$。

由向量共面的充要条件可知，$\overrightarrow{EH}$，$\overrightarrow{EF}$，$\overrightarrow{HG}$ 共面，又 $\overrightarrow{EH}$，$\overrightarrow{EF}$，$\overrightarrow{HG}$ 过同一点 $E$，从而 $E$，$F$，$G$，$H$ 四点共面。

**引申 1：**《选择性必修第一册》第 7 页例 2

在平行六面体 $ABCD - A'B'C'D'$ 中，$AB = 5$，$AD = 3$，$AA' = 7$，$\angle BAD = 60°$，$\angle BAA' = \angle DAA' = 45°$。

求：(1) $\overrightarrow{AB} \cdot \overrightarrow{AD}$；(2) $AC'$ 的长（精确到 0.1）。

答案：(1) $\overrightarrow{AB} \cdot \overrightarrow{AD} = |\overrightarrow{AB}||\overrightarrow{AD}|\cos < \overrightarrow{AB},\overrightarrow{AD} > = 5 \times 3 \times \cos 60° = 7.5$；

(2) $|\overrightarrow{AC'}|^2 = (\overrightarrow{AB} + \overrightarrow{AD} + \overrightarrow{AA'})^2$

$\qquad = \overrightarrow{AB}^2 + \overrightarrow{AD}^2 + \overrightarrow{AA'}^2 + 2(\overrightarrow{AB} \cdot \overrightarrow{AD} + \overrightarrow{AA'} \cdot \overrightarrow{AB} + \overrightarrow{AD} \cdot \overrightarrow{AA'})$

$\qquad = 5^2 + 3^2 + 7^2 + 2(5 \times 3 \times \cos 60° + 5 \times 7 \times \cos 45° + 7 \times 3 \times \cos 45°)$

$\qquad = 98 + 56\sqrt{2}$。

**引申 2**：《选择性必修第一册》第 14 页练习 2

在平行六面体 $ABCD - A'B'C'D'$ 中，$AB = 2$，$AD = 2$，$AA' = 3$，$\angle BAD = \angle BAA' = \angle DAA' = 60°$，求 $BC'$ 与 $CA'$ 所成角的余弦值。

答案：

$\because \overrightarrow{BC'} \cdot \overrightarrow{CA'} = \overrightarrow{AD'} \cdot (-\overrightarrow{A'C}) = -(\overrightarrow{AD} + \overrightarrow{AA'}) \cdot (\overrightarrow{A'B'} + \overrightarrow{A'D'} + \overrightarrow{C'C})$

$\qquad = -(\overrightarrow{AD} + \overrightarrow{AA'}) \cdot (\overrightarrow{AB} + \overrightarrow{AD} - \overrightarrow{AA'})$

$\qquad = \overrightarrow{AA'}^2 - \overrightarrow{AD}^2 - \overrightarrow{AB} \cdot \overrightarrow{AD} - \overrightarrow{AA'} \cdot \overrightarrow{AB}$

$\qquad = 3^2 - 2^2 - 2 \times 2 \times \cos 60° - 3 \times 2 \times \cos 60°$

$\qquad = 0$，

$\therefore \overrightarrow{BC'} \perp \overrightarrow{CA'}$。

故 $BC'$ 与 $CA'$ 所成角的余弦值为 0。

【空间向量在立体几何中的应用，重点是建立空间直角坐标系转化为坐标运算，但如果几何背景不易建立空间直角坐标系时，可直接应用基底表示目标向量进行运算，平行六面体为常见几何模型，要格外重视】

附：向量证明三点共线和空间四点共面的方法如表 11 - 1 所示：

表 11 - 1

| 三点（$P$，$A$，$B$）共线 | 空间四点（$M$，$P$，$A$，$B$）共面 |
|---|---|
| $\overrightarrow{PA} = \lambda \overrightarrow{PB}$ 且同过点 $P$ | $\overrightarrow{MP} = x\overrightarrow{MA} + y\overrightarrow{MB}$ |
| 对空间任一点 $O$，$\overrightarrow{OP} = \overrightarrow{OA} + t\overrightarrow{AB}$ | 对空间任一点 $O$，$\overrightarrow{OP} = \overrightarrow{OM} + x\overrightarrow{MA} + y\overrightarrow{MB}$ |
| 对空间任一点 $O$，$\overrightarrow{OP} = x\overrightarrow{OA} + (1 - x)\overrightarrow{OB}$ | 对空间任一点 $O$，$\overrightarrow{OP} = x\overrightarrow{OM} + y\overrightarrow{OA} + (1 - x - y)\overrightarrow{OB}$ |

**高考链接 1**：2020 年·全国Ⅲ卷·理 19（1）

如图 11 - 2 所示，在长方体 $ABCD - A_1B_1C_1D_1$ 中，点 $E$，$F$ 分别在棱 $DD_1$，$BB_1$ 上，且 $2DE = ED_1$，$BF = 2FB_1$。

（1）求证：点 $C_1$ 在平面 $AEF$ 内；

（2）若 $AB = 2$，$AD = 1$，$AA_1 = 3$，求二面角 $A - EF - A_1$ 的正弦值。

答案：（1）证明见解析；（2）$\dfrac{\sqrt{42}}{7}$。

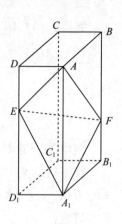

图 11 - 2

（1）证明：方法一：如图 11 - 3 所示，在棱 $CC_1$ 上取点 $G$，使得 $C_1G = \dfrac{1}{2}CG$，连接 $DG$，$FG$，$C_1E$，$C_1F$。

在长方体 $ABCD - A_1B_1C_1D_1$ 中，$AD /\!/ BC$ 且 $AD = BC$，$BB_1 /\!/ CC_1$ 且 $BB_1 = CC_1$。

$\because C_1G = \dfrac{1}{2}CG$，$BF = 2FB_1$，

$\therefore CG = \dfrac{2}{3}CC_1 = \dfrac{2}{3}BB_1 = BF$ 且 $CG /\!/ BF$，

$\therefore$ 四边形 $BCGF$ 为平行四边形，所以 $BC /\!/ GF$ 且 $BC = GF$，又因为 $BC /\!/ AD$ 且 $BC = AD$，所以 $GF /\!/ AD$ 且 $GF = AD$，所以四边形 $ADGF$ 为平行四边形，

则 $AF /\!/ DG$ 且 $AF = DG$。

同理可证四边形 $DEC_1G$ 为平行四边形，$\therefore C_1E /\!/ DG$ 且 $C_1E = DG$，

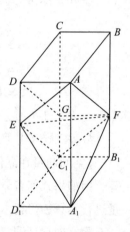

图 11 - 3

$\therefore C_1E /\!/ AF$ 且 $C_1E = AF$，则四边形 $AEC_1F$ 为平行四边形，

因此，点 $C_1$ 在平面 $AEF$ 内；

方法二：如图 11 - 4 所示，以点 $C_1$ 为坐标原点，$C_1D_1$，$C_1B_1$，$C_1C$ 所在直线分别为 $x$ 轴，$y$ 轴，$z$ 轴建立如图 11 - 4 所示的空间直角坐标系 $C_1 - xyz$，则 $A(2，1，3)$，$E(2，0，2)$，$F(0，1，1)$，

$\therefore \overrightarrow{C_1A} = (2，1，3)$，$\overrightarrow{C_1E} = (2，0，2)$，$\overrightarrow{C_1F} = (0，1，1)$。

$\because (2，1，3) = (2，0，2) + (0，1，1)$，

$\therefore \overrightarrow{C_1A} = \overrightarrow{C_1E} + \overrightarrow{C_1F}$，

$\therefore C_1$，$A$，$E$，$F$ 四点共面。

因此，点 $C_1$ 在平面 $AEF$ 内。

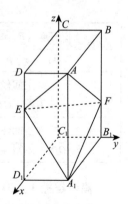

图 11 - 4

**高考链接 2**：2021 年·新高考全国 I 卷·12

在正三棱柱 $ABC - A_1B_1C_1$ 中，$AB = AA_1 = 1$，点 $P$ 满足 $\overrightarrow{BP} = \lambda \overrightarrow{BC} + \mu \overrightarrow{BB_1}$，其中 $\lambda \in [0, 1]$，$\mu \in [0, 1]$，则（　　　）

　A. 当 $\lambda = 1$ 时，$\triangle AB_1P$ 的周长为定值

　B. 当 $\mu = 1$ 时，三棱锥 $P - A_1BC$ 的体积为定值

　C. 当 $\lambda = \dfrac{1}{2}$ 时，有且仅有一个点 $P$，使得 $A_1P \perp BP$

　D. 当 $\mu = \dfrac{1}{2}$ 时，有且仅有一个点 $P$，使得 $A_1B \perp$ 平面 $AB_1P$

答案：BD。

解法一：对于 A，如图 11 - 5 所示，当 $\lambda = 1$ 时，$\overrightarrow{BP} = \overrightarrow{BC} + \mu \overrightarrow{BB_1} = \overrightarrow{BC} + \mu \overrightarrow{CC_1}$，

所以 $\overrightarrow{CP} = \mu \overrightarrow{CC_1}$。

因为 $\mu \in [0, 1]$，所以点 $P$ 是线段 $CC_1$ 上的动点，

所以 $\triangle AB_1P$ 周长不是定值，故 A 错误；

对于 B，如图 11 - 6 所示，当 $\mu = 1$ 时，$\overrightarrow{BP} = \lambda \overrightarrow{BC} + \overrightarrow{BB_1} = \overrightarrow{BB_1} + \lambda \overrightarrow{B_1C_1}$，所以 $\overrightarrow{B_1P} = \lambda \overrightarrow{B_1C_1}$。

因为 $\lambda \in [0, 1]$，所以点 $P$ 为线段 $B_1C_1$ 上的动点。

而 $B_1C_1 /\!/ BC$，$B_1C_1 /\!/$ 平面 $A_1BC$，点 $P$ 到平面 $A_1BC$ 的距离为定值，

所以三棱锥 $P - A_1BC$ 的体积为定值，故 B 正确；

对于 C，如图 11 - 7 所示，当 $\lambda = \dfrac{1}{2}$ 时，$\overrightarrow{BP} = \dfrac{1}{2} \overrightarrow{BC} + \mu \overrightarrow{BB_1}$，

取 $BC$ 中点 $M$，$B_1C_1$ 中点 $N$，

则 $\overrightarrow{MB} + \overrightarrow{BP} = \mu \overrightarrow{MN}$，即 $\overrightarrow{MP} = \mu \overrightarrow{MN}$，所以点 $P$ 是线段 $MN$ 上的动点，

易得当点 $P$ 与点 $M$ 或点 $N$ 重合时都有 $A_1P \perp BP$，故 C 错误；

对于 D，如图 11 - 8 所示，当 $\mu = \dfrac{1}{2}$ 时，$\overrightarrow{BP} = \lambda \overrightarrow{BC} + \dfrac{1}{2} \overrightarrow{BB_1}$，取 $BB_1$，$CC_1$ 中点为 $E, F$，则 $\overrightarrow{BP} = \overrightarrow{BE} + \lambda \overrightarrow{EF}$，

即 $\overrightarrow{EP} = \lambda \overrightarrow{EF}$，所以点 $P$ 是线段 $EF$ 上的动点。

若 $A_1B \perp$ 平面 $AB_1P$，则 $A_1B \perp B_1P$，取 $B_1C_1$ 中点 $D$，可得 $AD \perp B_1P$，

所以 $B_1P \perp$ 平面 $A_1BD$，所以 $B_1P \perp BD$，所以点 $P$ 与点 $F$ 重合，故 D 正确。

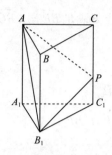

图 11 −5

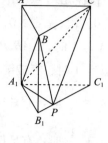

图 11 −6

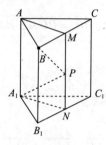

图 11 −7

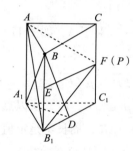

图 11 −8

解法二：易知点 $P$ 在矩形 $BCC_1B_1$ 内部（含边界）。

对于 A，当 $\lambda = 1$ 时，$\overrightarrow{BP} = \overrightarrow{BC} + \mu \overrightarrow{BB_1} = \overrightarrow{BC} + \mu \overrightarrow{CC_1}$，即此时 $P \in$ 线段 $CC_1$，$\triangle AB_1P$ 周长不是定值，故 A 错误；

对于 B，当 $\mu = 1$ 时，$\overrightarrow{BP} = \lambda \overrightarrow{BC} + \overrightarrow{BB_1} = \overrightarrow{BB_1} + \lambda \overrightarrow{B_1C_1}$，故此时 $P$ 点轨迹为线段 $B_1C_1$，而 $B_1C_1 /\!/ BC$，$B_1C_1 /\!/$ 平面 $A_1BC$，则有 $P$ 到平面 $A_1BC$ 的距离为定值，所以其体积为定值，故 B 正确。

对于 C，当 $\lambda = \dfrac{1}{2}$ 时，$\overrightarrow{BP} = \dfrac{1}{2} \overrightarrow{BC} + \mu \overrightarrow{BB_1}$，取 $BC$，$B_1C_1$ 中点分别为 $Q$，$H$，则 $\overrightarrow{BP} = \overrightarrow{BQ} + \mu \overrightarrow{QH}$，所以 $P$ 点轨迹为线段 $QH$，不妨建系解决，建立空间直角坐标系如图 11 −9 所示，$A_1\left(\dfrac{\sqrt{3}}{2}, 0, 1\right)$，$P(0, 0, \mu)$，$B\left(0, \dfrac{1}{2}, 0\right)$，

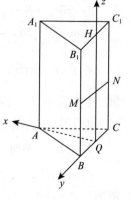

图 11 −9

则 $\overrightarrow{A_1P} = \left(-\dfrac{\sqrt{3}}{2}, 0, \mu - 1\right)$，$\overrightarrow{BP} = \left(0, -\dfrac{1}{2}, \mu\right)$，

$\overrightarrow{A_1P} \cdot \overrightarrow{BP} = \mu(\mu - 1) = 0$，所以 $\mu = 0$ 或 $\mu = 1$。故 $H$，

$Q$ 均满足，故 C 错误；

对于 D，当 $\mu = \dfrac{1}{2}$ 时，$\overrightarrow{BP} = \lambda \overrightarrow{BC} + \dfrac{1}{2}\overrightarrow{BB_1}$，取 $BB_1$，$CC_1$ 中点为 $M$，$N$。

$\overrightarrow{BP} = \overrightarrow{BM} + \lambda \overrightarrow{MN}$，所以 $P$ 点轨迹为线段 $MN$。设 $P\left(0, y_0, \dfrac{1}{2}\right)$，因为

$A\left(\dfrac{\sqrt{3}}{2}, 0, 0\right)$，所以 $\overrightarrow{AP} = \left(-\dfrac{\sqrt{3}}{2}, y_0, \dfrac{1}{2}\right)$，$\overrightarrow{A_1B} = \left(-\dfrac{\sqrt{3}}{2}, \dfrac{1}{2}, -1\right)$，所以 $\dfrac{3}{4} +$

$\dfrac{1}{2}y_0 - \dfrac{1}{2} = 0 \Rightarrow y_0 = -\dfrac{1}{2}$，此时 $P$ 与 $N$ 重合，故 D 正确。

故选 BD。

**典例 11−2：**《选择性必修第一册》第 28 页例 1

如图 11−10 所示，在长方体 $ABCD - A_1B_1C_1D_1$ 中，$AB = 4$，$BC = 3$，$CC_1 = 2$，$M$ 是 $AB$ 的中点。以 $D$ 为原点，$DA$，$DC$，$DD_1$ 所在直线分别为 $x$ 轴、$y$ 轴、$z$ 轴，建立如图所示的空间直角坐标系。

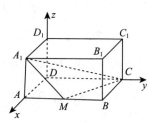

（1）求平面 $BCC_1B_1$ 的法向量；

（2）求平面 $MCA_1$ 的法向量。

图 11−10

分析：（1）平面 $BCC_1B_1$ 与 $y$ 轴垂直，其法向量可以直接写出；（2）平面 $MCA_1$ 可以看成由 $\overrightarrow{MA_1}$，$\overrightarrow{CA_1}$，$\overrightarrow{MC}$ 中的两个向量所确定，运用法向量与它们的垂直关系，可转化为数量积运算求得法向量。

答案：（1）因为 $y$ 轴垂直于平面 $BCC_1B_1$，所以 $\overrightarrow{n_1} = (0, 1, 0)$ 是平面 $BCC_1B_1$ 的一个法向量。

（2）因为 $AB = 4$，$BC = 3$，$CC_1 = 2$，$M$ 是 $AB$ 的中点，

所以 $M(3, 2, 0)$，$C(0, 4, 0)$，$A_1(3, 0, 2)$，

因此 $\overrightarrow{MC} = (-3, 2, 0)$，$\overrightarrow{MA_1} = (0, -2, 2)$。

设 $\overrightarrow{n_2} = (x, y, z)$ 是平面 $MCA_1$ 的法向量，则 $\overrightarrow{n_2} \perp \overrightarrow{MC}$，$\overrightarrow{n_2} \perp \overrightarrow{MA_1}$。

所以 $\begin{cases} \overrightarrow{n_2} \cdot \overrightarrow{MC} = -3x + 2y = 0, \\ \overrightarrow{n_2} \cdot \overrightarrow{MA_1} = -2y + 2z = 0, \end{cases}$　所以 $\begin{cases} x = \dfrac{2}{3}z, \\ y = z。\end{cases}$

取 $z = 3$，则 $x = 2$，$y = 3$。

于是 $\overrightarrow{n_2} = (2, 3, 3)$ 是平面 $MCA_1$ 的一个法向量。

引申：如图 $11-11$ 所示，在四棱锥 $P-ABCD$ 中，$PC \perp$ 平面 $ABCD$，$PC=2$，在四边形 $ABCD$ 中，$\angle B=$ $\angle C=90°$，$AB=4$，$CD=1$，点 $M$ 在 $PB$ 上，$PB=4PM$，$PB$ 与平面 $ABCD$ 成 $30°$ 的角。求证：

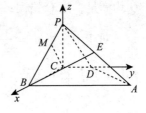

图 $11-11$

(1) $CM$ // 平面 $PAD$；

(2) 平面 $PAB \perp$ 平面 $PAD$。

答案：以 $C$ 为坐标原点，$CB$ 为 $x$ 轴，$CD$ 为 $y$ 轴，$CP$ 为 $z$ 轴建立如图 $11-11$ 所示的空间直角坐标系 $C-xyz$。

$\because PC \perp$ 平面 $ABCD$，

$\therefore \angle PBC$ 为 $PB$ 与平面 $ABCD$ 所成的角，$\therefore \angle PBC=30°$。

$\because PC=2$，$\therefore BC=2\sqrt{3}$，$PB=4$，

$\therefore D(0,1,0)$，$B(2\sqrt{3},0,0)$，

$A(2\sqrt{3},4,0)$，$P(0,0,2)$，$M\left(\dfrac{\sqrt{3}}{2},0,\dfrac{3}{2}\right)$，

$\therefore \overrightarrow{DP}=(0,-1,2)$，$\overrightarrow{DA}=(2\sqrt{3},3,0)$，$\overrightarrow{CM}=\left(\dfrac{\sqrt{3}}{2},0,\dfrac{3}{2}\right)$。

(1) 设 $\vec{n}=(x,y,z)$ 为平面 $PAD$ 的一个法向量，

则 $\begin{cases}\vec{n}\cdot\overrightarrow{DP}=0,\\ \vec{n}\cdot\overrightarrow{DA}=0,\end{cases}$ $\therefore \begin{cases}-y+2z=0,\\ 2\sqrt{3}x+3y=0,\end{cases}$ 令 $y=2$，得 $\vec{n}=(-\sqrt{3},2,1)$。

$\because \vec{n}\cdot\overrightarrow{CM}=-\sqrt{3}\times\dfrac{\sqrt{3}}{2}+2\times0+1\times\dfrac{3}{2}=0$，$\therefore \vec{n}\perp\overrightarrow{CM}$。

又$\because CM \not\subset$ 平面 $PAD$，$\therefore CM$ // 平面 $PAD$。

(2) 方法一：由 (1) 知，$\overrightarrow{BA}=(0,4,0)$，$\overrightarrow{PB}=(2\sqrt{3},0,-2)$。

设平面 $PAB$ 的一个法向量 $\vec{m}=(x,y,z)$，

则 $\begin{cases}\vec{m}\cdot\overrightarrow{BA}=0,\\ \vec{m}\cdot\overrightarrow{PB}=0,\end{cases}$ $\therefore \begin{cases}4y=0,\\ 2\sqrt{3}x-2z=0,\end{cases}$ 令 $x=1$，得 $\vec{m}=(1,0,\sqrt{3})$。

又$\because$ 平面 $PAD$ 的一个法向量 $\vec{n}=(-\sqrt{3},2,1)$，

$\therefore \vec{m}\cdot\vec{n}=1\times(-\sqrt{3})+0\times2+\sqrt{3}\times1=0$，

$\therefore \vec{m}\perp\vec{n}$，$\therefore$ 平面 $PAB \perp$ 平面 $PAD$。

方法二：如图，取 $AP$ 的中点 $E$，连接 $BE$，

则 $E(\sqrt{3},2,1)$，$\overrightarrow{BE}=(-\sqrt{3},2,1)$。

∵ $PB = AB$，∴ $BE \perp PA$。

又∵ $\overrightarrow{BE} \cdot \overrightarrow{DA} = (-\sqrt{3}, 2, 1) \cdot (2\sqrt{3}, 3, 0) = 0$，

∴ $\overrightarrow{BE} \perp \overrightarrow{DA}$，∴ $BE \perp DA$。

又∵ $PA \cap DA = A$，$PA$，$DA \subset$ 平面 $PAD$，∴ $BE \perp$ 平面 $PAD$。

又∵ $BE \subset$ 平面 $PAB$，∴ 平面 $PAB \perp$ 平面 $PAD$。

【空间向量表示立体几何中的几何元素。要理解直线的方向向量，会求平面的法向量，这是借助向量证明平行、垂直以及解决距离、角度问题的基础。求法向量的方法主要有两种：①求平面的垂线的方向向量；②利用法向量与平面内两个不共线向量的数量积为零列方程组求解】

附：空间位置关系的向量表示，如表 11 - 2 所示。

表 11 - 2

| 位置关系 | | 向量表示 |
|---|---|---|
| 直线 $l_1$，$l_2$ 的方向向量分别为 $\overrightarrow{n_1}$，$\overrightarrow{n_2}$ | $l_1 \,/\!/\, l_2$ | $\overrightarrow{n_1} \,/\!/\, \overrightarrow{n_2} \Leftrightarrow \overrightarrow{n_1} = \lambda \overrightarrow{n_2}$ |
| | $l_1 \perp l_2$ | $\overrightarrow{n_1} \perp \overrightarrow{n_2} \Leftrightarrow \overrightarrow{n_1} \cdot \overrightarrow{n_2} = 0$ |
| 直线 $l$ 的方向向量为 $\overrightarrow{n}$，平面 $\alpha$ 的法向量为 $\overrightarrow{m}$ | $l \,/\!/\, \alpha$ | $\overrightarrow{n} \perp \overrightarrow{m} \Leftrightarrow \overrightarrow{n} \cdot \overrightarrow{m} = 0$ |
| | $l \perp \alpha$ | $\overrightarrow{n} \,/\!/\, \overrightarrow{m} \Leftrightarrow \overrightarrow{n} = \lambda \overrightarrow{m}$ |
| 平面 $\alpha$，$\beta$ 的法向量分别为 $\overrightarrow{n}$，$\overrightarrow{m}$ | $\alpha \,/\!/\, \beta$ | $\overrightarrow{n} \,/\!/\, \overrightarrow{m} \Leftrightarrow \overrightarrow{n} = \lambda \overrightarrow{m}$ |
| | $\alpha \perp \beta$ | $\overrightarrow{n} \perp \overrightarrow{m} \Leftrightarrow \overrightarrow{n} \cdot \overrightarrow{m} = 0$ |

**高考链接：** 2019 年·浙江卷·19（1）

如图 11 - 12 所示，已知三棱柱 $ABC - A_1B_1C_1$，平面 $A_1ACC_1 \perp$ 平面 $ABC$，$\angle ABC = 90°$，$\angle BAC = 30°$，$A_1A = A_1C = AC$，$E$，$F$ 分别是 $AC$，$A_1B_1$ 的中点。

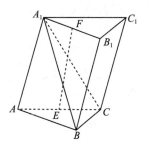

图 11 - 12

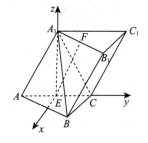

图 11 - 13

（1）证明：$EF \perp BC$；（2）求直线 $EF$ 与平面 $A_1BC$ 所成角的余弦值。

答案：（1）详见解析。（2）$\dfrac{3}{5}$。

（1）证明：连接 $A_1E$，因为 $A_1A = A_1C$，$E$ 是 $AC$ 的中点，所以 $A_1E \perp AC$。

又平面 $A_1ACC_1 \perp$ 平面 $ABC$，$A_1E \subset$ 平面 $A_1ACC_1$，

平面 $A_1ACC_1 \cap$ 平面 $ABC = AC$，所以 $A_1E \perp$ 平面 $ABC$。

如图 $11-13$ 所示，以点 $E$ 为原点，分别以射线 $EC$，$EA_1$ 为 $y$ 轴、$z$ 轴的正半轴，

建立空间直角坐标系 $E-xyz$。不妨设 $AC = 4$，

则 $A_1(0, 0, 2\sqrt{3})$，$B(\sqrt{3}, 1, 0)$，

$B_1(\sqrt{3}, 3, 2\sqrt{3})$，$F\left(\dfrac{\sqrt{3}}{2}, \dfrac{3}{2}, 2\sqrt{3}\right)$，$C(0, 2, 0)$。

因此，$\overrightarrow{EF} = \left(\dfrac{\sqrt{3}}{2}, \dfrac{3}{2}, 2\sqrt{3}\right)$，$\overrightarrow{BC} = (-\sqrt{3}, 1, 0)$。

由 $\overrightarrow{EF} \cdot \overrightarrow{BC} = 0$ 得 $EF \perp BC$。

**典例 11-3**：《选择性必修第一册》第 39 页例 10

如图 $11-14$ 所示，在四棱锥 $P-ABCD$ 中，底面 $ABCD$ 是正方形，侧棱 $PD$ $\perp$ 底面 $ABCD$，$PD = DC$，$E$ 是 $PC$ 的中点，作 $EF \perp PB$ 交 $PB$ 于点 $F$。

（1）求证：$PA \parallel$ 平面 $EDB$；

（2）求证：$PB \perp$ 平面 $EFD$；

（3）求平面 $CPB$ 与平面 $PBD$ 的夹角的大小。

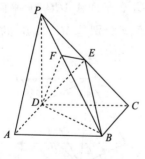

图 11-14

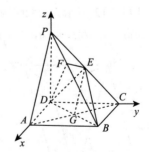

图 11-15

分析：本题涉及的问题：直线与平面平行和垂直的判定，计算两个平面的夹角。这些问题都可以利用向量方法解决。由于四棱锥的底面是正方形，而且

一条侧棱垂直于底面，可以利用这些条件建立空间直角坐标系，用向量及坐标表示问题中的几何元素，进而解决问题。

答案：以 $D$ 为原点，$DA$，$DC$，$DP$ 所在直线分别为 $x$ 轴、$y$ 轴、$z$ 轴，建立如图 11 – 15 所示的空间直角坐标系，设 $DC = 1$。

（1）如图 11 – 15 所示，连接 $AC$，交 $BD$ 于点 $G$，连接 $EG$。

依题意得，$A(1, 0, 0)$，$P(0, 0, 1)$，$E\left(0, \dfrac{1}{2}, \dfrac{1}{2}\right)$。

因为底面 $ABCD$ 是正方形，所以点 $G$ 是它的中心，故点 $G$ 的坐标为 $G\left(\dfrac{1}{2}, \dfrac{1}{2}, 0\right)$，且 $\overrightarrow{PA} = (1, 0, -1)$，$\overrightarrow{EG} = \left(\dfrac{1}{2}, 0, -\dfrac{1}{2}\right)$，

所以 $\overrightarrow{PA} = 2\overrightarrow{EG}$，即 $PA // EG$。

而 $EG \subset$ 平面 $EDB$，且 $PA \not\subset$ 平面 $EDB$，因此 $PA //$ 平面 $EDB$。

（2）依题意得 $B(1, 1, 0)$，$\overrightarrow{PB} = (1, 1, -1)$。

又 $\overrightarrow{DE} = \left(0, \dfrac{1}{2}, \dfrac{1}{2}\right)$，所以 $\overrightarrow{PB} \cdot \overrightarrow{DE} = 0 + \dfrac{1}{2} - \dfrac{1}{2} = 0$，

所以 $PB \perp DE$。

由已知 $EF \perp PB$，且 $EF \cap DE = E$，所以 $PB \perp$ 平面 $EFD$。

（3）已知 $PB \perp EF$，由（2）可知 $PB \perp DF$，故 $\angle EFD$ 是平面 $CPB$ 与平面 $PBD$ 的夹角。

由（2）可知点 $F$ 的坐标为 $(x, y, z)$，则 $\overrightarrow{PF} = (x, y, z - 1)$。

因为 $\overrightarrow{PF} = k\overrightarrow{PB}$，所以 $(x, y, z - 1) = k(1, 1, -1) = (k, k, -k)$，

即 $x = k$，$y = k$，$z = 1 - k$。

设 $\overrightarrow{PB} \cdot \overrightarrow{DF} = 0$，

则 $(1, 1, -1) \cdot (k, k, 1 - k) = k + k - 1 + k = 3k - 1 = 0$，

所以 $k = \dfrac{1}{3}$，则点 $F$ 的坐标为 $\left(\dfrac{1}{3}, \dfrac{1}{3}, \dfrac{2}{3}\right)$。

又因为点 $E$ 的坐标为 $\left(0, \dfrac{1}{2}, \dfrac{1}{2}\right)$，所以 $\overrightarrow{FE} = \left(-\dfrac{1}{3}, \dfrac{1}{6}, -\dfrac{1}{6}\right)$。

所以 $\cos \angle EFD = \dfrac{\overrightarrow{FE} \cdot \overrightarrow{FD}}{|\overrightarrow{FE}||\overrightarrow{FD}|}$

$$= \dfrac{\left(-\dfrac{1}{3}, \dfrac{1}{6}, -\dfrac{1}{6}\right) \cdot \left(-\dfrac{1}{3}, -\dfrac{1}{3}, -\dfrac{2}{3}\right)}{\dfrac{\sqrt{6}}{6} \times \dfrac{\sqrt{6}}{3}} = \dfrac{1}{2},$$

所以 $\angle EFD = 60°$，即平面 $CPB$ 与平面 $PBD$ 的夹角大小为 $60°$。

**引申**：《选择性必修第一册》第 38 页练习 4

如图 11 – 16 所示，$\triangle ABC$ 和 $\triangle DBC$ 所在平面垂直，且 $AB = BC = BD$，$\angle CBA = \angle DBC = 120°$。求：

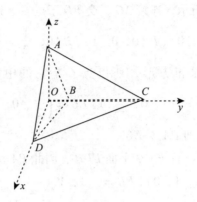

图 11 – 16

（1）直线 $AD$ 与直线 $BC$ 所成角的大小；

（2）直线 $AD$ 与平面 $BCD$ 所成角的大小；

（3）平面 $ABD$ 和平面 $BDC$ 的夹角的余弦值。

答案：（1）$90°$；（2）$45°$；（3）$\dfrac{\sqrt{5}}{5}$。

在平面 $ABC$ 内过点 $A$ 作 $CB$ 延长线的垂线，垂足为点 $O$，连接 $OD$。

因为 $\triangle ABC$ 和 $\triangle DBC$ 所在平面垂直，且交线为 $BC$，$AO \perp BC$，

所以 $AO \perp$ 平面 $BCD$。

又 $\triangle ABC \cong \triangle DBC$，所以 $DO \perp BC$。

以 $OD$，$OC$，$OA$ 所在直线分别为 $x$ 轴、$y$ 轴、$z$ 轴建立空间直角坐标系 $O - xyz$，设 $AB = 2$，则 $A(0,\ 0,\ \sqrt{3})$，$B(0,\ 1,\ 0)$，$C(0,\ 3,\ 0)$，$D(\sqrt{3},\ 0,\ 0)$。

（1）$\overrightarrow{AD} = (\sqrt{3},\ 0,\ -\sqrt{3})$，$\overrightarrow{BC} = (0,\ 2,\ 0)$，所以 $\overrightarrow{AD} \cdot \overrightarrow{BC} = 0$，

所以直线 $AD$ 与直线 $BC$ 所成角为 $90°$。

（2）因为 $AO \perp$ 平面 $BCD$，所以平面 $BCD$ 的一个法向量为 $\vec{n} = (0,\ 0,\ 1)$。

设直线 $AD$ 与平面 $BCD$ 所成的角为 $\theta$，则

$$\sin\theta = |\cos < \overrightarrow{AD},\ \vec{n} > | = \left| \frac{\overrightarrow{AD} \cdot \vec{n}}{|\overrightarrow{AD}| \cdot |\vec{n}|} \right| = \left| \frac{\sqrt{3}}{\sqrt{6}} \right| = \frac{\sqrt{2}}{2}，\text{所以 } \theta = 45°，$$

所以直线 $AD$ 与平面 $BCD$ 所成角为 $45°$。

（3）由（2）得平面 $BDC$ 的一个法向量为 $\vec{n} = (0，0，1)$，

设平面 $ABD$ 的一个法向量为 $\vec{m} = (x，y，z)$，所以 $\vec{m} \perp \overrightarrow{AB}$，$\vec{m} \perp \overrightarrow{AD}$。

得 $\begin{cases} \vec{m} \cdot \overrightarrow{AB} = 0， \\ \vec{m} \cdot \overrightarrow{AD} = 0， \end{cases}$

由 $\overrightarrow{AB} = (0，1，-\sqrt{3})$，$\overrightarrow{AD} = (\sqrt{3}，0，-\sqrt{3})$，

得 $\begin{cases} y - \sqrt{3}z = 0， \\ \sqrt{3}x - \sqrt{3}z = 0， \end{cases}$  所以 $\begin{cases} y = \sqrt{3}z， \\ x = z。 \end{cases}$

令 $z = 1$，所以 $x = 1$，$y = \sqrt{3}$，所以 $\vec{m} = (1，\sqrt{3}，1)$。

设平面 $ABD$ 和平面 $BDC$ 的夹角为 $\alpha$，则

$$|\cos\alpha| = |\cos < \vec{n}，\vec{m} > | = \left| \frac{\vec{n} \cdot \vec{m}}{|\vec{n}||\vec{m}|} \right| = \left| \frac{1}{1 \times \sqrt{5}} \right| = \frac{\sqrt{5}}{5},$$

所以平面 $ABD$ 和平面 $BDC$ 的夹角的余弦值为 $\dfrac{\sqrt{5}}{5}$。

【空间向量求立体几何中的空间角】

（1）求异面直线所成角的思路：选好基底或建立空间直角坐标系，求出两

直线的方向向量 $\vec{n_1}$，$\vec{n_2}$，代入公式 $|\cos\langle \vec{n_1}，\vec{n_2} \rangle| = \dfrac{|\vec{n_1} \cdot \vec{n_2}|}{|\vec{n_1}||\vec{n_2}|}$ 求解。两异面直

线所成角的范围是 $\theta \in \left( 0，\dfrac{\pi}{2} \right]$，两向量的夹角 $\alpha$ 的范围是 $[0，\pi]$，当异面直

线的方向向量的夹角为锐角或直角时，该夹角就是该异面直线的夹角；当异面

直线的方向向量的夹角为钝角时，其补角才是异面直线的夹角。

（2）求直线与平面所成的角有两个思路：①分别求出斜线和它在平面内的

射影直线的方向向量，转化为求两个方向向量的夹角（或其补角）。

②通过平面的法向量来求解，即求出斜线的方向向量与平面的法向量所夹

的锐角，取其余角就是斜线和平面所成的角，即设直线 $l$ 与平面 $\alpha$ 的夹角为 $\theta$，

直线 $l$ 的方向向量 $\vec{l}$ 与平面 $\alpha$ 的法向量 $\vec{n}$ 的夹角为 $\beta$，则 $\theta = \dfrac{\pi}{2} - \beta$ 或 $\theta = \beta - $

$\dfrac{\pi}{2}$，故有 $\sin\theta = |\cos\beta| = \dfrac{|\vec{l} \cdot \vec{n}|}{|\vec{l}||\vec{n}|}$。

（3）求二面角的思路：求出二面角的两个半平面所在平面的法向量，然后通过两个平面的法向量的夹角得到二面角的大小，但要注意结合实际图形判断所求角是锐角还是钝角，即设平面 $\alpha$ 与平面 $\beta$ 所成的角为 $\theta$，两平面的法向量 $\vec{l}$，$\vec{n}$ 的夹角为 $<\vec{l}, \vec{n}>$，则 $\theta = <\vec{l}, \vec{n}>$ 或 $\theta = \pi - <\vec{l}, \vec{n}>$，故有 $|\cos\theta| = |\cos<\vec{l}, \vec{n}>| = \dfrac{|\vec{l} \cdot \vec{n}|}{|\vec{l}||\vec{n}|}$。高考中为规避这一难点，常求二面角的正弦值】

**高考链接 1**：2019 年·全国 I 卷·理 18

如图 11-17 所示，直四棱柱 $ABCD - A_1B_1C_1D_1$ 的底面是菱形，$AA_1 = 4$，$AB = 2$，$\angle BAD = 60°$，$E$，$M$，$N$ 分别是 $BC$，$BB_1$，$A_1D$ 的中点。

（1）证明：$MN$ // 平面 $C_1DE$；

（2）求二面角 $A - MA_1 - N$ 的正弦值。

答案：（1）证明：连接 $B_1C$，$ME$。

因为 $M$，$E$ 分别为 $BB_1$，$BC$ 的中点，

所以 $ME$ // $B_1C$，且 $ME = \dfrac{1}{2}B_1C$。

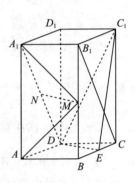

图 11-17

又因为 $N$ 为 $A_1D$ 的中点，所以 $ND = \dfrac{1}{2}A_1D$。

由题设知 $A_1B_1$ // $DC$ 且 $A_1B_1 = DC$，可得 $B_1C$ // $A_1D$ 且 $B_1C = A_1D$，

故 $ME$ // $ND$ 且 $ME = ND$，

因此四边形 $MNDE$ 为平行四边形，所以 $MN$ // $ED$。

又 $MN \not\subset$ 平面 $C_1DE$，$ED \subset$ 平面 $C_1DE$，所以 $MN$ // 平面 $C_1DE$。

（2）解：由已知可得 $DE \perp DA$，以 $D$ 为坐标原点，$\overrightarrow{DA}$ 的方向为 $x$ 轴正方向，建立如图 11-18 所示的空间直角坐标系 $D - xyz$，则 $A(2, 0, 0)$，$A_1(2, 0, 4)$，$M(1, \sqrt{3}, 2)$，$N(1, 0, 2)$。

$\overrightarrow{A_1A} = (0, 0, -4)$，$\overrightarrow{A_1M} = (-1, \sqrt{3}, -2)$，

$\overrightarrow{A_1N} = (-1, 0, -2)$，$\overrightarrow{MN} = (0, -\sqrt{3}, 0)$。

设 $\vec{m} = (x, y, z)$ 为平面 $A_1MA$ 的一个法向量，则

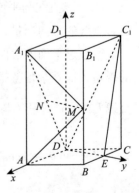

图 11-18

$$\begin{cases} \vec{m} \cdot \overrightarrow{A_1M} = 0, \\ \vec{m} \cdot \overrightarrow{A_1A} = 0, \end{cases} \therefore \begin{cases} -x + \sqrt{3}y - 2z = 0, \\ -4z = 0, \end{cases} 可取 \vec{m} = (\sqrt{3}, 1, 0)。$$

设 $\vec{n} = (p, q, r)$ 为平面 $A_1MN$ 的一个法向量,则

$$\begin{cases} \vec{n} \cdot \overrightarrow{MN} = 0, \\ \vec{n} \cdot \overrightarrow{A_1N} = 0, \end{cases} \therefore \begin{cases} -\sqrt{3}q = 0, \\ -p - 2r = 0, \end{cases} 可取 \vec{n} = (2, 0, -1)。$$

于是 $\cos \langle \vec{m}, \vec{n} \rangle = \dfrac{\vec{m} \cdot \vec{n}}{|\vec{m}||\vec{n}|} = \dfrac{2\sqrt{3}}{2 \times \sqrt{5}} = \dfrac{\sqrt{15}}{5}$,

所以二面角 $A - MA_1 - N$ 的正弦值为 $\dfrac{\sqrt{10}}{5}$。

**高考链接 2:** 2018 年·浙江卷·19

如图 11-19 所示,已知多面体 $ABC - A_1B_1C_1$,$A_1A$,$B_1B$,$C_1C$ 均垂直于平面 $ABC$,$\angle ABC = 120°$,$A_1A = 4$,$C_1C = 1$,$AB = BC = B_1B = 2$。

(1) 证明:$AB_1 \perp$ 平面 $A_1B_1C_1$;

(2) 求直线 $AC_1$ 与平面 $ABB_1$ 所成的角的正弦值。

答案:(1) 证明:如图 11-20 所示,以 $AC$ 的中点 $O$ 为原点,分别以射线 $OB$,$OC$ 为 $x$ 轴、$y$ 轴的正半轴,建立空间直角坐标系。

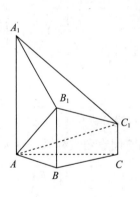

图 11-19

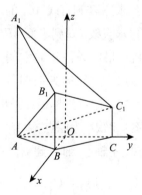

图 11-20

由题意知各点坐标如下:

$A(0, -\sqrt{3}, 0)$,$B(1, 0, 0)$,$A_1(0, -\sqrt{3}, 4)$,$B_1(1, 0, 2)$,
$C_1(0, \sqrt{3}, 1)$,
因此 $\overrightarrow{AB_1} = (1, \sqrt{3}, 2)$,$\overrightarrow{A_1B_1} = (1, \sqrt{3}, -2)$,$\overrightarrow{A_1C_1} = (0, 2\sqrt{3}, -3)$。
由 $\overrightarrow{AB_1} \cdot \overrightarrow{A_1B_1} = 0$,得 $AB_1 \perp A_1B_1$。

由 $\overrightarrow{AB_1} \cdot \overrightarrow{A_1C_1} = 0$，得 $AB_1 \perp A_1C_1$。

又 $A_1B_1 \cap A_1C_1 = A_1$，$A_1B_1$，$A_1C_1 \subset$ 平面 $A_1B_1C_1$，

所以 $AB_1 \perp$ 平面 $A_1B_1C_1$。

（2）设直线 $AC_1$ 与平面 $ABB_1$ 所成的角为 $\theta$。

由（1）可知 $\overrightarrow{AC_1} = (0, 2\sqrt{3}, 1)$，$\overrightarrow{AB} = (1, \sqrt{3}, 0)$，$\overrightarrow{BB_1} = (0, 0, 2)$。

设平面 $ABB_1$ 的一个法向量为 $\vec{n} = (x, y, z)$，

由 $\begin{cases} \vec{n} \cdot \overrightarrow{AB} = 0, \\ \vec{n} \cdot \overrightarrow{BB_1} = 0, \end{cases}$ $\therefore \begin{cases} x + \sqrt{3}y = 0, \\ 2z = 0, \end{cases}$ 可取 $\vec{n} = (-\sqrt{3}, 1, 0)$，

所以 $\sin\theta = |\cos < \overrightarrow{AC_1}, \vec{n} > | = \dfrac{|\overrightarrow{AC_1} \cdot \vec{n}|}{|\overrightarrow{AC_1}||\vec{n}|} = \dfrac{2\sqrt{3}}{\sqrt{13} \times 2} = \dfrac{\sqrt{39}}{13}$。

因此直线 $AC_1$ 与平面 $ABB_1$ 所成的角的正弦值是 $\dfrac{\sqrt{39}}{13}$。

**典例 11 – 4**：《选择性必修第一册》第 34 页例 6

如图 11 – 21 所示，在棱长为 1 的正方体 $ABCD$ – $A_1B_1C_1D_1$ 中，$E$ 为线段 $A_1B_1$ 的中点，$F$ 为线段 $AB$ 的中点。

（1）求点 $B$ 到直线 $AC_1$ 的距离；

（2）求直线 $FC$ 到平面 $AEC_1$ 的距离。

分析：根据条件建立空间直角坐标系，用坐标表示相关的点、直线的方向向量和平面的法向量，再利用有关公式，通过坐标运算得出相应的距离。

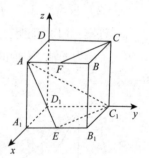

图 11 – 21

答案：以 $D_1$ 为原点，$DA_1$，$D_1C_1$，$D_1D$ 所在直线分别为 $x$ 轴、$y$ 轴、$z$ 轴，建立如图 11 – 21 所示的空间直角坐标系，则 $A(1, 0, 1)$，$B(1, 1, 1)$，$C(0, 1, 1)$，$C_1(0, 1, 0)$，$E\left(1, \dfrac{1}{2}, 0\right)$，$F\left(1, \dfrac{1}{2}, 1\right)$，

所以 $\overrightarrow{AB} = (0, 1, 0)$，$\overrightarrow{AC_1} = (-1, 1, -1)$，$\overrightarrow{AE} = \left(0, \dfrac{1}{2}, -1\right)$，

$\overrightarrow{EC_1} = \left(-1, \dfrac{1}{2}, 0\right)$，$\overrightarrow{FC} = \left(-1, \dfrac{1}{2}, 0\right)$，$\overrightarrow{AF} = \left(0, \dfrac{1}{2}, 0\right)$。

（1）点 $B$ 到直线 $AC_1$ 的距离为 $\sqrt{\overrightarrow{AB}^2 - \left(\dfrac{\overrightarrow{AB} \cdot \overrightarrow{AC_1}}{|\overrightarrow{AC_1}|}\right)^2} = \sqrt{1 - \dfrac{1}{3}} = \dfrac{\sqrt{6}}{3}$。

（2）因为 $\overrightarrow{EC_1} = \overrightarrow{FC}$，所以 $FC /\!/ EC_1$，所以 $FC /\!/$ 平面 $AEC_1$。

所以点 $F$ 到平面 $AEC_1$ 的距离即为直线 $FC$ 到平面 $AEC_1$ 的距离。

设平面 $AEC_1$ 的法向量为 $\vec{n} = (x，y，z)$，则

$$\begin{cases} \vec{n} \cdot \overrightarrow{AE} = 0，\\ \vec{n} \cdot \overrightarrow{EC_1} = 0，\end{cases} \quad \therefore \begin{cases} \dfrac{1}{2}y - z = 0，\\ -x + \dfrac{1}{2}y = 0，\end{cases} \quad \therefore \begin{cases} x = z，\\ y = 2z，\end{cases}$$

取 $z = 1$，则 $x = 1$，$y = 2$。

所以 $\vec{n} = (1，2，1)$ 是平面 $AEC_1$ 的一个法向量。

又因为 $\overrightarrow{AF} = \left(0，\dfrac{1}{2}，0\right)$，所以点 $F$ 到平面 $AEC_1$ 的距离为

$$\frac{|\overrightarrow{AF} \cdot \vec{n}|}{|\vec{n}|} = \frac{1}{\sqrt{6}} = \frac{\sqrt{6}}{6}，$$

即直线 $FC$ 到平面 $AEC_1$ 的距离为 $\dfrac{\sqrt{6}}{6}$。

**引申 1**：《选择性必修第一册》第 49 页复习参考题 1 拓广探索 17

两条异面直线 $a$，$b$ 所成的角为 $\theta$，在直线 $a$，$b$ 上分别取点 $A'$，$E$ 和点 $A$，$F$，使 $AA' \perp a$，且 $AA' \perp b$。已知 $A'E = m$，$AF = n$，$EF = l$，求线段 $AA'$ 的长。

答案：$AA' = \sqrt{l^2 - m^2 - n^2 \pm 2mn\cos\theta}$。

【利用向量解决立体几何中的空间距离问题是新教材重新添加的内容。近十年的高考题中空间距离的求解主要转化为解三角形和等体积求高，涉及向量解决空间距离的问题几乎没有涉及】

【方法小结：（1）点 $P$ 到直线的距离：$d = \sqrt{\overrightarrow{AP}^2 - \left(\dfrac{\overrightarrow{AP} \cdot \vec{l}}{|\vec{l}|}\right)^2}$，

点 $A$ 是直线上任一点，$\vec{l}$ 是直线方向向量。

（2）异面直线间的距离：$d = \dfrac{|\overrightarrow{CD} \cdot \vec{n}|}{|\vec{n}|}$，

$l_1$，$l_2$ 是两异面直线，其公垂向量为 $\vec{n}$，$C$，$D$ 分别是 $l_1$，$l_2$ 上任一点。

（3）点 $B$ 到平面 $\alpha$ 的距离：$d = \dfrac{|\overrightarrow{AB} \cdot \vec{n}|}{|\vec{n}|}$，

$\vec{n}$ 为平面 $\alpha$ 的法向量，$A \in \alpha$，$AB$ 是 $\alpha$ 的一条斜线段。

（4）线面平行时直线到平面的距离、两平行平面间的距离可转化为点到平面的距离】

**高考链接 1**：2011 年·四川卷·理 18（3）

如图 11－22 所示，在直三棱柱 $ABC - A_1B_1C_1$ 中，$\angle BAC = 90°$，$AB = AC = AA_1 = 1$。$D$ 是棱 $CC_1$ 上的一点，$P$ 是 $AD$ 的延长线与 $A_1C_1$ 的延长线的交点，且 $PB_1$ // 平面 $BDA_1$。

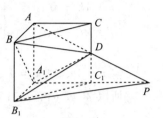

图 11－22

（1）求证：$CD = C_1D$；

（2）求二面角 $A - A_1D - B$ 的平面角的余弦值；

（3）求点 $C$ 到平面 $B_1DP$ 的距离。

答案：（1）详见解答；（2）$\dfrac{2}{3}$；（3）$\dfrac{1}{3}$。

解法一：（1）证明：如图 11－23 所示，连接 $AB_1$ 与 $BA_1$ 交于点 $O$，连接 $OD$。

$\because PB_1$ // 平面 $BDA_1$，$PB_1 \subset$ 平面 $AB_1P$，平面 $AB_1P \cap$ 平面 $BDA_1 = OD$，

$\therefore OD$ // $PB_1$。

又 $AO = B_1O$，$\therefore AD = PD$。又 $AC$ // $C_1P$，$\therefore CD = C_1D$。

（2）过点 $A$ 作 $AE \perp DA_1$ 于点 $E$，连接 $BE$。

$\because BA \perp CA$，$BA \perp AA_1$，且 $AA_1 \cap AC = A$，

$\therefore BA \perp$ 平面 $AA_1C_1C$，

$\therefore BA \perp DA_1$。

又 $\because DA_1 \perp EA$，且 $BA \cap EA = A$，

$\therefore DA_1 \perp$ 平面 $ABE$，$\therefore BE \perp DA_1$。

$\therefore \angle BEA$ 为二面角 $A - A_1D - B$ 的平面角。

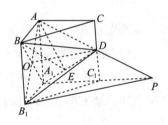

图 11－23

在 $Rt\triangle A_1C_1D$ 中，$A_1D = \dfrac{\sqrt{5}}{2}$，

又 $S_{\triangle AA_1D} = \dfrac{1}{2} \times 1 \times 1 = \dfrac{1}{2} \times \dfrac{\sqrt{5}}{2} \times AE$，$\therefore AE = \dfrac{2\sqrt{5}}{5}$。

在 $Rt\triangle BAE$ 中，$BE = \dfrac{3\sqrt{5}}{5}$，$\therefore \cos\angle BEA = \dfrac{AE}{BE} = \dfrac{2}{3}$。

故二面角 $A - A_1D - B$ 的平面角的余弦值为 $\dfrac{2}{3}$。

（3）由题意知，点 $C$ 到平面 $B_1DP$ 的距离就是点 $C$ 到平面 $DB_1A$ 的距离，设此距离为 $h$。

∵ $V_{C-DB_1A} = V_{B_1-CDA}$，∴ $\dfrac{1}{3}S_{\triangle DB_1A} \cdot h = \dfrac{1}{3}S_{\triangle ACD} \cdot B_1A_1$。

由已知可得 $AP = \sqrt{5}$，$PB_1 = \sqrt{5}$，$AB_1 = \sqrt{2}$，

∴ 在等腰 $\triangle AB_1P$ 中，$S_{\triangle AB_1P} = \dfrac{1}{2}AB_1 \cdot \sqrt{AP^2 - \left(\dfrac{1}{2}AB_1\right)^2} = \dfrac{3}{2}$，

∴ $S_{\triangle DB_1A} = \dfrac{1}{2}S_{\triangle PB_1A} = \dfrac{3}{4}$。

又 $S_{\triangle ACD} = \dfrac{1}{2}AC \cdot CD = \dfrac{1}{4}$，∴ $h = \dfrac{S_{\triangle ACD} \cdot B_1A_1}{S_{\triangle DB_1A}} = \dfrac{1}{3}$，

故点 $C$ 到平面 $B_1DP$ 的距离等于 $\dfrac{1}{3}$。

解法二：如图 $11 - 24$ 所示，以 $A_1$ 为原点，$A_1B_1$，$A_1C_1$，$A_1A$ 所在直线分别为 $x$ 轴、$y$ 轴、$z$ 轴建立空间直角坐标系 $A_1 - xyz$，则 $A_1(0, 0, 0)$，$B_1(1, 0, 0)$，$C_1(0, 1, 0)$，$B(1, 0, 1)$。

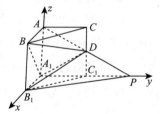

图 $11 - 24$

（1）设 $C_1D = x$，

∵ $AC /\!/ PC_1$，∴ $\dfrac{C_1P}{AC} = \dfrac{C_1D}{CD} = \dfrac{x}{1 - x}$。

由此可得 $D(0, 1, x)$，$P\left(0, 1 + \dfrac{x}{1-x}, 0\right)$，

∴ $\overrightarrow{A_1B} = (1, 0, 1)$，$\overrightarrow{A_1D} = (0, 1, x)$，$\overrightarrow{B_1P} = \left(-1, 1 + \dfrac{x}{1-x}, 0\right)$。

易求得平面 $BA_1D$ 的一个法向量为 $\overrightarrow{n_1} = (1, x, -1)$。

∵ $PB_1 /\!/$ 平面 $BA_1D$，

∴ $\overrightarrow{n_1} \cdot \overrightarrow{B_1P} = 1 \times (-1) + x \cdot \left(1 + \dfrac{x}{1-x}\right) + (-1) \times 0 = 0$。

由此可得 $x = \dfrac{1}{2}$，故 $CD = C_1D$。

（2）由（1）知，平面 $BA_1D$ 的一个法向量为 $\overrightarrow{n_1} = \left(1, \dfrac{1}{2}, -1\right)$。

又 $\overrightarrow{n_2} = (1, 0, 0)$ 为平面 $AA_1D$ 的一个法向量，

$\therefore \cos<\overrightarrow{n_1}, \overrightarrow{n_2}> = \dfrac{\overrightarrow{n_1} \cdot \overrightarrow{n_2}}{|\overrightarrow{n_1}||\overrightarrow{n_2}|} = \dfrac{1}{1 \times \dfrac{3}{2}} = \dfrac{2}{3}$，

故二面角 $A - A_1D - B$ 的平面角的余弦值为 $\dfrac{2}{3}$。

（3）$\because \overrightarrow{B_1P} = (1, -2, 0), \overrightarrow{DP} = \left(0, -1, \dfrac{1}{2}\right)$，

易求得平面 $B_1DP$ 的一个法向量 $\overrightarrow{n_3} = \left(1, \dfrac{1}{2}, 1\right)$。又 $\overrightarrow{DC} = \left(0, 0, \dfrac{1}{2}\right)$，

$\therefore C$ 到平面 $B_1DP$ 的距离 $d = \dfrac{|\overrightarrow{DC} \cdot \overrightarrow{n_3}|}{|\overrightarrow{n_3}|} = \dfrac{1}{3}$。

**高考链接 2**：2013 年·北京卷·文 8

如图 11 - 25 所示，在正方体 $ABCD - A_1B_1C_1D_1$ 中，$P$ 为对角线 $BD_1$ 的三等分点，则 $P$ 到各顶点的距离的不同取值有（　　）

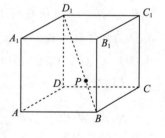

A. 3 个　　　　　　　　　B. 4 个

C. 5 个　　　　　　　　　D. 6 个

答案：B。

图 11 - 25

解法一：在 $Rt\triangle D_1DB$ 中，点 $P$ 到点 $D_1$，$D$，$B$ 的距离均不相等；在 $Rt\triangle D_1CB$ 中，点 $P$ 到点 $C$ 的距离与点 $P$ 到点 $D_1$，$D$，$B$ 的距离均不相等；在 $Rt\triangle D_1A_1B$ 中，点 $P$ 到点 $A_1$ 的距离与点 $P$ 到点 $D$ 的距离相等；在 $Rt\triangle D_1C_1B$ 中，点 $P$ 到点 $C_1$ 的距离与点 $P$ 到点 $D$ 的距离相等；在 $Rt\triangle D_1B_1B$ 中，点 $P$ 到点 $A$ 的距离与点 $P$ 到点 $C$ 的距离相等；在 $Rt\triangle D_1AB$ 中，点 $P$ 到点 $A$ 的距离与点 $P$ 到点 $C$ 的距离相等，故选 B。

解法二：以 $D$ 为原点，$DA$，$DC$，$DD_1$ 所在直线分别为 $x$ 轴、$y$ 轴、$z$ 轴，建立空间直角坐标系 $D - xyz$，设正方体棱长为 3，则 $D(0, 0, 0)$，$A(3, 0, 0)$，$B(3, 3, 0)$，$C(0, 3, 0)$，$D_1(0, 0, 3)$，$A_1(3, 0, 3)$，$B_1(3, 3, 3)$，$C_1(0, 3, 3)$，$P(2, 2, 1)$，计算空间两点间距离得

$$PA = \sqrt{(3-2)^2 + (0-2)^2 + (0-1)^2} = \sqrt{6},$$

$$PB = \sqrt{(3-2)^2 + (3-2)^2 + (0-1)^2} = \sqrt{3},$$

$$PC = \sqrt{(0-2)^2 + (3-2)^2 + (0-1)^2} = \sqrt{6},$$

$$PD = \sqrt{(0-2)^2 + (0-2)^2 + (0-1)^2} = \sqrt{9} = 3,$$

$$PA_1 = \sqrt{(3-2)^2 + (0-2)^2 + (3-1)^2} = \sqrt{9} = 3,$$

$$PB_1 = \sqrt{(3-2)^2 + (3-2)^2 + (3-1)^2} = \sqrt{6},$$

$$PC_1 = \sqrt{(0-2)^2 + (3-2)^2 + (3-1)^2} = \sqrt{9} = 3,$$

$$PD_1 = \sqrt{(0-2)^2 + (0-2)^2 + (3-1)^2} = \sqrt{12} = 2\sqrt{3},$$

故点 $P$ 到各顶点的距离的不同取值有 4 个：$\sqrt{6}$，$\sqrt{3}$，$3$，$2\sqrt{3}$。

**典例 11－5**：《选择性必修第一册》第 30 页例 3

如图 11－26 所示，在长方体 $ABCD － A_1B_1C_1D_1$ 中，$AB = 4$，$BC = 3$，$CC_1 = 2$。线段 $B_1C$ 上是否存在点 $P$，使得 $A_1P /\!/$ 平面 $ACD_1$？

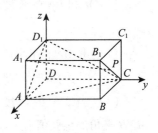

**图 11－26**

分析：根据条件建立适当的空间直角坐标系，那么问题中涉及的点、向量 $\overrightarrow{B_1C}$，$\overrightarrow{A_1P}$，以及平面 $ACD_1$ 的法向量 $\vec{n}$ 等都可以用坐标表示。如果点 $P$ 存在，那么就有 $\vec{n} \cdot \overrightarrow{A_1P} = 0$，由此通过向量的坐标运算可得到结果。

答案：以 $D$ 为原点，$DA$，$DC$，$DD_1$ 所在直线分别为 $x$ 轴，$y$ 轴，$z$ 轴，建立如图所示的空间直角坐标系。

$A(3, 0, 0)$，$C(0, 4, 0)$，$D_1(0, 0, 2)$，

所以 $\overrightarrow{AC} = (-3, 4, 0)$，$\overrightarrow{AD_1} = (-3, 0, 2)$。

设 $\vec{n} = (x, y, z)$ 是平面 $ACD_1$ 的法向量，则

$$\begin{cases} \vec{n} \cdot \overrightarrow{AC} = 0, \\ \vec{n} \cdot \overrightarrow{AD_1} = 0, \end{cases} \quad \text{所以} \begin{cases} -3x + 4y = 0, \\ -3x + 2z = 0, \end{cases} \quad \text{所以} \begin{cases} x = \dfrac{2}{3}z, \\ y = \dfrac{1}{2}z, \end{cases}$$

取 $z = 6$，则 $x = 4$，$y = 3$。所以，$\vec{n} = (4, 3, 6)$ 是平面 $ACD_1$ 的一个法向量。

由 $A_1(3, 0, 2)$，$C(0, 4, 0)$，$B_1(3, 4, 2)$，

得 $\overrightarrow{A_1B_1} = (0, 4, 0)$，$\overrightarrow{B_1C} = (-3, 0, -2)$。

设点 $P$ 满足 $\overrightarrow{B_1P} = \lambda \overrightarrow{B_1C}(0 \le \lambda \le 1)$，则 $\overrightarrow{B_1P} = (-3\lambda, 0, -2\lambda)$，

所以 $\overrightarrow{A_1P} = \overrightarrow{A_1B_1} + \overrightarrow{B_1P} = (-3\lambda, 4, -2\lambda)$。

令 $\vec{n} \cdot \overrightarrow{A_1P} = 0$，得 $\vec{n} \cdot \overrightarrow{A_1P} = -12\lambda + 12 - 12\lambda = 0$，解得 $\lambda = \dfrac{1}{2}$，

此时 $A_1P \not\subset$ 平面 $ACD_1$，这样的点 $P$ 存在。

所以，当 $\overrightarrow{B_1P} = \dfrac{1}{2} \overrightarrow{B_1C}$，即 $P$ 为 $B_1C$ 的中点时，$A_1P /\!/$ 平面 $ACD_1$。

**引申 1**：《选择性必修第一册》第 44 页习题 1.4 拓广探索 18

在如图 11 −27 所示的试验装置中，两个正方形框架 $ABCD$，$ABEF$ 的边长都是 1，且它们所在的平面互相垂直。活动弹子 $M$，$N$ 分别在正方形对角线 $AC$ 和 $BF$ 上移动，且 $CM$ 和 $BN$ 的长度保持相等，记 $CM = BN = a(0 < a < \sqrt{2})$。

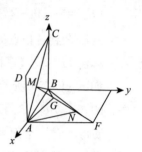

图 11 −27

（1）求 $MN$ 的长；

（2）$a$ 为何值时，$MN$ 的长最小？

（3）当 $MN$ 的长度最小时，求平面 $MNA$ 与平面 $MNB$ 夹角的余弦值。

答案：（1）$MN = \sqrt{a^2 - \sqrt{2}a + 1}$；（2）$a = \dfrac{\sqrt{2}}{2}$；（3）$\dfrac{1}{3}$。

（1）由题意建立如图所示的空间直角坐标系 $B - xyz$，则 $A(1, 0, 0)$，$C(0, 0, 1)$，$E(0, 1, 0)$，$F(1, 1, 0)$。

$\because CM = BN = a$，$\therefore M\left(\dfrac{\sqrt{2}}{2}a, 0, 1 - \dfrac{\sqrt{2}}{2}a\right)$，$N\left(\dfrac{\sqrt{2}}{2}a, \dfrac{\sqrt{2}}{2}a, 0\right)$，

$\therefore MN = \sqrt{\left(\dfrac{\sqrt{2}}{2}a - \dfrac{\sqrt{2}}{2}a\right)^2 + \left(0 - \dfrac{\sqrt{2}}{2}a\right)^2 + \left(1 - \dfrac{\sqrt{2}}{2}a\right)^2} = \sqrt{a^2 - \sqrt{2}a + 1}$。

（2）$\because MN = \sqrt{a^2 - \sqrt{2}a + 1} = \sqrt{\left(a - \dfrac{\sqrt{2}}{2}\right)^2 + \dfrac{1}{2}}$，

$\therefore$ 当 $a = \dfrac{\sqrt{2}}{2}$ 时，$MN_{\min} = \dfrac{\sqrt{2}}{2}$。

（3）由（2）可知，当 $M$，$N$ 分别为对角线 $AC$ 和 $BF$ 中点时，$MN$ 最短，

则 $M\left(\dfrac{1}{2}, 0, \dfrac{1}{2}\right)$，$N\left(\dfrac{1}{2}, \dfrac{1}{2}, 0\right)$，取 $MN$ 中点 $G$，$\therefore G\left(\dfrac{1}{2}, \dfrac{1}{4}, \dfrac{1}{4}\right)$，

连接 $AG$ ，$BG$ 。$\because$ $AM = AN$ ，$BM = BN$ ，$\therefore$ $AG \perp MN$ ，$BG \perp MN$ ，

$\therefore$ $\angle AGB$ 是平面 $MNA$ 与平面 $MNB$ 的夹角或其补角。

$\because$ $\overrightarrow{GA} = \left( \dfrac{1}{2}，-\dfrac{1}{4}，-\dfrac{1}{4} \right)$ ，$\overrightarrow{GB} = \left( -\dfrac{1}{2}，-\dfrac{1}{4}，-\dfrac{1}{4} \right)$ ，

$\therefore$ $\cos < \overrightarrow{GA}，\overrightarrow{GB} > = \dfrac{\overrightarrow{GA} \cdot \overrightarrow{GB}}{|\overrightarrow{GA}||\overrightarrow{GB}|} = \dfrac{-\dfrac{1}{8}}{\sqrt{\dfrac{1}{4} + \dfrac{1}{16} + \dfrac{1}{16}} \times \sqrt{\dfrac{1}{4} + \dfrac{1}{16} + \dfrac{1}{16}}} = -\dfrac{1}{3}$ ，

$\therefore$ 平面 $MNA$ 与平面 $MNB$ 的夹角的余弦值为 $\dfrac{1}{3}$ 。

**引申 2**：如图 11 -28 所示，在正四棱锥 $P - ABCD$ 中，底面 $ABCD$ 的边长为 2，侧棱长为 $2\sqrt{2}$ 。

（1）若点 $E$ 为 $PD$ 上的点，且 $PB$ ∥平面 $EAC$ ，试确定点 $E$ 的位置；

（2）在（1）的条件下，在线段 $PA$ 上是否存在点 $F$ ，使平面 $AEC$ 和平面 $BDF$ 所成的锐二面角的余弦值为 $\dfrac{1}{14}$ ？若存在，求出线段 $PF$ 的长度；若不存在，请说明理由。

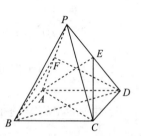

图 11 -28

答案：（1）证明：设 $BD$ 交 $AC$ 于点 $O$ ，连接 $OE$ 。

$\because$ $PB$ ∥平面 $AEC$ ，平面 $AEC \cap$ 平面 $BDP = OE$ ，$\therefore$ $PB$ ∥ $OE$ 。

又 $\because$ $O$ 为 $BD$ 的中点，$\therefore$ $E$ 为 $PD$ 的中点。

（2）解：连接 $OP$ ，由题意知 $PO \perp$ 平面 $ABCD$ ，且 $AC \perp BD$ 。

以 $O$ 为坐标原点，$\overrightarrow{OC}$ ，$\overrightarrow{OD}$ ，$\overrightarrow{OP}$ 所在直线分别为 $x$ 轴、$y$ 轴、$z$ 轴建立直角坐标系，如图 11 -29 所示，

$\therefore$ $OP = \sqrt{PD^2 - OD^2} = \sqrt{6}$ ，

$\therefore$ $A(-\sqrt{2}，0，0)$ ，$B(0，-\sqrt{2}，0)$ ，

$C(\sqrt{2}，0，0)$ ，$D(0，\sqrt{2}，0)$ ，$P(0，0，\sqrt{6})$ ，

则 $E\left( 0，\dfrac{\sqrt{2}}{2}，\dfrac{\sqrt{6}}{2} \right)$ ，$\overrightarrow{OC} = (\sqrt{2}，0，0)$ ，$\overrightarrow{OE} =$

$\left( 0，\dfrac{\sqrt{2}}{2}，\dfrac{\sqrt{6}}{2} \right)$ ，$\overrightarrow{OD} = (0，\sqrt{2}，0)$ 。

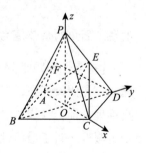

图 11 -29

设平面 $AEC$ 的法向量为 $\vec{m} = (x_1, y_1, z_1)$，

则 $\begin{cases} \vec{m} \cdot \overrightarrow{OC} = 0, \\ \vec{m} \cdot \overrightarrow{OE} = 0, \end{cases}$ 即 $\begin{cases} \sqrt{2}x_1 = 0, \\ \dfrac{\sqrt{2}}{2}y_1 + \dfrac{\sqrt{6}}{2}z_1 = 0, \end{cases}$ 令 $z_1 = 1$，得 $\vec{m} = (0, -\sqrt{3}, 1)$，

假设在线段 $PA$ 上存在点 $F$ 满足题设条件，不妨设 $\overrightarrow{PF} = \lambda \overrightarrow{PA}(0 \leqslant \lambda \leqslant 1)$，

则 $F(-\sqrt{2}\lambda, 0, \sqrt{6} - \sqrt{6}\lambda)$，$\overrightarrow{OF} = (-\sqrt{2}\lambda, 0, \sqrt{6} - \sqrt{6}\lambda)$。

设平面 $BDF$ 的法向量 $\vec{n} = (x_2, y_2, z_2)$，

$\therefore \begin{cases} \vec{n} \cdot \overrightarrow{OD} = 0, \\ \vec{n} \cdot \overrightarrow{OF} = 0, \end{cases}$ 即 $\begin{cases} \sqrt{2}y_2 = 0, \\ -\sqrt{2}\lambda x_2 + (1 - \lambda)\sqrt{6}z_2 = 0, \end{cases}$

令 $z_2 = 1$ 得平面 $BDF$ 的一个法向量 $\vec{n} = \left( \dfrac{\sqrt{3}(1 - \lambda)}{\lambda}, 0, 1 \right)$。

由平面 $AEC$ 与平面 $BDF$ 所成锐二面角的余弦值为 $\dfrac{1}{14}$，

则 $\cos <\vec{m}, \vec{n}> = \dfrac{\vec{m} \cdot \vec{n}}{|\vec{m}||\vec{n}|} = \dfrac{1}{2 \times \sqrt{1 + 3\left( \dfrac{1 - \lambda}{\lambda} \right)^2}} = \dfrac{1}{14}$，

解得 $\lambda = \dfrac{1}{5}$（负值舍去）。

$\therefore |\overrightarrow{PF}| = \dfrac{1}{5}|\overrightarrow{PA}| = \dfrac{2\sqrt{2}}{5}$。

故在线段 $PA$ 上存在点 $F$，当 $PF = \dfrac{2\sqrt{2}}{5}$ 时，使得平面 $AEC$ 和平面 $BDF$ 所成的锐二面角的余弦值为 $\dfrac{1}{14}$。

【探索性问题常分为存在性问题和最值性问题，对于线面关系中的存在性问题，首先假设存在，然后在该假设条件下，利用线面关系的相关定理、性质进行推理论证，寻找假设满足的条件。若满足则肯定假设，若得出矛盾的结论则否定假设。对于最值性问题，首先选定变量，构建函数关系，然后通过函数的方法或均值不等式求最值】

**高考链接1**：2014 年·湖北卷·理 19

如图 11 - 30 所示，在棱长为 2 的正方体 $ABCD - A_1B_1C_1D_1$ 中，$E$，$F$，$M$，$N$ 分别是棱 $AB$，$AD$，$A_1B_1$，$A_1D_1$ 的中点，点 $P$，$Q$ 分别在棱 $DD_1$，$BB_1$ 上移动，且 $DP = BQ = \lambda(0 < \lambda < 2)$。

（1）当 $\lambda = 1$ 时，证明：直线 $BC_1 \parallel$ 平面 $EFPQ$；

（2）是否存在 $\lambda$，使平面 $EFPQ$ 与平面 $PQMN$ 所成的二面角为直二面角？若存在，求出 $\lambda$ 的值；若不存在，说明理由。

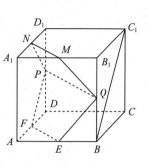

图 11 - 30

答案：如图 11 - 31 所示，以 $D$ 为原点，$DA$，$DC$，$DD_1$ 所在直线分别为 $x$ 轴、$y$ 轴、$z$ 轴建立空间直角坐标系 $D - xyz$，由已知得 $B(2, 2, 0)$，$C_1(0, 2, 2)$，$E(2, 1, 0)$，$F(1, 0, 0)$，$P(0, 0, \lambda)$，$\overrightarrow{BC_1} = (-2, 0, 2)$，$\overrightarrow{FP} = (-1, 0, \lambda)$，$\overrightarrow{FE} = (1, 1, 0)$。

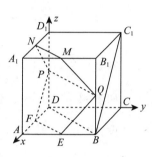

图 11 - 31

（1）证明：当 $\lambda = 1$ 时，$\overrightarrow{FP} = (-1, 0, 1)$，因为 $\overrightarrow{BC_1} = (-2, 0, 2)$，所以 $\overrightarrow{BC_1} = 2\overrightarrow{FP}$，即 $BC_1 \parallel$ $FP$ 而 $FP \subset$ 平面 $EFPQ$，且 $BC_1 \not\subset$ 平面 $EFPQ$，故直线 $BC_1 \parallel$ 平面 $EFPQ$。

（2）解：设平面 $EFPQ$ 的一个法向量为 $\vec{n} = (\lambda, -\lambda, 1)$，则

由 $\begin{cases} \overrightarrow{FE} \cdot \vec{n} = 0 \\ \overrightarrow{FP} \cdot \vec{n} = 0 \end{cases}$，可得 $\begin{cases} x + y = 0 \\ -x + \lambda z = 0 \end{cases}$，于是可取 $\vec{n} = (\lambda, -\lambda, 1)$。

同理可得平面 $MNPQ$ 的一个法向量为 $\vec{m} = (2 - \lambda, 2 - \lambda, 1)$。

若存在 $\lambda$，使得平面 $EFPQ$ 与面 $PQMN$ 所成的二面角为直二面角，

则 $\vec{m} \cdot \vec{n} = 0$，即 $\lambda(2 - \lambda) - \lambda(2 - \lambda) + 1 = 0$，

解得 $\lambda = 1 \pm \dfrac{\sqrt{2}}{2}$。

故存在 $\lambda = 1 \pm \dfrac{\sqrt{2}}{2}$，使平面 $EFPQ$ 与平面 $PQMN$ 所成的二面角为直二面角。

**高考链接2**：2015 年·四川卷·理 14

如图 11 - 32 所示，四边形 $ABCD$ 和 $ADPQ$ 均为正方形，它们所在的平面互相垂直，动点 $M$ 在线段 $PQ$ 上，$E$，$F$ 分别为 $AB$，$BC$ 的中点。设异面直线 $EM$ 与

$AF$ 所成的角为 $\theta$ ，则 $\cos\theta$ 的最大值为_____。

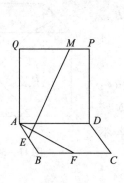

图 11 – 32

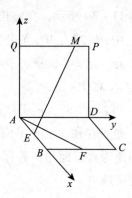

图 11 – 33

答案：$\dfrac{2}{5}$。

如图 11 – 33 所示，建立空间直角坐标系 $A - xyz$。

设 $AB = 1$ ，则 $\overrightarrow{AF} = \left(1, \dfrac{1}{2}, 0\right)$，$E\left(\dfrac{1}{2}, 0, 0\right)$。

设 $M(0, y, 1)(0 \leqslant y \leqslant 1)$ ，则 $\overrightarrow{EM} = \left(-\dfrac{1}{2}, y, 1\right)$，

$\therefore \cos\theta = \dfrac{\left|-\dfrac{1}{2} + \dfrac{1}{2}y\right|}{\sqrt{1 + \dfrac{1}{4}} \cdot \sqrt{\dfrac{1}{4} + y^2 + 1}} = \dfrac{2(1 - y)}{\sqrt{5} \cdot \sqrt{4y^2 + 5}}$。

又 $\left[\dfrac{2(1 - y)}{\sqrt{4y^2 + 5}}\right]^2 = 1 - \dfrac{8y + 1}{4y^2 + 5}$，令 $8y + 1 = t$ ，$1 \leqslant t \leqslant 9$，

整理得 $\dfrac{8y + 1}{4y^2 + 5} = \dfrac{16}{t + \dfrac{81}{t} - 2} \geqslant \dfrac{1}{5}$ ，当 $t = 1$ 时取等号。

所以 $\cos\theta = \dfrac{\left|-\dfrac{1}{2} + \dfrac{1}{2}y\right|}{\sqrt{1 + \dfrac{1}{4}} \cdot \sqrt{\dfrac{1}{4} + y^2 + 1}} = \dfrac{2(1 - y)}{\sqrt{5} \cdot \sqrt{4y^2 + 5}} \leqslant \dfrac{1}{\sqrt{5}} \times \dfrac{2}{\sqrt{5}} = \dfrac{2}{5}$ ，当

$y = 0$ 时，取得最大值。

第十二章

# 直线和圆的方程

　　解析几何的创建是数学发展史上的一个重要里程碑，数学从此进入了变量数学时期，也为微积分的创建打下了基础。解析几何的发展经历了漫长的过程，很多数学家对此做了大量研究，最为突出的是法国数学家笛卡尔和费马。解析几何的创建，为我们提供了从另外一个角度研究几何的方法，借助于直角坐标系，将几何问题转化为代数中方程的问题，将数形结合体现得淋漓尽致，从而架起了形与数的桥梁。本章先从最简单的几何图形直线开始学习，然后是最完美的曲线圆的学习。知识层面上，在《普通高中数学课程标准》中有如下具体的要求：

　　（1）直线与方程：①在平面直角坐标系中，结合具体图形，探索确定直线位置的几何要素。②理解直线的倾斜角和斜率的概念，经历用代数方法刻画直线斜率的过程，掌握过两点的直线斜率的计算公式。③能根据斜率判定两条直线平行或垂直。④根据确定直线位置的几何要素，探索并掌握直线方程的几种形式（点斜式、两点式及一般式）。⑤能用解方程组的方法求两条直线的交点坐标。⑥探索并掌握平面上两点间的距离公式、点到直线的距离公式，会求两条平行线间的距离。

　　（2）圆的方程：①回顾确定圆的几何要素，在平面直角坐标系中，探索并掌握圆的标准方程与一般方程。②能根据指定直线、圆的方程，判断直线与圆、圆和圆的位置关系。③能用直线和圆的方程解决一些简单的数学问题与实际问题。直线与圆是学习解析几何的基础，能帮助我们构建方程的思想，了解曲线方程的求法，以及如何用代数方法研究几何图形的性质，培养和提升学生直观想象、数学运算和逻辑推理等学科素养。

**典例 12 − 1**：《选择性必修第一册》第 56 页例 2

已知 $A(2, 3)$，$B(-4, 0)$，$P(-3, 1)$，$Q(-1, 2)$，试判断直线 $AB$ 与直线 $PQ$ 的位置关系，并证明你的结论。

答案：由已知可得，直线 $AB$，$PQ$ 的斜率分别为 $k_{AB} = \dfrac{1}{2}$，$k_{PQ} = \dfrac{1}{2}$。

因为 $k_{AB} = k_{PQ}$，所以直线 $AB$ 与直线 $PQ$ 平行。

**引申 1**：《选择性必修第一册》第 57 页例 4

已知 $A(-6, 0)$，$B(3, 6)$，$P(0, 3)$，$Q(6, -6)$，试判断直线 $AB$ 与 $PQ$ 的位置关系。

答案：由已知可得，直线 $AB$，$PQ$ 的斜率分别为 $k_{AB} = \dfrac{2}{3}$，$k_{PQ} = -\dfrac{3}{2}$。

因为 $k_{AB} \cdot k_{PQ} = -1$，所以直线 $AB$ 与直线 $PQ$ 垂直。

**引申 2**：《选择性必修第一册》第 57 页练习第 2 题

试确定 $m$ 的值，使过 $A(m, 1)$，$B(-1, m)$ 两点的直线与过 $P(1, 2)$，$Q(-5, 0)$ 两点的直线：（1）平行；（2）垂直。

答案：（1）$m = \dfrac{1}{2}$；（2）$m = -2$。

根据斜率公式，直线 $PQ$ 的斜率为 $k_{PQ} = \dfrac{2 - 0}{1 - (-5)} = \dfrac{1}{3}$，

直线 $AB$ 的斜率为 $k_{AB} = \dfrac{1 - m}{m + 1}(m \neq -1)$，

两直线平行时，$k_{PQ} = k_{AB}$，$\dfrac{1 - m}{1 + m} = \dfrac{1}{3}$，则 $m = \dfrac{1}{2}$；

两直线垂直时，$k_{PQ}k_{AB} = -1$，$\left(\dfrac{1 - m}{1 + m}\right) \times \dfrac{1}{3} = -1$，则 $m = -2$。

**引申 3**：《选择性必修第一册》第 68 页习题 2.2 拓广探索第 14 题

已知直线 $l_1$，$l_2$ 的方程分别是 $l_1: A_1x + B_1y + C_1 = 0(A_1, B_1$ 不同时为 0$)$，$l_2: A_2x + B_2y + C_2 = 0(A_2, B_2$ 不同时为 0$)$，且 $A_1A_2 + B_1B_2 = 0$，

求证：$l_1 \perp l_2$。

答案：若 $B_1B_2 = 0$，直线 $l_1$，$l_2$ 中一条与 $x$ 轴平行，另一条与 $x$ 轴垂直，所以 $l_1 \perp l_2$；

若 $B_1B_2 \neq 0$，则 $k_1 = -\dfrac{A_1}{B_1}$，$k_2 = -\dfrac{A_2}{B_2}$，所以 $k_1 \cdot k_2 = \left(-\dfrac{A_1}{B_1}\right)\left(-\dfrac{A_2}{B_2}\right) =$

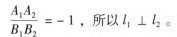
$\dfrac{A_1 A_2}{B_1 B_2} = -1$ ，所以 $l_1 \perp l_2$ 。

【直线 $l_1 : A_1 x + B_1 y + C_1 = 0(A_1 , B_1$ 不同时为 $0)$ 与直线 $l_2 : A_2 x + B_2 y + C_2 = 0(A_2 , B_2$ 不同时为 $0)$ 位置关系的判断：（1）平行，$A_1 B_2 - B_1 A_2 = 0$ 且 $B_1 C_2 - C_1 B_2 \neq 0$ ；（2）：垂直，$A_1 A_2 + B_1 B_2 = 0$ 。】

**高考链接：** 2012 年·浙江卷·12

若直线 $x - 2y + 5 = 0$ 与直线 $2x + my - 6 = 0$ 互相垂直，则实数 $m = $ _____。

答案：$1 \times 2 + (-2) \times m = 0$ ，所以 $m = 1$ 。

**典例 12 - 2：**《选择性必修第一册》第 67 页习题 2.2 复习巩固第 8 题

求满足下列条件的直线的方程：

（1）经过点 $A(3,2)$ ，且与直线 $4x + y - 2 = 0$ 平行；

（2）经过点 $C(2,-3)$ ，且平行于过 $M(1,2)$ 和 $N(-1,-5)$ 两点的直线；

（3）经过点 $B(3,0)$ ，且与直线 $2x + y - 5 = 0$ 垂直。

答案：（1）设直线方程为 $4x + y + m = 0$ ，把 $A(3,2)$ 代入方程得 $m = -14$ ，

所以直线方程为 $4x + y - 14 = 0$ ；

（2）$k_{MN} = \dfrac{-5-2}{-1-1} = \dfrac{7}{2}$ ，所以所求直线方程为 $y + 3 = \dfrac{7}{2}(x - 2)$ ，

整理得直线方程为 $7x - 2y - 20 = 0$ ；

（3）设直线方程为 $x - 2y + n = 0$ ，把 $B(3,0)$ 代入方程得 $n = -3$ ，

所以直线方程为 $x - 2y - 3 = 0$ 。

**引申 1：**《选择性必修第一册》第 72 页练习第 3 题

直线 $l$ 经过原点，且经过直线 $2x - 2y - 1 = 0$ 与直线 $6x - 4y + 1 = 0$ 的交点，求直线 $l$ 的方程。

答案：法一：联立方程得两直线的交点为 $\left(-\dfrac{3}{2},-2\right)$ ，且直线 $l$ 还经过原点，所以直线 $l$ 的方程为 $4x - 3y = 0$ 。

法二：设直线方程为 $(2x - 2y - 1) + \lambda(6x - 4y + 1) = 0$ ，直线还经过原点，则 $\lambda = 1$ ，

所以直线 $l$ 的方程为 $4x - 3y = 0$ 。

【直线方程的形式：点斜式、两点式、一般式，确定直线方程需要确定两个

量。直线方程的确定也可以通过设直线系来解决，直线系有三种：①平行线系：与 $Ax + By + C = 0$（$A$，$B$ 不同时为 0）平行的直线为 $Ax + By + C' = 0$（$A$，$B$ 不同时为 0，$C \neq C'$）；②垂直线系：与 $Ax + By + C = 0$（$A$，$B$ 不同时为 0）垂直的直线为 $Bx - Ay + C' = 0$（$A$，$B$ 不同时为 0）；③交点线系：过直线 $l_1 A_1 x + B_1 y + C_1 = 0$（$A_1$，$B_1$ 不同时为 0）与直线 $l_2 : A_2 x + B_2 y + C_2 = 0$（$A_2$，$B_2$ 不同时为 0）的交点的直线为 $(A_1 x + B_1 y + C_1) + \lambda(A_2 x + B_2 y + C_2) = 0$。设出直线系方程后，根据题目的一个条件待定系数即可】

**引申2**：《选择性必修第一册》第 80 页习题 2.3 拓广探索第 16 题

已知 $\lambda$ 为任意实数，当 $\lambda$ 变化时，方程 $3x + 4y - 2 + \lambda(2x + y + 2) = 0$ 表示什么图形？图形有何特点？

答案：方程 $3x + 4y - 2 + \lambda(2x + y + 2) = 0$ 表示的图形是过直线 $3x + 4y - 2 = 0$ 与直线 $2x + y + 2 = 0$ 交点的直线。

**高考链接 1**：2014 年·福建卷·6

已知直线 $l$ 过圆 $x^2 + (y - 3)^2 = 4$ 的圆心，且与直线 $x + y + 1 = 0$ 垂直，则直线 $l$ 的方程为（　　　）

A. $x + y - 2 = 0$　　　　　　　　B. $x - y + 2 = 0$

C. $x + y - 3 = 0$　　　　　　　　D. $x - y + 3 = 0$

答案：D。

**高考链接 2**：2018 年·新课标全国卷一·20（1）

设抛物线 $C : y^2 = 2x$，点 $A(2, 0)$，$B(-2, 0)$，过点 $A$ 的直线 $l$ 与 $C$ 交于 $M$，$N$ 两点。当 $l$ 与 $x$ 轴垂直时，求直线 $BM$ 的方程；

答案：易知直线 $l$ 与 $C$ 的交点为 $M(2, 2)$ 或 $M(2, -2)$，

所以直线 $BM$ 的方程为 $x - 2y + 2 = 0$ 或 $x + 2y + 2 = 0$。

**典例 12 - 3**：《选择性必修第一册》第 77 页例 6

已知 $\triangle ABC$ 的三个顶点分别是 $A(1, 3)$，$B(3, 1)$，$C(-1, 0)$，求 $\triangle ABC$ 的面积。

答案：根据两点间距离公式，求出 $|AB| = \sqrt{(3 - 1)^2 + (1 - 3)^2} = 2\sqrt{2}$，根据直线的两点式方程求出直线 $AB$ 的方程 $x + y - 4 = 0$，利用点 $C(-1, 0)$ 到直线 $AB : x + y - 4 = 0$ 的距离公式求出三角形的一条高 $h = \dfrac{5}{\sqrt{2}}$，

因此 $S_{\triangle ABC} = \dfrac{1}{2} \times 2\sqrt{2} \times \dfrac{5}{\sqrt{2}} = 5$。

**引申 1**：《选择性必修第一册》第 80 页习题 2.3 综合运用第 15 题

平行四边形 $ABCD$ 的四条边所在直线的方程分别是 $l_1:x-4y+5=0$，$l_2:2x+y-8=0$，$l_3:x-4y+14=0$，$l_4:2x+y+1=0$，求平行四边形 $ABCD$ 的面积。

答案：设直线 $l_1$ 与直线 $l_2$ 的交点为 $A(3,2)$，

直线 $l_1$ 与直线 $l_4$ 的交点为 $B(-1,1)$，

所以 $|AB|=\sqrt{17}$，直线 $l_1$ 与 $l_3$ 的距离为 $h=\dfrac{|14-5|}{\sqrt{1^2+(-4)^2}}=\dfrac{9}{\sqrt{17}}$，

所以平行四边形 $ABCD$ 的面积为 $S=\dfrac{9}{\sqrt{17}}\times\sqrt{17}=9$。

**引申 2**：《选择性必修第一册》第 102 页复习参考题 2 综合运用第 10 题

求点 $P(-2,-1)$ 到直线 $l:(1+3\lambda)x+(1+\lambda)y-2-4\lambda=0(\lambda\in\mathbf{R})$ 的距离的最大值。

答案：直线 $l:(1+3\lambda)x+(1+\lambda)y-2-4\lambda=0(\lambda\in\mathbf{R})$ 过定点 $Q(1,1)$，

当 $PQ\perp l$ 时，点 $P(-2,-1)$ 到直线 $l$ 的距离最大，最大值为 $|PQ|=\sqrt{13}$。

**引申 3**：《选择性必修第一册》第 103 页习题 2.3 复习参考题 2 综合运用第 12 题

已知直线 $l:x-2y-8=0$ 和 $A(-2,0)$，$B(2,4)$ 两点，若直线 $l$ 上存在一点 $P$ 使得 $|PA|+|PB|$ 最小，求点 $P$ 的坐标。

答案：设点 $A(-2,0)$ 关于直线 $l$ 的对称点为 $A'(m,n)$，则

$$\begin{cases}\dfrac{n}{m+2}=-2,\\[2mm]\dfrac{m-2}{2}=n+8,\end{cases}\quad \text{解得 } A'(2,-8),$$

点 $A'$，$B$ 的连线与直线 $l$ 的交点即为点 $P$，

所以点 $P$ 的坐标为 $(2,-3)$。

【熟记平面上点与点的距离、点与线的距离和两平行线间的距离公式；含参的距离最值问题，有时可以通过几何方法转化为对称问题来解决，对称问题包括点关于点的对称、点关于线的对称、线关于点的对称以及线关于线的对称，其中点关于线的对称是考查比较多的一种，往往通过对称两点的中点在线上，连线与已知直线垂直构建方程求对称点的坐标】

**高考链接 1：** 2018 年·新课标全国卷三·10

已知双曲线 $C: \dfrac{x^2}{a^2} - \dfrac{y^2}{b^2} = 1 (a > 0，b > 0)$ 的离心率为 $\sqrt{2}$，则点（4，0）到 $C$ 的渐近线的距离为（　　）

A. $\sqrt{2}$　　　　B. 2　　　　C. $\dfrac{3\sqrt{2}}{2}$　　　　D. $2\sqrt{2}$

答案：D。

因为 $e = \sqrt{2}$，则 $a = b$，其中一条渐近线方程为 $x - y = 0$，

所以点（4，0）到 $C$ 的渐近线的距离 $d = \dfrac{4}{\sqrt{2}} = 2\sqrt{2}$。

**高考链接 2：** 2020 年·新课标全国卷三·8

点（0，$-1$）到直线 $y = k(x + 1)$ 距离的最大值为（　　　　）

A. 1　　　　B. $\sqrt{2}$　　　　C. $\sqrt{3}$　　　　D. 2

答案：B。

直线过定点 $P(-1，0)$，当已知点（0，$-1$）与点 $P$ 连线和直线垂直时，点到直线的距离最大，最大值为 $\sqrt{2}$。

**高考链接 3：** 2018 年·上海卷·12

已知实数 $x_1$，$x_2$，$y_1$，$y_2$ 满足 $x_1^2 + y_1^2 = 1$，$x_2^2 + y_2^2 = 1$，$x_1 x_2 + y_1 y_2 = \dfrac{1}{2}$，

则 $\dfrac{|x_1 + y_1 - 1|}{\sqrt{2}} + \dfrac{|x_2 + y_2 - 1|}{\sqrt{2}}$ 的最大值为_____。

答案：设点 $A(x_1，y_1)$，$B(x_2，y_2)$，于是 $\triangle ABO$ 是等边三角形，由题意可知 $\dfrac{|x_1 + y_1 - 1|}{\sqrt{2}} + \dfrac{|x_2 + y_2 - 1|}{\sqrt{2}}$ 表示点 $A$，$B$ 到直线 $x + y - 1 = 0$ 的距离之和，显然点 $A$，$B$ 在第三象限且其连线和直线 $x + y - 1 = 0$ 平行时距离之和最大，设直线 $AB$ 为 $x + y + t = 0$，

原点到直线 $AB$ 的距离 $\dfrac{|t|}{\sqrt{2}} = \dfrac{\sqrt{3}}{2}$，$\therefore t = \dfrac{\sqrt{6}}{2}$，两平行线间的距离为 $\dfrac{\sqrt{2} + \sqrt{3}}{2}$，

所以 $\dfrac{|x_1 + y_1 - 1|}{\sqrt{2}} + \dfrac{|x_2 + y_2 - 1|}{\sqrt{2}}$ 的最大值为 $\sqrt{2} + \sqrt{3}$。

**典例 12 − 4：**《选择性必修第一册》第 84 页例 3

已知圆心为 $C$ 的圆经过 $A(1，1)$，$B(2，-2)$ 两点，且圆心 $C$ 在直线 $l: x$

$- y + 1 = 0$ 上，求此圆的标准方程。

答案：法一：设圆心 $C(a，b)$，由题意知：

$$\begin{cases} a - b + 1 = 0, \\ \sqrt{(a-1)^2 + (b-1)^2} = \sqrt{(a-2)^2 + (b+2)^2} \end{cases}，解得 \begin{cases} a = -3, \\ b = -2, \end{cases}$$

所以 $r = |AC| = 5$，所求圆的标准方程为 $(x+3)^2 + (y+2)^2 = 25$。

法二：线段 $AB$ 的垂直平分线的方程为 $x - 3y - 3 = 0$，

根据圆的性质可知，圆心 $C$ 在线段 $AB$ 的垂直平分线上，

则联立方程 $\begin{cases} x - y + 1 = 0, \\ x - 3y - 3 = 0, \end{cases}$ 解得圆心坐标为 $(-3，-2)$，

所以 $r = |AC| = 5$，所求圆的标准方程为 $(x+3)^2 + (y+2)^2 = 25$。

【确定圆的标准方程有两种常用的方法：一种是待定系数法，根据已知条件建立方程，求出 $a，b，r$，进而得到圆的方程；另一种方法是利用圆的性质，通常会用到圆中任意弦的垂直平分线通过圆心这一性质】

**引申 1**：《选择性必修第一册》第 88 页习题 2.4 综合运用第 6 题

平面直角坐标系中有四点 $A(0，1)$，$B(2，1)$，$C(3，4)$，$D(-1，2)$，这四点能否在同一个圆上？为什么？

答案：根据题意可得，线段 $AB$ 的垂直平分线方程为 $x = 1$，线段 $AC$ 的垂直平分线方程为 $x + y - 4 = 0$，联立方程可求出 $\triangle ABC$ 外接圆的圆心为 $O(1，3)$，易知 $r = \sqrt{5}$，因为 $|OD| = \sqrt{5} = r$，所以四点共圆。

**引申 2**：《选择性必修第一册》第 102 页复习参考题 2 第 7 题

$m$ 为何值时，方程 $x^2 + y^2 - 4x + 2my + 2m^2 - 2m + 1 = 0$ 表示圆？并求半径最大时圆的方程。

答案：方程 $x^2 + y^2 - 4x + 2my + 2m^2 - 2m + 1 = 0$ 可转化为：

$(x-2)^2 + (y+m)^2 + m^2 - 2m - 3 = 0$，

即 $(x-2)^2 + (y+m)^2 = -m^2 + 2m + 3$。

若 $-m^2 + 2m + 3 > 0$，即 $-1 < m < 3$ 时，

方程表示圆心为 $(2，-m)$，半径为 $\sqrt{-m^2 + 2m + 3}$ 的圆。

因为 $r = \sqrt{-m^2 + 2m + 3} = \sqrt{-(m-1)^2 + 4}$，所以当 $m = 1$ 时，$r_{\max} = 2$。

此时圆的方程为 $(x-2)^2 + (y+1)^2 = 4$。

**引申 3**：《选择性必修第一册》第 88 页习题 2.4 综合运用第 7 题

在平面直角坐标系中，如果点 $P$ 的坐标 $(x，y)$ 满足

$$\begin{cases} x = a + r\cos\theta \\ y = b + r\sin\theta \end{cases}$$ ，其中 $\theta$ 为参数，

证明：点 $P$ 的轨迹是圆心为 $(a, b)$，半径为 $r$ 的圆。

答案：因为 $x - a = r\cos\theta$，$y - b = r\sin\theta$，

两式平方相加得：$(x - a)^2 + (y - b)^2 = r^2$，

所以点 $P$ 的轨迹是圆心为 $(a, b)$，半径为 $r$ 的圆。

**引申 4**：《选择性必修第一册》第 98 页习题 2.5 综合运用第 12 题

已知 $A(-2, -2)$，$B(-2, 6)$，$C(4, -2)$ 三点，点 $P$ 在圆 $x^2 + y^2 = 4$ 上运动，求 $|PA|^2 + |PB|^2 + |PC|^2$ 的最大值和最小值。

答案：设点 $P$ 的坐标为 $(2\cos\alpha, 2\sin\alpha)$，则

$|PA|^2 + |PB|^2 + |PC|^2 = (2\cos\alpha + 2)^2 + (2\sin\alpha + 2)^2 + (2\cos\alpha + 2)^2 + (2\sin\alpha - 6)^2 + (2\cos\alpha - 4)^2 + (2\sin\alpha + 2)^2 = 80 - 8\sin\alpha$，

因为 $-1 \leqslant \sin\alpha \leqslant 1$，所以 $|PA|^2 + |PB|^2 + |PC|^2$ 的最大值为 88，最小值为 72。

【圆的标准方程为 $(x - a)^2 + (y - b)^2 = r^2 (r > 0)$，一般方程为 $x^2 + y^2 + Dx + Ey + F = 0 (D^2 + E^2 - 4F > 0)$，此处推导的是圆的参数方程 $\begin{cases} x = a + r\cos\alpha \\ y = b + r\sin\alpha \end{cases}$（$\alpha$ 为参数），圆的参数方程将三角函数引入，在解决最值问题时可用圆的参数方程】

**高考链接 1**：2019 年·北京卷·11

设抛物线 $y^2 = 4x$ 的焦点为 $F$，准线为 $l$，则以 $F$ 为圆心，且与 $l$ 相切的圆的方程为_____。

答案：$(x - 1)^2 + y^2 = 4$。

**高考链接 2**：2021 年·新课标全国卷一·11

（多选题）已知点 $P$ 在圆 $(x - 5)^2 + (y - 5)^2 = 16$ 上，点 $A(4, 0)$，$B(0, 2)$，则（　　）

A. 点 $P$ 到直线 $AB$ 的距离小于 10

B. 点 $P$ 到直线 $AB$ 的距离大于 2

C. 当 $\angle PBA$ 最小时，$|PB| = 3\sqrt{2}$

D. 当 $\angle PBA$ 最大时，$|PB| = 3\sqrt{2}$

答案：直线 $AB$ 的方程为 $x + 2y - 4 = 0$，圆心 $C(5, 5)$ 到直线 $AB$ 的距离 $d = \dfrac{11}{\sqrt{5}}$。

所以点 $P$ 到直线 $AB$ 的距离的取值范围为 $\left[\dfrac{11}{\sqrt{5}} - 4, \dfrac{11}{\sqrt{5}} + 4\right]$，故选项 A 正确，选项 B 错误。过点 $B$ 作圆的切线，切点分别为 $P_1$，$P_2$，切线长 $|P_1B| = |P_2B| = 3\sqrt{2}$，所以 C，D 选项正确。

**典例 12－5**：《选择性必修第一册》第 87 页例 5

已知线段 $AB$ 的端点 $B$ 的坐标是 $(4, 3)$，端点 $A$ 在圆 $(x+1)^2 + y^2 = 4$ 上运动，求线段 $AB$ 的中点 $M$ 的轨迹方程。

答案：设点 $M$ 的坐标为 $(x, y)$，点 $A$ 的坐标是 $(x_0, y_0)$，由中点公式得，

$$\begin{cases} x = \dfrac{x_0 + 4}{2}, \\ y = \dfrac{y_0 + 3}{2}, \end{cases}$$
所以 $x_0 = 2x - 4$，$y_0 = 2y - 3$，

代入圆的方程得 $(x_0 + 1)^2 + y_0^2 = 4$，

即 $\left(x - \dfrac{3}{2}\right)^2 + \left(y - \dfrac{3}{2}\right)^2 = 1$。

这就是点 $M$ 的轨迹方程，它表示以 $\left(\dfrac{3}{2}, \dfrac{3}{2}\right)$ 为圆心，半径为 1 的圆。

**引申 1**：《选择性必修第一册》第 88 页习题 2.4 综合运用第 7 题

已知等腰三角形 $ABC$ 的一个顶点是 $A(4, 2)$，底边的一个端点为 $B(3, 5)$，求底边的另一个端点 $C$ 的轨迹方程，并说明是什么图形。

答案：设点 $C$ 的坐标为 $(x, y)$，因为 $|AB| = |AC|$，

所以 $\sqrt{(x-4)^2 + (y-2)^2} = \sqrt{(4-3)^2 + (2-5)^2}$，

即 $(x-4)^2 + (y-2)^2 = 10$。

因为 $A$，$B$，$C$ 三点不共线，需要去掉重合点 $(3, 5)$ 和反向共线点 $(5, -1)$，

所以点 $C$ 的轨迹方程为 $(x-4)^2 + (y-2)^2 = 10(x \neq 3 \text{ 且 } x \neq 5)$，

它表示以 $(4, 2)$ 为圆心，$\sqrt{10}$ 为半径的圆，除去点 $(3, 5)$ 和点 $(5, -1)$。

**引申 2**：《选择性必修第一册》第 88 页习题 2.4 拓广探索第 9 题

已知动点 $M$ 与两个定点 $O(0, 0)$，$A(3, 0)$ 的距离比是 $\dfrac{1}{2}$，求动点 $M$ 的轨迹方程，并说明轨迹的形状。

答案：设点 $M$ 的坐标为 $(x, y)$，根据题意可得：

$\dfrac{|MO|}{|MA|} = \dfrac{1}{2}$，即 $\dfrac{\sqrt{x^2 + y^2}}{\sqrt{(x-3)^2 + y^2}} = \dfrac{1}{2}$，

两边平方整理得 $(x+1)^2 + y^2 = 4$。

即点 $M$ 的轨迹是以（$-1$，$0$）圆心，$2$ 为半径的圆。

**引申 3**：《选择性必修第一册》第 89 页习题 2.4 综合运用第 8 题

长为 $2a$ 的线段 $AB$ 的两个端点 $A$ 和 $B$ 分别在 $x$ 轴和 $y$ 轴上滑动，求线段 $AB$ 中点的轨迹方程，并说明轨迹的形状。

答案：设线段 $AB$ 的中点为 $M$，

根据题意可知 $|OM| = \dfrac{1}{2}|AB| = a$。

根据圆的定义可知，$AB$ 中点的轨迹方程为 $x^2 + y^2 = a^2$，

即线段 $AB$ 中点的轨迹形状是以原点为圆心，半径为 $a$ 的圆。

【动点轨迹方程可以通过直接法、相关点法、定义法等来求解，要注意根据题意判断轨迹中有没有需要去掉的点，比如三角形的三个顶点不能共线等。另外，引申 2 也是圆的定义的一种推广形式】

**高考链接 1**：2014 年·湖北卷·17

已知圆 $O$:$x^2 + y^2 = 1$ 和点 $A(-2,0)$，若定点 $B(b,0)(b \neq -2)$ 和常数 $\lambda$ 满足：对圆 $O$ 上任意一点 $M$，都有 $|MB| = \lambda|MA|$，则：

（1）$b = $ _____；

（2）$\lambda = $ _____。

答案：设点 $M$ 的坐标为 $(x,y)$，根据题意可得 $|MB| = \lambda|MA|$，

即 $(x-b)^2 + y^2 = \lambda^2\big[(x+2)^2 + y^2\big]$，

整理得 $x^2 + y^2 + \dfrac{4\lambda^2 + 2b}{\lambda^2 - 1}x + \dfrac{4\lambda^2 - b^2}{\lambda^2 - 1} = 0$，

所以 $\dfrac{4\lambda^2 + 2b}{\lambda^2 - 1} = 0$ 且 $\dfrac{4\lambda^2 - b^2}{\lambda^2 - 1} = -1$，解得 $b = -\dfrac{1}{2}$，$\lambda = \dfrac{1}{2}$。

**高考链接 2**：2018 年·北京卷·7

在平面直角坐标系中，记 $d$ 为点 $P(\cos\theta,\sin\theta)$ 到直线 $x - my - 2 = 0$ 的距离，当 $\theta$，$m$ 变化时，$d$ 的最大值为（　　　）

A. 1　　　　　　B. 2　　　　　　C. 3　　　　　　D. 4

答案：C。

点 $P(\cos\theta,\sin\theta)$ 是单位圆上一点，而直线 $x - my - 2 = 0$ 过点 $A(2,0)$，

所以 $d$ 的最大值为 $|OA| + 1 = 3$。

**典例 12 - 6：**《选择性必修第一册》第 91 页例 1

已知直线 $l:3x + y - 6 = 0$ 和圆心为 $C$ 的圆 $x^2 + y^2 - 2y - 4 = 0$，判断直线 $l$ 与圆 $C$ 的位置关系；如果相交，求直线 $l$ 被圆 $C$ 所截得的弦长。

答案：解法一：联立直线 $l$ 与圆 $C$ 的方程得 $\begin{cases} 3x + y - 6 = 0, \\ x^2 + y^2 - 2y - 4 = 0, \end{cases}$

解得 $x_1 = 2$，$x_2 = 1$。

所以，直线 $l$ 与圆 $C$ 相交，有两个公共点 $A(2, 0)$，$B(1, 3)$，

因此直线 $l$ 被圆 $C$ 所截得的弦长 $|AB| = \sqrt{10}$。

解法二：圆 $C$ 的方程 $x^2 + y^2 - 2y - 4 = 0$ 可转化为 $x^2 + (y - 1)^2 = 5$，

因此圆心 $C(0, 1)$，半径 $r = \sqrt{5}$，

圆心 $C$ 到直线 $l:3x + y - 6 = 0$ 的距离 $d = \dfrac{5}{\sqrt{10}} < \sqrt{5}$，

所以，直线 $l$ 与圆 $C$ 相交，有两个公共点。

根据垂径定理得 $|AB| = 2\sqrt{r^2 - d^2} = \sqrt{10}$。

**引申 1：**《选择性必修第一册》第 103 页复习参考题 2 拓广探索第 19 题

一条光线从点 $A(-2, 3)$ 射出，经 $x$ 轴反射后，与圆 $C:(x - 3)^2 + (y - 2)^2 = 1$ 相切，求反射后光线所在的直线方程。

答案：根据光学知识，点 $A(-2, 3)$ 关于 $x$ 轴的对称点 $A'(-2, -3)$ 在反射光线上，

易知反射光线的斜率一定存在，设为 $k$，则反射光线的方程为 $y + 3 = k(x + 2)$，

即 $kx - y + 2k - 3 = 0$。

由圆心到切线的距离等于半径得：$d = \dfrac{|3k - 2 + 2k - 3|}{\sqrt{k^2 + 1}} = 1$，

解得 $k_1 = \dfrac{4}{3}$ 或 $k_2 = \dfrac{3}{4}$。

所以反射后光线所在的直线方程为 $4x - 3y - 1 = 0$，$3x - 4y - 6 = 0$。

**引申 2：**《选择性必修第一册》第 103 页复习参考题 2 拓广探索第 20 题

已知圆 $C:(x - 1)^2 + (y - 2)^2 = 25$ 和直线 $l:(2m + 1)x + (m + 1)y - 7m - 4 = 0$。

（1）求证：直线 $l$ 恒过定点；

（2）直线 $l$ 被圆 $C$ 截得的弦何时最长？何时最短？并求截得弦长最短时 $m$ 的值以及最短的弦长。

答案：（1）直线 $l$：$(2m+1)x+(m+1)y-7m-4=0$ 的方程可以整理为 $(2x+y-7)m+(x+y-4)=0$，

所以 $\begin{cases} 2x+y-7=0, \\ x+y-4=0, \end{cases}$ 解得 $\begin{cases} x=3 \\ y=1 \end{cases}$，直线 $l$ 恒过定点 $M(3，1)$。

（2）设直线 $l$ 被圆 $C$ 截得的弦为 $AB$，圆心 $C$ 到直线 $l$ 的距离为 $d$，

所以 $|AB|=2\sqrt{r^2-d^2}=2\sqrt{25-d^2}$，

直线 $l$ 过圆心 $C$ 时，弦 $AB$ 最长为 $10$，

当 $CM \perp l$ 时，$m=-\dfrac{3}{4}$，$d=|CM|$，$AB$ 最短为 $4\sqrt{5}$。

【判断直线和圆的位置关系有两种方法：一种是代数法，通过联立直线和圆的方程，判断解的个数得出直线和圆的位置关系，两解相交，一解相切，无解相离；另一种方法是几何法，通过圆心到直线的距离与半径相比较来判断，距离大于半径相离，等于半径相切，小于半径相交。对应求弦长也有两种方法：利用弦长公式或根据垂径定理求 $|AB|=2\sqrt{r^2-d^2}=\sqrt{10}$。过圆外一点作圆的切线，可以作两条，通常利用圆心到直线的距离等于半径列方程确定直线，要注意判断直线的斜率是否存在，不要漏解】

**高考链接 1**：2015 年·山东卷·9

一条光线从点 $(-2，-3)$ 射出，经 $y$ 轴反射后，与圆 $C$：$(x+3)^2+(y-2)^2=1$ 相切，则反射后光线所在直线的斜率为（ ）

A. $-\dfrac{5}{3}$ 或 $\dfrac{5}{3}$  B. $-\dfrac{3}{5}$ 或 $\dfrac{3}{2}$  C. $-\dfrac{2}{3}$ 或 $\dfrac{2}{3}$  D. $-\dfrac{4}{3}$ 或 $-\dfrac{3}{4}$

答案：D。

**高考链接 2**：2020 年·天津卷·12

已知直线 $x-\sqrt{3}y+8=0$ 和圆 $x^2+y^2=r^2(r>0)$ 相交于 $A,B$ 两点，若 $|AB|=6$，则 $r$ 的值为_____。

答案：圆心到直线的距离为 $d=\dfrac{|8|}{\sqrt{(\sqrt{3})^2+1}}=4$，

$\because |AB| = 2\sqrt{r^2 - d^2}$，$\therefore 6 = 2\sqrt{r^2 - 16}$，$\therefore r = 5$。

**高考链接3：** 2020 年・新课标全国卷二・6

已知圆 $x^2 + y^2 - 6x = 0$，过点（1，2）的直线被该圆所截得的弦的长度的最小值为（ ）

A. 1          B. 2          C. 3          D. 4

答案：B。

点（1，2）与圆心（3，0）连线与直线垂直时弦最短，最小值为 2。

**高考链接4：** 2020 年・新课标全国卷一・11

已知 $M : x^2 + y^2 - 2x - 2y - 2 = 0$，直线 $l : 2x + y + 2 = 0$，$P$ 为 $l$ 上的动点，过点 $P$ 作 $M$ 的切线 $PA$，$PB$，切点为 $A$，$B$，当 $|PM| \cdot |AB|$ 最小时，直线 $AB$ 的方程为（ ）

A. $2x - y - 1 = 0$          B. $2x + y - 1 = 0$

C. $2x - y + 1 = 0$          D. $2x + y + 1 = 0$

答案：D。

圆心 $M$ 到直线 $l$ 的距离为 $\sqrt{5} > 2$，所以直线和圆相离，

$P$，$M$，$A$，$B$ 四点共圆，且 $MP$ 为直径，$AB \perp PM$，

所以 $|PM| \cdot |AB| = 2(|PA| + |PB|) = 4|PA| = 4\sqrt{|PM|^2 - 4}$，

当 $l \perp PM$ 时，$|PM|_{min} = \sqrt{5}$，此时 $|AP| = 1$，$AB \mathbin{/\!/} l$。

设直线 $l : y = -2x + b(b \neq -2)$，圆心到直线 $AB$ 的距离 $d = \dfrac{|3 - b|}{\sqrt{5}}$，

$\because |AB| = \dfrac{4}{\sqrt{5}}$，$\therefore d^2 + \left|\dfrac{AB}{2}\right|^2 = |MA|^2$，$\therefore b = -1$，

此时直线 $AB$ 的方程为 $2x + y + 1 = 0$。

**高考链接5：** 2021 年・新课标全国卷二・11

（多选题）已知直线 $l : ax + by - r^2 = 0$ 与圆 $C : x^2 + y^2 = r^2$，点 $A(a，b)$，则下列说法正确的是（ ）

A. 若点 $A$ 在圆 $C$ 上，则直线 $l$ 与圆 $C$ 相切

B. 若点 $A$ 在圆 $C$ 内，则直线 $l$ 与圆 $C$ 相离

C. 若点 $A$ 在圆 $C$ 外，则直线 $l$ 与圆 $C$ 相离

D. 若点 $A$ 在直线 $l$ 上，则直线 $l$ 与圆 $C$ 相切

答案：ABD。

根据点 $A(a,b)$ 与圆的关系，可得 $a^2 + b^2$ 与 $r^2$ 的大小关系，再根据圆心到直线的距离 $d = \dfrac{r^2}{\sqrt{a^2 + b^2}}$，比较 $d$ 与 $r$ 的大小即可判断直线和圆的位置关系。

**典例 12 -7**：《选择性必修第一册》第 96 页例 5

已知圆 $C_1 : x^2 + y^2 + 2x + 8y - 8 = 0$，圆 $C_2 : x^2 + y^2 - 4x - 4y - 2 = 0$，试判断圆 $C_1$ 与圆 $C_2$ 的位置关系。

答案：法一：将两圆的方程联立得方程组

$$\begin{cases} x^2 + y^2 + 2x + 8y - 8 = 0, \\ x^2 + y^2 - 4x - 4y - 2 = 0, \end{cases}$$ 两式相减得 $x + 2y - 1 = 0,$

代入圆 $C_1$ 的方程为 $x^2 - 2x - 3 = 0$。

易知方程有两个不等的实数根，所以圆 $C_1$ 与圆 $C_2$ 的位置关系是相交。

法二：将两圆的方程转化为标准方程

$C_1 : (x + 1)^2 + (y + 4)^2 = 25$，$C_2 : (x - 2)^2 + (y - 2)^2 = 10$，

因为 $|C_1C_2| = 3\sqrt{5}$，$r_1 - r_2 < 3\sqrt{5} < r_1 + r_2$，

所以圆 $C_1$ 与圆 $C_2$ 的位置关系是相交。

**引申 1**：《选择性必修第一册》第 98 页习题 2.5 复习巩固第 7 题

求经过点 $M(2, -2)$，以及圆 $x^2 + y^2 - 6x = 0$ 与 $x^2 + y^2 = 4$ 交点的圆的方程。

答案：设圆的方程为 $(x^2 + y^2 - 6x) + \lambda(x^2 + y^2 - 4) = 0(\lambda \neq -1)$，

将点 $M(2, -2)$ 代入圆的方程得 $\lambda = 1$，

所以所求圆的方程为 $x^2 + y^2 - 3x - 2 = 0$。

**引申 2**：《选择性必修第一册》第 98 页习题 2.5 综合运用第 9 题

求圆 $x^2 + y^2 - 4 = 0$ 与圆 $x^2 + y^2 - 4x + 4y - 12 = 0$ 的公共弦长。

答案：两圆方程相减得公共弦所在直线方程为 $x - y + 2 = 0$，

原点到直线的距离为 $d = \dfrac{|2|}{\sqrt{2}} = \sqrt{2}$，圆的半径 $r = 2$，所以公共弦的弦长为 $2\sqrt{2}$。

【判断圆和圆的位置关系有两种方法：一种是代数法，通过联立圆和圆的方程，判断解的个数得出圆和圆的位置关系；另一种方法是几何法，通过圆心距离与两圆半径间的关系来判断。两圆相交时，掌握过交点的圆系方程以及公共弦所在的直线方程的求法】

**高考链接：** 2014 年·湖南卷·11

若圆 $C_1:x^2+y^2=1$ 与圆 $C_2:x^2+y^2-6x-8y+m=0$ 外切，则 $m$ 的值为

（　　）

A. 21　　　　　　B. 19　　　　　　C. 9　　　　　　D. $-11$

答案：C。

根据圆心距等于半径之和求得 $m=9$。

# 第十三章

# 圆锥曲线的方程

　　圆锥曲线的方程在近几年高考题目中稳定考查两个小题、一个大题，分值占到了 22 分左右。这部分内容培养学生的数形结合、转化和方程的数学思想。从椭圆、双曲线、抛物线的定义到方程的性质，可采用类比归纳的学习方法。知识层面上，在《普通高中数学课程标准》中有如下具体的要求：

　　（1）了解圆锥曲线的实际背景，感受圆锥曲线在刻画现实世界和解决实际问题中的作用。

　　（2）经历从具体情境中抽象出椭圆的过程，掌握椭圆的定义、标准方程及简单几何性质。

　　（3）了解抛物线与双曲线的定义、几何图形和标准方程以及它们的简单几何性质。

　　（4）通过圆锥曲线与方程的学习，进一步体会数形结合的思想。

　　（5）了解椭圆、抛物线的简单与应用。

　　圆锥曲线的方程在高考题目中的考查，小题以定义、方程和性质为主，大题第一问一般入手较宽，考查圆锥曲线方程的求法，涉及定义法、相关点法、待定系数法等，第二问通常是直线与圆锥曲线的综合运用，弦长、面积求值，定值定点问题，最值问题和存在性问题探究等，难度中等偏上，整体要求逻辑清晰，推理正确严谨。

　　**典例 13 – 1**：《选择性必修第一册》第 107 页例 1

　　已知椭圆的两个焦点坐标分别是 $(-2, 0)$，$(2, 0)$，并且经过点 $\left(\dfrac{5}{2}, -\dfrac{3}{2}\right)$，求它的标准方程。

答案：$\because 2a = \sqrt{\left(\dfrac{5}{2}+2\right)^2 + \left(-\dfrac{3}{2}\right)^2} + \sqrt{\left(\dfrac{5}{2}-2\right)^2 + \left(-\dfrac{3}{2}\right)^2} = 2\sqrt{10}$，

$c = 2,\therefore b^2 = 6$，则椭圆标准方程是 $\dfrac{x^2}{10} + \dfrac{y^2}{6} = 1$。

**引申**：《选择性必修》第一册第 115 页习题 3.1 复习巩固第 4 题

求适合下列条件的椭圆的标准方程：

（1）经过 $P\,(-2\sqrt{2}\,,\,0)$，$Q\,(0\,,\,\sqrt{5}\,)$ 两点；

（2）长轴长是短轴长的 3 倍，且经过点 $P\,(3\,,\,0)$；

（3）焦距是 8，离心率等于 0.8。

答案：（1）法一：设椭圆方程为 $Ax^2 + By^2 = 1(A > 0\,,\,B > 0)$，代入得 $A$

$= \dfrac{1}{8}$，$B = \dfrac{1}{5}$，椭圆方程是 $\dfrac{x^2}{8} + \dfrac{y^2}{5} = 1$。

法二：$\because 2\sqrt{2} > \sqrt{5}$，椭圆的焦点在 $x$ 轴上，且 $a = 2\sqrt{2},b = \sqrt{5}$，$\therefore$ 椭圆的

标准方程是 $\dfrac{x^2}{8} + \dfrac{y^2}{5} = 1$。

（2）若焦点在 $x$ 轴上，则 $a = 3$，$b = 1$，椭圆的标准方程为 $\dfrac{x^2}{9} + y^2 = 1$；

若焦点在 $y$ 轴上，则 $b = 3$，$a = 9$，椭圆的标准方程为 $\dfrac{x^2}{9} + \dfrac{y^2}{81} = 1$。

（3）由题意知：$c = 4$，$e = \dfrac{c}{a} = \dfrac{4}{5}$，$\therefore a = 5$，

则椭圆的标准方程为 $\dfrac{x^2}{25} + \dfrac{y^2}{9} = 1$ 或 $\dfrac{x^2}{9} + \dfrac{y^2}{25} = 1$。

【椭圆标准方程的确定需要先定位（焦点在哪个轴上）再定量，利用待定系数法或者椭圆的定义和性质确定 $a,b$ 的值。如果不能确定焦点位置时，可以分情况讨论，或者设椭圆方程的一般式为 $Ax^2 + By^2 = 1(A > 0\,,\,B > 0)$】

**高考链接**：2020 年·新课标全国卷一·20（1）

已知 $A$，$B$ 分别为椭圆 $E:\dfrac{x^2}{a^2} + y^2 = 1(a > 1)$ 的左、右顶点，$G$ 为 $E$ 的上顶点，$\overrightarrow{AG} \cdot \overrightarrow{GB} = 8$，求 $E$ 的方程。

答案：$\because G\,(0\,,\,1),A\,(-a\,,\,0),B\,(a\,,\,0),\overrightarrow{AG} \cdot \overrightarrow{GB} = a^2 - 1 = 8$，$\therefore a = 3$，

则椭圆的标准方程为 $\dfrac{x^2}{9} + y^2 = 1$。

**典例 13 - 2**:《选择性必修第一册》第 108 页例 2

在圆 $x^2 + y^2 = 4$ 上任取一点 $P$ ,过点 $P$ 作 $x$ 轴的垂线段 $PD$ , $D$ 为垂足,当点 $P$ 在圆上运动时,线段 $PD$ 的中点 $M$ 的轨迹是什么?

答案:设 $M(x , y)$ , $P(x_0 , y_0)$ , $D(x_0 , 0)$ ,

根据中点公式得 $x = \dfrac{x_0 + x_0}{2}$ , $y = \dfrac{y_0}{2}$ ,则 $x_0 = x$ , $y_0 = 2y$ ,

代入圆 $x^2 + y^2 = 4$ 得,点 $M$ 的轨迹方程是 $\dfrac{x^2}{4} + y^2 = 1$ ,

所以点 $M$ 的轨迹是焦点在 $x$ 轴上的椭圆。

**引申**:《选择性必修》第一册第 115 页习题 3.1 综合运用第 9 题

如图 13 - 1 所示, $PD \perp x$ 轴,垂足为 $D$ ,点 $M$ 在 $DP$ 的延长线上,且 $\dfrac{|DM|}{|DP|} = \dfrac{3}{2}$ ,当点 $P$ 在圆 $x^2 + y^2 = 4$ 上运动时,求点 $M$ 的轨迹方程,并说明轨迹的形状。

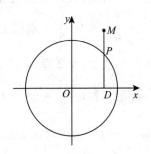

图 13 - 1

答案:设 $M(x , y)$ , $P(x_0 , y_0)$ ,

$\therefore x_0 = x$ , $y_0 = \dfrac{2}{3}y$ 。

$\therefore x_0^2 + y_0^2 = 4$ , $\therefore x^2 + \left(\dfrac{2}{3}y\right)^2 = 4$ ,

整理得 $\dfrac{x^2}{4} + \dfrac{y^2}{9} = 1$ ,

$\therefore$ 点 $M$ 的轨迹是长轴长为 6,焦点在 $y$ 轴上的椭圆。

【已知一动点的轨迹方程,与另一动点之间的关系明确,通常为中点或成比例,求另一动点的轨迹方程,这一类型通常利用相关点法求曲线方程,相关点法的应用:设所求点为 $(x , y)$ ,相关点为 $(x_0 , y_0)$ ,利用所求点和相关点之间的关系,用所求点的坐标表示相关点,代入相关点方程即可】

**高考链接**:2017 年·新课标全国卷二·20.1

设 $O$ 为坐标原点,动点 $M$ 在椭圆 $C : \dfrac{x^2}{2} + y^2 = 1$ 上,过点 $M$ 作 $x$ 轴的垂线,垂足为 $N$ ,点 $P$ 满足 $\overrightarrow{NP} = \sqrt{2}\,\overrightarrow{NM}$ ,求点 $P$ 的轨迹方程。

答案:设 $P(x , y)$ , $M(x_0 , y_0)$ ,可得 $N(x_0 , 0)$ ,

由于 $\overrightarrow{NP} = \sqrt{2}\,\overrightarrow{NM}$ , $\therefore x_0 = x , \sqrt{2}y_0 = y$ 。

$\therefore x_0^2 + 2y_0^2 = 2$ , $\therefore$ 点 $P$ 的轨迹方程是 $x^2 + y^2 = 2$ 。

**典例 13-3**：《选择性必修第一册》第 108 页例 3

设 $A$，$B$ 两点的坐标分别为（$-5$，$0$），（$5$，$0$），直线 $AM$，$BM$ 相交于点 $M$，且它们的斜率之积是 $-\dfrac{4}{9}$，求点 $M$ 的轨迹方程。

答案：设 $M(x,y)$，根据题意得 $k_{AM}k_{BM} = -\dfrac{4}{9}$，

即 $\dfrac{y}{x+5} \cdot \dfrac{y}{x-5} = -\dfrac{4}{9}(x \neq \pm 5)$，

整理得轨迹方程为 $\dfrac{x^2}{25} + \dfrac{y^2}{\frac{100}{9}} = 1(x \neq \pm 5)$。

动点的轨迹是去掉两个点的椭圆。

**引申 1**：《选择性必修第一册》第 109 页练习第 4 题

已知设 $A$，$B$ 两点的坐标分别为（$-1$，$0$），（$1$，$0$），直线 $AM$，$BM$ 相交于点 $M$，且直线 $AM$ 的斜率与直线 $BM$ 的斜率的商是 2，点 $M$ 的轨迹是什么？

答案：设点 $M$ 的坐标为（$x$，$y$），直线 $AM$ 的斜率 $k_{AM} = \dfrac{y}{x+1}(x \neq -1)$，

同理，直线 $BM$ 的斜率 $k_{BM} = \dfrac{y}{x-1}(x \neq 1)$。

由已知，有 $\dfrac{k_{AM}}{k_{BM}} = 2$，$\therefore \dfrac{y}{x-1} = \dfrac{2y}{x+1}(x \neq \pm 1，y \neq 0)$，

$\therefore x = -3(y \neq 0)$，

点 $M$ 的轨迹是除去点（$-3$，$0$）的一条直线。

**引申 2**：《选择性必修第一册》第 139 页习题 3.3 综合运用第 11 题

已知 $A$，$B$ 两点的坐标分别是（$-1$，$0$），（$1$，$0$），直线 $AM$，$BM$ 相交于点 $M$，且它们的斜率之差是 2，求点 $M$ 的轨迹方程。

答案：设点 $M$ 的坐标为（$x$，$y$），直线 $AM$ 的斜率 $k_{AM} = \dfrac{y}{x+1}(x \neq -1)$，

同理，直线 $BM$ 的斜率 $k_{BM} = \dfrac{y}{x-1}(x \neq 1)$，

由已知，有 $k_{AM} - k_{BM} = 2$，所以 $y = -x^2 + 1(x \neq \pm 1)$，

所以点 $M$ 的轨迹方程是 $y = -x^2 + 1(x \neq \pm 1)$。

**引申 3**：《选择性必修第一册》第 145 页复习参考题 3 综合运用第 9 题

已知 $A$，$B$ 两点的坐标分别是（$-1$，$0$），（$1$，$0$），直线 $AM$，$BM$ 相交于点

$M$，且它们的斜率之和是 2，求点 $M$ 的轨迹方程。

答案：设点 $M$ 的坐标为 $(x, y)$，直线 $AM$ 的斜率 $k_{AM} = \dfrac{y}{x+1}(x \neq -1)$，

同理，直线 $BM$ 的斜率 $k_{BM} = \dfrac{y}{x-1}(x \neq 1)$。

由已知，有 $k_{AM} + k_{BM} = 2$，$\therefore \dfrac{y}{x-1} + \dfrac{y}{x+1} = 2(x \neq \pm 1)$，

$\therefore$ 点 $M$ 的轨迹方程是 $xy = x^2 - 1(x \neq \pm 1)$。

**引申 4**：《选择性必修第一册》第 121 页探究

设 $A$，$B$ 两点的坐标分别为 $(-5, 0)$，$(5, 0)$，直线 $AM, BM$ 相交于点 $M$，且它们的斜率之积是 $\dfrac{4}{9}$，求点 $M$ 的轨迹方程。

答案：$\dfrac{x^2}{25} - \dfrac{y^2}{\frac{100}{9}} = 1(x \neq \pm 5)$。动点的轨迹是去掉两个顶点，焦点在 $x$ 轴上的双曲线。

**引申 5**：《选择性必修第一册》第 146 页复习参考题 3 第 11 题

已知 $\triangle ABC$ 的两个顶点 $A$，$B$ 的坐标分别为 $(-5, 0)$，$(5, 0)$，直线 $AC$，$BC$ 相交于点 $C$，且它们的斜率之积是 $m(m \neq 0)$，求点 $C$ 的轨迹方程。

答案：当 $m < 0$ 时，点 $C$ 的轨迹是椭圆（$m \neq -1$），或者圆（$m = -1$），并除去两点 $(-5, 0)$，$(5, 0)$；当 $m > 0$ 时，点 $C$ 的轨迹是双曲线，并除去两点 $(-5, 0)$，$(5, 0)$。

【椭圆的性质：设 $P$，$A$，$B$ 是中心在原点，焦点在 $x$ 轴的椭圆上不同的三点，其中 $A$，$B$ 两点关于原点对称，且直线 $PA$，$PB$ 的斜率都存在，则 $k_{PA} \cdot k_{PB} = -\dfrac{b^2}{a^2}$】

证明如下：设点 $P(x, y)$，$A(x_0, y_0)$，$B(-x_0, -y_0)$，

直线 $PA$ 的斜率 $k_{PA} = \dfrac{y - y_0}{x - x_0}(x \neq x_0)$，

同理，直线 $PB$ 的斜率 $k_{PB} = \dfrac{y + y_0}{x + x_0}(x \neq -x_0)$，

所以 $k_{PA} \cdot k_{PB} = \dfrac{y - y_0}{x - x_0} \cdot \dfrac{y + y_0}{x + x_0}(x \neq \pm x_0)$，

得 $k_{PA} \cdot k_{PB} = \dfrac{y^2 - y_0^2}{x^2 - x_0^2} = \dfrac{\left( -\dfrac{b^2}{a^2} \right)(x^2 - x_0^2)}{x^2 - x_0^2} = -\dfrac{b^2}{a^2}$ 。

同理，设 $P$ ， $A$ ， $B$ 是中心在原点，焦点在 $x$ 轴的双曲线上不同的三点，其中 $A$ ， $B$ 两点关于原点对称，且直线 $PA$ ， $PB$ 的斜率都存在，则 $k_{PA} \cdot k_{PB} = \dfrac{b^2}{a^2}$ 】

**高考链接**：2019 年·新课标全国卷二·21（1）

已知点 $A(-2 , 0)$ ， $B(2 , 0)$ ，动点 $M(x , y)$ 满足直线 $AM$ ， $BM$ 的斜率之积是 $-\dfrac{1}{2}$ ，记 $M$ 的轨迹为曲线 $C$ 。求 $C$ 的方程，并说明 $C$ 是什么曲线。

答案：设点 $M$ 的坐标为 $(x , y)$ ，直线 $AM$ 的斜率 $k_{AM} = \dfrac{y}{x + 2}(x \neq -2)$ ，

同理，直线 $BM$ 的斜率 $k_{BM} = \dfrac{y}{x - 2}(x \neq 2)$ 。

由已知，有 $k_{AM} k_{BM} = -\dfrac{1}{2}$ ，$\therefore \dfrac{y}{x - 2} \cdot \dfrac{y}{x + 2} = -\dfrac{1}{2}(x \neq \pm 2)$ ，

整理得 $C$ 的方程是 $\dfrac{x^2}{4} + \dfrac{y^2}{2} = 1(x \neq \pm 2)$ ，

$C$ 是中心为坐标原点，焦点在 $x$ 轴上的椭圆，不含左右顶点。

**典例 13－4**：《选择性必修第一册》第 109 页练习第 3 题

经过椭圆 $\dfrac{x^2}{25} + \dfrac{y^2}{16} = 1$ 的右焦点 $F_2$ 作垂直于 $x$ 轴的直线 $AB$ ，交椭圆于 $A$ ， $B$ 两点， $F_1$ 是椭圆的左焦点。

（1）求 $\triangle AF_1B$ 的周长；

（2）如果 $AB$ 不垂直于 $x$ 轴， $\triangle AF_1B$ 的周长有变化吗？为什么？

答案：（1）20；

（2） $\triangle AF_1B$ 的周长为 $|AF_1| + |AF_2| + |BF_1| + |BF_2| = 4a = 20$ ，所以周长没有发生变化。

**引申**：《选择性必修第一册》第 115 页习题 3.1 第 5 题

已知 $P$ 是椭圆 $\dfrac{x^2}{5} + \dfrac{y^2}{4} = 1$ 上的一点，且以点 $P$ 及焦点 $F_1$ ， $F_2$ 为顶点的三角形的面积等于 1 ，求点 $P$ 的坐标。

答案：设 $P(x_0 , y_0)$ ，$\therefore \dfrac{1}{2}|y_0| \cdot 2c = 1$ 。

$\therefore c = 1$ ，$\therefore |y_0| = 2$ ，$\therefore y_0 = \pm 2 , x_0 = 0$ ，

∴ $P$ 点的坐标为 $(0 , 2)$ , $(0 , -2)$ 。

【椭圆中常用到的一些结论：①通径长为 $\dfrac{2b^2}{a}$ ；②若 $P$ 为椭圆上一点，椭圆两个焦点是 $F_1$ , $F_2$ ，且 $\angle F_1PF_2 = \theta$ ，则 $\triangle F_1PF_2$ 的周长为 $2a + 2c$ ，面积为 $b^2 \tan \dfrac{\theta}{2}$ ；③经过椭圆的右焦点 $F_2$ 作直线 $AB$ ，交椭圆于 $A$ , $B$ 两点，$F_1$ 是椭圆的左焦点，则 $\triangle AF_1B$ 的周长是 $4a$ 。双曲线中常用的结论：①通径长为 $\dfrac{2b^2}{a}$ ；②若 $P$ 为双曲线上一点，双曲线的两个焦点是 $F_1$ , $F_2$ ，且 $\angle F_1PF_2 = \theta$ ，则 $\triangle F_1PF_2$ 的面积为 $\dfrac{b^2}{\tan \dfrac{\theta}{2}}$ ；③经过双曲线的右焦点 $F_2$ 作直线 $AB$ ，交双曲线同一支于 $A$ , $B$ 两点，$F_1$ 是椭圆的左焦点，则 $\triangle AF_1B$ 的周长是 $4a + 2|AB|$ 】

**高考链接 1**：2019 年·新课标全国卷二·20（1）

已知 $F_1$ , $F_2$ 是椭圆 $C : \dfrac{x^2}{a^2} + \dfrac{y^2}{b^2} = 1 (a > b > 0)$ 的两个焦点，$P$ 为 $C$ 上的点，$O$ 为坐标原点，如果存在点 $P$ ，使得 $PF_1 \perp PF_2$ ，且 $\triangle F_1PF_2$ 的面积等于 16，求 $b$ 的值和 $a$ 的取值范围。

答案：因为 $16 = b^2 \tan 45°$ ，所以 $b = 4$ 。

∴ $\dfrac{1}{2} |PF_1| |PF_2| = 16$ ，∴ $|PF_1| |PF_2| = 32$ ，

∴ $2a = |PF_1| + |PF_2| \geqslant 2 \sqrt{|PF_1| |PF_2|}$ ，所以 $a \geqslant 4 \sqrt{2}$ 。

**高考链接 2**：2020 年·新课标全国卷三·11

设双曲线 $C : \dfrac{x^2}{a^2} - \dfrac{y^2}{b^2} = 1 (a > 0 , b > 0)$ 的左、右焦点分别是 $F_1$ , $F_2$ ，离心率为 $\sqrt{5}$ ，$P$ 是 $C$ 上一点，且 $F_1P \perp F_2P$ ，若 $\triangle F_1PF_2$ 的面积等于 4，则 $a = ($     $)$

A. 1          B. 2          C. 4          D. 8

答案：由题意，$b^2 = 4$ ，$b = 2$ ，又 ∵ $\dfrac{c}{a} = \sqrt{5}$ ，∴ $a = 1$ ，故选 A。

**典例 13 - 5**：《选择性必修第一册》第 113 页例 6

动点 $M(x , y)$ 与定点 $F(4 , 0)$ 的距离和 $M$ 到定直线 $l : x = \dfrac{25}{4}$ 的距离之比

是常数 $\dfrac{4}{5}$ ，求动点 $M$ 的轨迹。

答案：设点 $M$ 到定直线 $l{:}x = \dfrac{25}{4}$ 的距离为 $d$ ，

由题意知 $\dfrac{|MF|}{d} = \dfrac{4}{5}$ ，即 $\dfrac{\sqrt{(x-4)^2 + y^2}}{\left| x - \dfrac{25}{4} \right|} = \dfrac{4}{5}$ ，

确定点 $M$ 的轨迹方程是 $\dfrac{x^2}{25} + \dfrac{y^2}{9} = 1$ ，即点 $M$ 的轨迹是长轴、短轴长分别是

10，6 的椭圆。

**引申 1**：《选择性必修第一册》第 125 页例 5

动点 $M(x，y)$ 与定点 $F(4，0)$ 的距离和 $M$ 到定直线 $l{:}x = \dfrac{9}{4}$ 的距离之比

是常数 $\dfrac{4}{3}$ ，求动点 $M$ 的轨迹。

答案：设点 $M$ 到定直线 $l{:}x = \dfrac{9}{4}$ 的距离为 $d$ ，

由题意知 $\dfrac{|MF|}{d} = \dfrac{4}{3}$ ，即 $\dfrac{\sqrt{(x-4)^2 + y^2}}{\left| x - \dfrac{9}{4} \right|} = \dfrac{4}{3}$ ，

确定点 $M$ 的轨迹方程是 $\dfrac{x^2}{9} - \dfrac{y^2}{7} = 1$ ，点 $M$ 的轨迹是焦点在 $x$ 轴上，实轴、

虚轴长分别是 6，$2\sqrt{7}$ 的双曲线。

**引申 2**：《选择性必修第一册》第 116 页信息技术应用

若点 $M(x，y)$ 与定点 $F(c，0)$（或 $F'(-c，0)$）的距离和 $M$ 到定直线 $l{:}x$

$= \dfrac{a^2}{c}$（或 $l'{:}x = -\dfrac{a^2}{c}$）的距离之比是常数 $\dfrac{c}{a}(0 < c < a)$ ，则点 $M$ 的轨迹是一

个椭圆。定点 $F(c，0)$ 是椭圆的一个焦点，直线 $l{:}x = \dfrac{a^2}{c}$ 称为相应于焦点 $F$ 的

准线。

**引申 3**：《选择性必修》第一册第 127 页习题 3.2 综合运用第 10 题

若动点 $M(x，y)$ 与定点 $F(c，0)$（$c > 0$）的距离和 $M$ 到定直线 $l{:}x =$

$\dfrac{a^2}{c}$ 的距离之比是常数 $\dfrac{c}{a}(0 < a < c)$ ，求动点 $M$ 的轨迹方程，并说明轨迹

的形状。

答案：点 $M$ 的轨迹是双曲线，方程为 $\dfrac{x^2}{a^2} - \dfrac{y^2}{b^2} = 1\,(a > 0\,,\,b > 0)$。

**典例 13 - 6**：《选择性必修第一册》第 114 页例 7

已知直线 $l:4x - 5y + m = 0$ 和椭圆 $C:\dfrac{x^2}{25} + \dfrac{y^2}{9} = 1$，$m$ 为何值时，直线 $l$ 与

椭圆 $C$：

（1）有两个公共点？（2）有且只有一个公共点？（3）没有公共点？

答案：联立方程得 $25x^2 + 8mx + m^2 - 225 = 0$，

则方程的判别式 $\Delta = 36 \times (25^2 - m^2)$，

由 $\Delta > 0$，得 $-25 < m < 25$，直线 $l$ 与椭圆 $C$ 有两个不同的公共点；

由 $\Delta = 0$，得 $m = \pm 25$，直线 $l$ 与椭圆 $C$ 有且只有一个公共点；

由 $\Delta < 0$，得 $m < -25$ 或 $m > 25$，直线 $l$ 与椭圆 $C$ 没有公共点。

**引申**：《选择性必修第一册》第 114 页练习第 2 题

经过椭圆 $\dfrac{x^2}{2} + y^2 = 1$ 的左焦点 $F_1$ 作倾斜角为 $60°$ 的直线 $l$，直线 $l$ 与椭圆相

交于 $A$，$B$ 两点，求线段 $AB$ 的长。

答案：根据已知条件，直线的方程为 $y = \sqrt{3}(x + 1)$，

联立方程得 $7x^2 + 12x + 4 = 0$，由韦达定理得 $x_1 + x_2 = -\dfrac{12}{7}$，$x_1 x_2 = \dfrac{4}{7}$，

根据弦长公式得 $|AB| = \sqrt{1 + k^2}\,|x_1 - x_2| = \dfrac{8\sqrt{2}}{7}$。

**高考链接**：2019 年·新课标全国卷一·19.2

已知抛物线 $C:y^2 = 3x$ 的焦点为 $F$，斜率为 $\dfrac{3}{2}$ 的直线 $l$ 与 $C$ 的交点为 $A,B$，

与 $x$ 轴的交点为 $P$。若 $\overrightarrow{AP} = 3\overrightarrow{PB}$，求 $|AB|$。

答案：设直线 $l:y = \dfrac{3}{2}x + t$，$A(x_1\,,\,y_1)$，$B(x_2\,,\,y_2)$，

因为 $\overrightarrow{AP} = 3\overrightarrow{PB}$，所以 $y_1 = -3y_2$ ①，

直线 $l$ 与抛物线 $C$ 的方程联立得 $y^2 - 2y + 2t = 0$，所以 $y_1 + y_2 = 2$ ②，

解得 $y_1 = 3$，$y_2 = -1$，则 $|AB| = \dfrac{4\sqrt{13}}{3}$。

**典例 13 - 7**：《选择性必修第一册》第 115 页习题 3.1 复习巩固第 6 题

如图 13 - 2 所示，圆 $O$ 的半径为定长 $r$，$A$ 是圆 $O$ 内一定点，$P$ 是圆 $O$ 上任

意一点，线段 $AP$ 的垂直平分线 $l$ 和半径 $OP$ 相交于点

$Q$，当点 $P$ 在圆上运动时，点 $Q$ 的轨迹是什么？

答案：因为 $|QA| = |QP|$，

所以 $|QA| + |QO| = |QP| + |QO|$

$$= |OP| = r > |OA|,$$

根据椭圆的定义可知，点 $Q$ 的轨迹是椭圆。

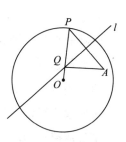

图 13 – 2

**引申 1**：《选择性必修第一册》第 127 页习题 3.2
第 5 题

如图 13 – 3 所示，圆 $O$ 的半径为定长 $r$，$A$ 是圆 $O$
外一定点，$P$ 是圆 $O$ 上任意一点，线段 $AP$ 的垂直平分线
$l$ 和直线 $OP$ 相交于点 $Q$，当点 $P$ 在圆 $O$ 上运动时，点
$Q$ 的轨迹是什么？

答案：因为 $|QA| = |QP|$，

所以 $||QP| - |QO|| = ||QA| - |QO|| = r < |OA|$，

根据定义可知，点 $Q$ 的轨迹是双曲线。

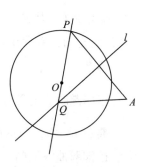

图 13 – 3

**引申 2**：《选择性必修第一册》第 115 页习题 3.1 综合运用第 10 题

一动圆与圆 $x^2 + y^2 + 6x + 5 = 0$ 外切，同时与圆 $x^2 + y^2 - 6x - 91 = 0$ 内切，
求动圆圆心的轨迹方程，并说明它是什么曲线。

答案：设动圆圆心是 $M(x, y)$，半径是 $r$，由题意知圆 $x^2 + y^2 + 6x + 5 = 0$，即 $(x + 3)^2 + y^2 = 4$，圆心是 $C_1(-3, 0)$，半径是 2。圆 $x^2 + y^2 - 6x - 91 = 0$，即 $(x - 3)^2 + y^2 = 100$，圆心是 $C_2(3, 0)$，半径是 10。

所以 $|MC_1| = r + 2$，$|MC_2| = 10 - r$，两式相加得 $|MC_1| + |MC_2| = 12 >$

6，由椭圆定义知，动圆圆心的轨迹方程是 $\dfrac{x^2}{36} + \dfrac{y^2}{27} = 1$，动圆圆心的轨迹是长

轴长、短轴长分别是 $12, 6\sqrt{3}$ 的椭圆。

**引申 3**：《选择性必修》第一册第 145 页复习参考题 3 复习巩固第 2（2）题

与圆 $x^2 + y^2 = 1$ 及圆 $x^2 + y^2 - 8x + 12 = 0$ 都外切的圆的圆心在（　　　）

A. 椭圆上　　　　　　　　　B. 双曲线的一支上

C. 抛物线上　　　　　　　　D. 圆上

答案：B。

设动圆的圆心为 $M(x, y)$，动圆的半径为 $r$，

两定圆的圆心分别为 $O_1 (0, 0)$，$O_2 (4, 0)$，

两圆的半径分别为 $r_1 = 1$，$r_2 = 2$，

根据题意可知 $|MO_1| = r + 1$，$|MO_2| = r + 2$，

两式相减得 $|MO_2| - |MO_1| = 1$，

根据双曲线定义可知，动圆圆心的轨迹是双曲线的一支。

**高考链接**：2016 年·新课标全国卷一·20

设圆 $x^2 + y^2 + 2x - 15 = 0$ 的圆心为 $A$，直线 $l$ 过点 $B(1,0)$ 且与 $x$ 轴不重合，$l$ 交圆 $A$ 于 $C$，$D$ 两点，过点 $B$ 作 $AC$ 的平行线交 $AD$ 于点 $E$。证明：$|EA| + |EB|$ 为定值，并写出点 $E$ 的轨迹方程。

答案：$\because |EB| = |ED|$，$\therefore |EA| + |EB| = |EA| + |ED| = |AD| = 4$。

根据椭圆的定义可知，点 $E$ 的轨迹方程为 $\dfrac{x^2}{4} + \dfrac{y^2}{3} = 1 (y \neq 0)$。

**典例 13 - 8**：《选择性必修第一册》第 120 页例 1

已知双曲线的两个焦点分别为 $F_1 (-5, 0)$，$F_2 (5, 0)$，双曲线上一点 $P$ 与 $F_1$，$F_2$ 的距离差的绝对值等于 6，求双曲线的方程。

答案：由双曲线定义可知，$c = 5$，$a = 3$，

$\therefore b = 4$，双曲线的标准方程为 $\dfrac{x^2}{9} - \dfrac{y^2}{16} = 1$。

**引申 1**：《选择性必修第一册》第 127 页习题 3.2 复习巩固第 2 题

求适合下列条件的双曲线的标准方程：

(1) 焦点在 $x$ 轴上，$a = 2\sqrt{5}$，经过点 $A (-5, 2)$；

(2) 经过 $A (-7, -6\sqrt{2})$，$B (2\sqrt{7}, 3)$ 两点。

答案：(1) 设双曲线的标准方程为 $\dfrac{x^2}{a^2} - \dfrac{y^2}{b^2} = 1 (a > 0, b > 0)$，根据题意

可知，$a = 2\sqrt{5}$ 且 $\dfrac{25}{20} - \dfrac{4}{b^2} = 1$，$\therefore b = 4$，双曲线的方程为 $\dfrac{x^2}{20} - \dfrac{y^2}{16} = 1$。

(2) 设双曲线的方程为 $Ax^2 + By^2 = 1 (AB < 0)$，由题意知，

$\begin{cases} 49A + 72B = 1, \\ 28A + 9B = 1, \end{cases}$ 解得 $A = \dfrac{1}{25}$，$B = -\dfrac{1}{75}$，

所以双曲线的标准方程为 $\dfrac{x^2}{25} - \dfrac{y^2}{75} = 1$。

**引申 2**：《选择性必修第一册》第 124 页练习第 4 题

双曲线的渐近线方程是 $y = \pm 2x$，虚轴长是 4，求双曲线的标准方程。

答案：焦点在 $x$ 轴上，$b = 2$，$a = 1$，双曲线的标准方程为 $x^2 - \dfrac{y^2}{4} = 1$；

焦点在 $y$ 轴上，$b = 2$，$a = 4$，双曲线的标准方程为 $\dfrac{y^2}{16} - \dfrac{x^2}{4} = 1$。

**引申 3**：《选择性必修第一册》第 127 页习题 3.2 综合运用第 8 题

求与椭圆 $\dfrac{x^2}{49} + \dfrac{y^2}{24} = 1$ 有公共焦点，且离心率为 $e = \dfrac{5}{4}$ 的双曲线方程。

答案：由题意知 $c = 5$，$a = 4$，$\therefore b = 3$，双曲线的标准方程为 $\dfrac{x^2}{16} - \dfrac{y^2}{9} = 1$。

**引申 4**：《选择性必修第一册》第 127 页习题 3.2 综合运用第 7 题

$m$，$n$ 为何值时，方程 $\dfrac{x^2}{m} + \dfrac{y^2}{n} = 1$ 表示下列曲线：

（1）圆；（2）椭圆；（3）双曲线。

答案：（1）$m = n > 0$；（2）$m > 0$，$n > 0$，$m \neq n$；（3）$m \cdot n < 0$。

【双曲线标准方程的求法可类比椭圆标准方程的求法，需要先定位（焦点在哪个轴上）再定量，利用待定系数法或者双曲线的性质（离心率、渐近线方程等）确定 $a,b$ 的取值。如果不能确定焦点位置时，可以分情况讨论，或者设双曲线方程的一般式为 $Ax^2 + By^2 = 1(AB < 0)$。渐近线是双曲线独有的性质，要会求双曲线标准方程，并能根据双曲线标准方程确定 $a$，$b$，$c$ 的关系】

**高考链接**：2017 年·新课标全国卷三·5

已知双曲线 $C : \dfrac{x^2}{a^2} - \dfrac{y^2}{b^2} = 1(a > 0，b > 0)$ 的一条渐近线方程为 $y = \dfrac{\sqrt{5}}{2}x$，且

与椭圆 $\dfrac{x^2}{12} + \dfrac{y^2}{3} = 1$ 有公共焦点，则 $C$ 的方程为（　　　）

A. $\dfrac{x^2}{8} - \dfrac{y^2}{10} = 1$ 　　　　　　　　B. $\dfrac{x^2}{4} - \dfrac{y^2}{5} = 1$

C. $\dfrac{x^2}{5} - \dfrac{y^2}{4} = 1$ 　　　　　　　　D. $\dfrac{x^2}{4} - \dfrac{y^2}{3} = 1$

答案：B。

**典例 13 − 9**：《选择性必修第一册》第 116 页习题 3.1 拓广探索第 14 题

已知椭圆 $\dfrac{x^2}{4} + \dfrac{y^2}{9} = 1$，一组平行直线的斜率是 $\dfrac{3}{2}$。

(1) 这组直线何时与椭圆有两个公共点？

(2) 当它们与椭圆有两个公共点时，证明这些直线被椭圆截得的线段的中点在同一条直线上。

答案：(1) 设平行直线方程为 $y = \dfrac{3}{2}x + m$，代入椭圆方程 $\dfrac{x^2}{4} + \dfrac{y^2}{9} = 1$ 得：

$9x^2 + 6mx + 2m^2 - 18 = 0$，则 $\Delta = 36(-m^2 + 18) > 0$，

∴ $m \in (-3\sqrt{2},\ 3\sqrt{2})$。

(2) 法一：设直线与椭圆的两个交点为 $(x_1,\ y_1)$，$(x_2,\ y_2)$，中点坐标为 $(x,\ y)$，根据韦达定理得：$x_1 + x_2 = -\dfrac{2m}{3}$，∴ $y_1 + y_2 = m$，

则 $\begin{cases} x = -\dfrac{m}{3}, \\ y = \dfrac{m}{2}, \end{cases}$ 消参后得中点的轨迹方程为 $3x + 2y = 0$。

法二：设直线与椭圆的两个交点为 $(x_1,\ y_1)$，$(x_2,\ y_2)$，中点坐标为 $(x,\ y)$，则

$\begin{cases} 9x_1^2 + 4y_1^2 = 36, \\ 9x_2^2 + 4y_2^2 = 36, \end{cases}$ 两式相减得 $9(x_1^2 - x_2^2) + 4(y_1^2 - y_2^2) = 0$，

所以 $9(x_1 - x_2)x + 4(y_1 - y_2)y = 0$，中点所在直线方程为 $3x + 2y = 0$。

**引申**：《选择性必修第一册》第 127 页习题 3.2 拓广探索第 13 题

已知双曲线 $x^2 - \dfrac{y^2}{2} = 1$，过点 $P(1,\ 1)$ 的直线 $l$ 与双曲线相交于 $A$，$B$ 两点，点 $P$ 能否是线段 $AB$ 的中点？为什么？

答案：设直线与双曲线的两个交点分别为 $A(x_1,\ y_1)$，$B(x_2,\ y_2)$，中点坐标为 $(x,\ y)$，

$\begin{cases} 2x_1^2 - y_1^2 = 2, \\ 2x_2^2 - y_2^2 = 2, \end{cases}$ 两式相减得 $2(x_1^2 - x_2^2) - (y_1^2 - y_2^2) = 0$，若点 $P$ 是线段 $AB$ 的中点，

则 $2(x_1 - x_2) - (y_1 - y_2) = 0$，$k_{AB} = 2$，$AB$ 所在直线方程为 $y = 2x - 1$。

将 $y = 2x - 1$ 代入 $x^2 - \dfrac{y^2}{2} = 1$ 得 $\Delta < 0$，产生矛盾，所以点 $P$ 不能是线段 $AB$ 的中点。

【圆锥曲线方程中有关中点弦问题的处理方法有两种：一种是联立方程后通

过韦达定理建立等量关系；一种是点差法（设而不求法），即设 $A(x_1，y_1)$，$B(x_2，y_2)$ 代入曲线方程得 $f(x_1，y_1)=0$，$f(x_2，y_2)=0$，两式相减构建直线 $AB$ 与中点 $(x_0，y_0)$ 的等量关系】

**高考链接：** 2018 年·新课标全国卷三·20

已知斜率为 $k$ 的直线 $l$ 与椭圆 $C:\dfrac{x^2}{4}+\dfrac{y^2}{3}=1$ 交于 $A$，$B$ 两点，线段 $AB$ 的中点为 $M(1，m)(m>0)$。证明：$k<-\dfrac{1}{2}$。

答案：设直线与椭圆的两个交点为 $A(x_1，y_1)$，$B(x_2，y_2)$，由题意知：

$x_1+x_2=2$，$y_1+y_2=2m$，

因为点 $A$，$B$ 在椭圆上，所以 $\begin{cases}3x_1^2+4y_1^2=12，\\3x_2^2+4y_2^2=12，\end{cases}$

两式相减得 $3(x_1^2-x_2^2)+4(y_1^2-y_2^2)=0$，

所以 $3(x_1-x_2)+4m(y_1-y_2)=0$，$k=-\dfrac{3}{4m}$，即 $M\left(1，-\dfrac{3}{4k}\right)$。

因为 $M$ 在椭圆内部，所以 $\dfrac{1}{4}+\dfrac{3}{16k^2}<1$，又因为 $m>0$ 所以 $k<-\dfrac{1}{2}$。

**典例 13－10：**《选择性必修第一册》第 135 页例 4

斜率为 1 的直线 $l$ 经过抛物线 $y^2=4x$ 的焦点 $F$，且与抛物线相交于 $A$，$B$ 两点，求线段 $AB$ 的长。

答案：法一：直线 $l$ 的方程为 $x=y+1$，代入 $y^2=4x$ 得：

$y^2-4y-4=0$，根据韦达定理得：$y_1+y_2=4$，$y_1y_2=-4$，

由弦长公式得：$|AB|=\sqrt{1+1}\sqrt{(y_1+y_2)^2-4y_1y_2}=8$。

法二：由题意知，抛物线 $y^2=4x$ 的焦点 $F$ 为 $(1，0)$，准线方程为 $x=-1$。

设 $A(x_1，y_1)$，$B(x_2，y_2)$，$A$，$B$ 两点到准线的距离分别为 $d_A$，$d_B$，由抛物线的定义知

$|AF|=d_A=x_1+1$，$|BF|=d_B=x_2+1$，

于是 $|AB|=|AF|+|BF|=x_1+x_2+2$，

直线 $l$ 的方程为 $y=x+1$，代入 $y^2=4x$ 得 $x^2-6x+1=0$，则 $x_1+x_2=6$，

所以 $|AB|=8$。

法三：由题意知，直线 $l$ 的倾斜角为 $45°$，

所以 $|AB| = \dfrac{2p}{\sin^2\alpha} = \dfrac{4}{\left(\dfrac{\sqrt{2}}{2}\right)^2} = 8$。

【抛物线的焦点弦长有三种求法：①普通弦长公式（直线的斜率为 $k$），$|AB| = \sqrt{(1 + k^2)}\,|x_1 - x_2|$；②根据抛物线的定义转化，焦点在 $x$ 轴正半轴时，$|AB| = x_1 + x_2 + p$，焦半径 $|AF| = x_1 + \dfrac{p}{2}$；③焦点在 $x$ 轴正半轴时，直线的倾斜角为 $\alpha$ 时，$|AB| = \dfrac{2p}{\sin^2\alpha}$，抛物线的焦半径公式为 $|AF| = \dfrac{p}{1 - \cos\alpha}$（点 $A$ 在 $x$ 轴上方）】

**引申**：《选择性必修第一册》第 138 页习题 3.3 第 5 题

$M$ 是抛物线 $y^2 = 4x$ 上的一点，$F$ 是抛物线的焦点，以 $Fx$ 为始边，$FM$ 为终边的角 $\angle xFM = 60°$，求 $|FM|$。

答案：法一：由题意知，直线 $FM$ 的方程为 $y = \sqrt{3}(x - 1)$，代入抛物线方程得 $3x^2 - 10x + 3 = 0$，所以点 $M$ 的横坐标为 $3$，由抛物线定义知 $|FM| = 3 + 1 = 4$。

法二：根据抛物线焦半径公式得：$|FM| = \dfrac{p}{1 - \cos\alpha} = \dfrac{2}{1 - \dfrac{1}{2}} = 4$。

**高考链接**：2012 年·重庆卷·14

过抛物线 $y^2 = 2x$ 的焦点 $F$ 作直线交抛物线于 $A,B$ 两点，若 $|AB| = \dfrac{25}{12}$，$|AF| < |BF|$，则 $|AF| = $ _____。

答案：$\dfrac{5}{6}$。

$|AB| = \dfrac{25}{12} = \dfrac{2}{\sin^2\alpha}$，所以 $\sin^2\alpha = \dfrac{24}{25}$，$|AF| = \dfrac{1}{1 - \cos\alpha} = \dfrac{5}{6}$。

**典例 13-11**：《选择性必修第一册》第 116 页习题 3.1 第 12 题

已知地球运行的轨道长半轴长 $a = 1.50 \times 10^8$ km，离心率 $e = 0.0192$ 的椭圆，且太阳在这个椭圆的一个焦点上，求地球到太阳的最大距离和最小距离。

答案：由题意知 $a = 1.50 \times 10^8$ km，$\because e = 0.0192$，$\therefore c = 2.88 \times 10^6$，

$\therefore$ 地球到太阳的最大距离是 $a + c = 1.50 \times 10^8 + 2.88 \times 10^6 = 1.5288 \times$

$10^8 \mathrm{km}$；地球到太阳的最小距离是 $a - c = 1.50 \times 10^8 - 2.88 \times 10^6 = 1.4712$ $\times 10^8 \mathrm{km}$。

**引申 1**：《选择性必修第一册》第 116 页习题 3.1 第 13 题

已知椭圆 $C: \dfrac{x^2}{25} + \dfrac{y^2}{9} = 1$，直线 $l: 4x - 5y + 40 = 0$，椭圆上是否存在一点，使得：

（1）它到直线 $l$ 的距离最小？最小距离是多少？

（2）它到直线 $l$ 的距离最大？最大距离是多少？

答案：法一：设直线 $m$ 平行于直线 $l$，则直线 $m$ 的方程为 $4x - 5y + k = 0$，联立方程整理得：$25x^2 + 8kx + k^2 - 225 = 0$，$\Delta = 0$ 时，$k = \pm 25$，

所以当 $k = 25$ 时，椭圆上点到直线 $l$ 的距离最小为 $\dfrac{15\sqrt{41}}{41}$；

当 $k = -25$ 时，椭圆上点到直线 $l$ 的距离最大为 $\dfrac{65\sqrt{41}}{41}$。

法二：设椭圆上的点为 $(5\cos\alpha, 3\sin\alpha)$，到直线 $l: 4x - 5y + 40 = 0$ 的距离为

$$d = \frac{|4 \cdot 5\cos\alpha - 5 \cdot 3\sin\alpha + 40|}{\sqrt{4^2 + 5^2}} = \frac{|25\sin(\alpha + \varphi) - 40|}{\sqrt{41}},$$

所以 $d_{\max} = \dfrac{65}{\sqrt{41}} = \dfrac{65\sqrt{41}}{41}$，$d_{\min} = \dfrac{15}{\sqrt{41}} = \dfrac{15\sqrt{41}}{41}$。

**引申 2**：《选择性必修》第一册第 146 页复习参考题 3 综合运用第 12 题

在抛物线 $y^2 = 4x$ 上求一点 $P$，使得点 $P$ 到直线 $y = x + 3$ 的距离最短。

答案：设点 $P(x_0, y_0)$，$d = \dfrac{|x_0 - y_0 + 3|}{\sqrt{1^2 + 1^2}} = \dfrac{\left|\dfrac{1}{4}y_0^2 - y_0 + 3\right|}{\sqrt{2}}$，

所以 $y_0 = 2$ 时，最短距离为 $\sqrt{2}$，此时点 $P(1, 2)$。

【最值问题是圆锥曲线方程部分比较常见的一类考题，题目中的最值问题通常可以构建函数关系，通过函数求最值的方法来解决，也可以通过几何法通过定义转化求最值】

**高考链接 1**：2021 年·新课标全国乙卷·11

设 $B$ 是椭圆 $C: \dfrac{x^2}{a^2} + \dfrac{y^2}{b^2} = 1 (a > b > 0)$ 的上顶点，若椭圆 $C$ 上的任意一点 $P$ 都满足 $|PB| \leqslant 2b$，则 $C$ 的离心率取值范围是（　　　　）

A. $\left[\dfrac{\sqrt{2}}{2}, 1\right)$                         B. $\left[\dfrac{1}{2}, 1\right)$

C. $\left(0, \dfrac{\sqrt{2}}{2}\right]$                         D. $\left(0, \dfrac{1}{2}\right]$

答案：C。

设 $P(x_0, y_0)$ ，则 $|PB|^2 = x_0^2 + (y_0 - b)^2 = -\dfrac{c^2}{b^2} y_0^2 - 2b y_0 + a^2 + b^2 (-b \leqslant y_0 \leqslant b)$ ，在 $y_0 = -b$ 处取得最大值，故可知 $-b$ 一定在开口向下的这个抛物线的右侧，有

$$-b \geqslant -\dfrac{b^3}{c^2}, \therefore c^2 \leqslant b^2, \therefore c^2 \leqslant a^2 - c^2, \therefore e \leqslant \dfrac{\sqrt{2}}{2},$$ 故选 C。

**高考链接 2**：2015 年·上海卷·5

抛物线 $y^2 = 2px(p > 0)$ 上的动点 $Q$ 到焦点的距离的最小值为 1，则 $p = \underline{\qquad\qquad}$。

答案：2。

设抛物线的焦点为 $F$ ，根据抛物线的定义知动点 $Q$ 到焦点的距离可转化为动点到准线 $x = -\dfrac{p}{2}$ 的距离，则 $|AF| = x_0 + \dfrac{p}{2} \geqslant \dfrac{p}{2} = 1$ ，

所以 $p = 2$ 。

# 第十四章

# 数　列

数列是函数学习的延续，本质上是定义在正整数集上的离散函数。对于数列的学习，我们将探索数与数之间的递变规律，尤其是两类特殊的数列：等差数列与等比数列的探究，本章的学习，突出数列的概念、递变规律、通项公式以及求和方法的探究，也会把数列与不等式等综合在一起建立与实际问题之间的联系，培养学生学会建模，通过转化思想解决实际问题。知识层面上，在《普通高中数学课程标准》中有如下具体的要求：

（1）数列概念：通过日常生活和数学中的实例，了解数列的概念和表示方法（列表、图像、通项公式），了解数列是一种特殊函数。

（2）等差数列：①通过生活中的实例，理解等差数列的概念和通项公式的意义。②探索并掌握等差数列的前 $n$ 项和公式，理解等差数列的通项公式与前 $n$ 项和公式的关系。③能在具体的问题情境中发现数列的等差关系，并解决相应的问题。④体会等差数列与一元一次函数的关系。

（3）等比数列：①通过生活中的实例，理解等比数列的概念和通项公式的意义。②探索并掌握等比数列的前 $n$ 项和公式，理解等比数列的通项公式与前 $n$ 项和公式的关系。③能在具体的问题情境中，发现数列的等比关系，并解决相应的问题。④体会等比数列与指数函数的关系。

数列的通项公式和求和方法是本章探究的重点，能够判断在什么模型下对应用什么方法求通项或求和。另外，在本章中两类特殊数列的基本运算也是本章的重点，在本章中要重点提升数学抽象、数学运算、直观想象、数学建模和逻辑推理等素养。

**典例 14 – 1**：《选择性必修第二册》第 21 页例 6

已知下列数列是等差数列，

（1）若 $a_1 = 7$，$a_{50} = 101$，求 $S_{50}$；

（2）若 $a_1 = 2$，$a_2 = \dfrac{5}{2}$，求 $S_{10}$；

（3）若 $a_1 = \dfrac{1}{2}$，$d = -\dfrac{1}{6}$，$S_n = -5$，求 $n$。

答案：（1）因为 $a_1 = 7$，$a_{50} = 101$，根据公式 $S_n = \dfrac{n(a_1 + a_n)}{2}$，可得

$$S_{50} = \frac{50 \times (7 + 101)}{2} = 2700。$$

（2）因为 $a_1 = 2$，$a_2 = \dfrac{5}{2}$，所以 $d = \dfrac{1}{2}$，

根据公式 $S_n = na_1 + \dfrac{n(n-1)}{2}d$，可得

$$S_{10} = 10 \times 2 + \frac{10 \times (10-1)}{2} \times \frac{1}{2} = \frac{85}{2}。$$

（3）把 $a_1 = \dfrac{1}{2}$，$d = -\dfrac{1}{6}$，$S_n = -5$ 代入 $S_n = na_1 + \dfrac{n(n-1)}{2}d$，得

$$-5 = \frac{1}{2}n + \frac{n(n-1)}{2} \times \left(-\frac{1}{6}\right)，整理得 n^2 - 7n - 60 = 0，解得 n = 12。$$

**引申 1**：《选择性必修第二册》第 25 页习题 4.2 综合运用第 5 题

已知一个多边形的周长等于 158cm，所有各边的长成等差数列，最大的边长为 44cm，公差为 3cm，求这个多边形的边数。

答案：根据题意可知，设等差数列首项为 $a_1$，公差为 $d$，最长边为 $a_n$，

各项之和为 $S_n$，则 $\begin{cases} \dfrac{n(a_1 + 44)}{2} = 158， \\ a_1 + (n-1) \times 3 = 44， \end{cases}$ 解得 $n = 4$，$a_1 = 35$，

所以多边形的边数为 4。

**引申 2**：《选择性必修第二册》第 24 页习题 4.2 复习巩固第 2 题

已知 $\{a_n\}$ 为等差数列，$a_1 + a_3 + a_5 = 105$，$a_2 + a_4 + a_6 = 99$，求 $a_{20}$。

答案：因为 $a_1 + a_3 + a_5 = 105$ ①，$a_2 + a_4 + a_6 = 99$ ②，

②－①得，$3d = -6$，所以 $d = -2$；

由①得，$a_3 = 35$，

所以 $a_{20} = 1$ 。

【等差数列的基本运算，牢记等差数列的通项公式和求和公式；等差数列的

性质在解决计算题中能够简化运算，性质中的 $d = \dfrac{a_n - a_m}{n - m}$ ，可以用来求公差，

通项公式可转化为 $a_n = a_m + (n - m)d$ ；求和公式有两个：$S_n = \dfrac{n(a_1 + a_n)}{2}$ 和 $S_n$

$= na_1 + \dfrac{n(n - 1)}{2}d$ ，要根据已知条件选择恰当的求和公式】

**高考链接1**：2021年·上海卷·1

已知等差数列 $\{a_n\}$ 的首项为3，公差为2，则 $a_{10} =$ _____。

答案：21。

根据 $a_n = a_1 + (n - 1)d = 3 + 9 \times 2 = 21$ 。

**高考链接2**：2020年·上海卷·8

已知数列 $\{a_n\}$ 是公差不为零的等差数列，且 $a_1 + a_{10} = a_9$ ，则

$\dfrac{a_1 + a_2 + \cdots + a_9}{a_{10}} =$ _____。

答案：$\dfrac{27}{8}$ 。

因为 $a_1 + a_{10} = a_9$ ，得 $a_1 = -d$ ，所以 $\dfrac{a_1 + a_2 + \cdots + a_9}{a_{10}} = \dfrac{27}{8}$ 。

**高考链接3**：2019年·新课标全国卷一·9

记 $S_n$ 为等差数列 $\{a_n\}$ 的前 $n$ 项和，已知 $S_4 = 0$ ，$a_5 = 5$ ，则（　　）

A. $a_n = 2n - 5$          B. $a_n = 3n - 10$

C. $S_n = 2n^2 - 8n$       D. $S_n = \dfrac{1}{2}n^2 - 2n$

答案：A。

由已知条件得，$a_5 = 5$ ，$\therefore a_1 + 4d = 5$ 。$\because S_4 = 0$ ，$\therefore 4a_1 + \dfrac{4 \times 3}{2}d = 0$ 。

解得 $a_1 = -3$ ，$d = 2$ ，所以 $a_n = 2n - 5$ ，$S_n = n^2 - 4n$ 。

**典例14-2**：《选择性必修第二册》第21页例7

已知一个等差数列 $\{a_n\}$ 前10项的和是310，前20项的和是1220，由这些条件能确定这个等差数列的首项和公差吗？

答案：由题意知：$S_{10} = 310$ ，$S_n = 1220$ ，

把它们代入公式 $S_n = na_1 + \dfrac{n(n-1)}{2}d$ 得 $\begin{cases} 10a_1 + 45d = 310, \\ 20a_1 + 190d = 1220, \end{cases}$

解得 $a_1 = 4$，$d = 6$。

所以根据已知条件可以确定等差数列的首项和公差分别为 4 和 6。

**引申 1**：《选择性必修》第二册第 25 页习题 4.2 综合运用第 6 题

数列 $\{a_n\}$，$\{b_n\}$ 都是等差数列，且 $a_1 = 5$，$b_1 = 15$，$a_{100} + b_{100} = 100$，求数列的前 100 项的和。

答案：根据题意知，新数列 $\{a_n + b_n\}$ 是首项为 $a_1 + b_1 = 20$，末项为 $a_{100} + b_{100} = 100$ 的等差数列，根据公式 $S_n = \dfrac{n(a_1 + a_n)}{2}$ 得

$$S_{100} = \frac{100 \times (20 + 100)}{2} = 6000。$$

**引申 2**：《选择性必修第二册》第 25 页习题 4.2 综合运用第 7 题

已知 $S_n$ 是等差数列 $\{a_n\}$ 的前 $n$ 项和。

（1）证明 $\left\{\dfrac{S_n}{n}\right\}$ 是等差数列；

（2）设 $T_n$ 为数列 $\left\{\dfrac{S_n}{n}\right\}$ 的前 $n$ 项和，若 $S_4 = 12$，$S_8 = 40$，求 $T_n$。

答案：（1）设等差数列 $\{a_n\}$ 的首项为 $a_1$，公差为 $d$，

所以 $S_n = na_1 + \dfrac{n(n-1)}{2}d$，则 $\dfrac{S_n}{n} = a_1 + \dfrac{n-1}{2}d = \left(a_1 - \dfrac{d}{2}\right) + \dfrac{n}{2}d$，

所以 $\left\{\dfrac{S_n}{n}\right\}$ 是首项为 $a_1 - \dfrac{d}{2}$，公差为 $\dfrac{d}{2}$ 的等差数列。

（2）由（1）知，$\left\{\dfrac{S_n}{n}\right\}$ 是等差数列，设 $b_n = \dfrac{S_n}{n}$，

因为 $S_4 = 12$，$S_8 = 40$，所以 $b_4 = 3$，$b_8 = 5$，

所以 $4d = 2$，$d = \dfrac{1}{2}$，所以 $b_1 = \dfrac{3}{2}$，

所以 $T_n = \dfrac{n^2 + 5n}{4}$。

**引申 3**：《选择性必修第二册》第 25 页习题 4.2 综合运用第 8 题

已知两个等差数列 2，6，10，…，190 及 2，8，14，…，200，将这两个等差数列的公共项按从小到大的顺序组成一个新数列，求这个新数列的各项之和。

答案：两个等差数列的公差是 4，6，故它们的公共项构成公差为 12 的等差数列，首项为 2，故新数列的通项公式为 $a_n = 12n - 10$，

令 $a_n = 12n - 10 \leqslant 190$，所以 $n \leqslant 16$。

故该数列共 16 项，其和为 $S_{16} = 2 \times 16 + \dfrac{16 \times 15}{2} \times 12 = 1472$。

【等差数列的判定可依据其定义：$a_{n+1} - a_n = d$；等差数列的性质也是解题时经常用到的，如下角标成等差数列的等差数列中的项仍为等差数列；$\left\{\dfrac{S_n}{n}\right\}$ 也是等差数列。根据等差数列的性质解决等差数列中的判定和计算问题】

**高考链接 1**：2018 年·上海卷·5

已知 $\{a_n\}$ 是等差数列，若 $a_2 + a_8 = 10$，则 $a_3 + a_5 + a_7 = $ _____。

答案：15。

因为 $a_2 + a_8 = 2a_5 = 10$，所以 $a_5 = 5$，则 $a_3 + a_5 + a_7 = 3a_5 = 15$。

**高考链接 2**：2020 年·海南卷·15

将数列 $\{2n - 1\}$ 与 $\{3n - 2\}$ 的公共项从小到大排列得到数列 $\{a_n\}$，则 $\{a_n\}$ 的前 $n$ 项和为 _____。

答案：$3n^2 - n$。

将数列 $\{2n - 1\}$ 与 $\{3n - 2\}$ 的公共项从小到大排列得到数列 $\{a_n\}$，

易知数列 $\{a_n\}$ 是首项为 1，公差为 6 的等差数列，所以

$a_n = 6n - 5$，$n \in \mathbf{N}^*$，则 $S_n = 3n^2 - 2n$。

**典例 14 - 3**：《选择性必修第二册》第 23 页例 9

已知等差数列 $\{a_n\}$ 的前 $n$ 项和为 $S_n$，若 $a_1 = 10$，公差为 $d = -2$，则 $S_n$ 是否存在最大值？若存在，求 $S_n$ 的最大值及取得最大值时 $n$ 的值；若不存在，请说明理由。

答案：法一：因为 $a_1 = 10$，$d = -2$，所以 $a_n = 12 - 2n$。

数列 $\{a_n\}$ 是递减数列，且当 $n < 6$ 时，$a_n > 0$；

当 $n = 6$ 时，$a_n = 0$；当 $n > 6$ 时，$a_n < 0$；

所以 $S_1 < S_2 < \cdots < S_5 = S_6 > S_7 > \cdots$

则当 $n = 5$ 或 $n = 6$ 时，$S_n$ 最大。

法二：因为 $S_n = \dfrac{d}{2}n^2 + \left(a_1 - \dfrac{d}{2}\right)n = -n^2 + 11n = -\left(n - \dfrac{11}{2}\right)^2 + \dfrac{121}{4}$，

所以当 $n$ 取与 $\dfrac{11}{2}$ 最接近的整数即 $n = 5$ 或 6 时，$S_n$ 最大，最大值为 30。

引申：《选择性必修第二册》第 24 页练习第 3 题

已知等差数列 $-4.2$，$-3.7$，$-3.2$，$\cdots$ 的前 $n$ 项和为 $S_n$，$S_n$ 是否存在最大（小）值？如果存在，求出取得最值时 $n$ 的值。

答案：根据题意知，等差数列中 $a_1 = -4.2$，$d = 0.5$，

所以 $a_n = 0.5n - 4.7$，数列 $\{a_n\}$ 是递增数列，

且当 $n \leqslant 9$ 时，$a_n < 0$；当 $n > 9$ 时，$a_n > 0$；

所以当 $n = 9$ 时，$S_n$ 最小。

【等差数列的前 $n$ 项和 $S_n = \dfrac{d}{2}n^2 + \left(a_1 - \dfrac{d}{2}\right)n$，可看作关于 $n$ 的二次函数，且常数项为零，在研究 $S_n$ 的最值问题时，有两种常用的方法：一种是通项法即确定数列的通项公式，求出数列开始变号的项数，从而确定最大项或最小项；另一种是函数法，当作二次函数来处理，但要注意 $n$ 的取值为对称轴所对应的整数，或者距离对称轴最近的整数处取到最值。等差数列前 $n$ 项和有关的基本运算问题，可利用公式代入求解】

**高考链接 1**：2019 年·北京卷·10

设等差数列 $\{a_n\}$ 的前 $n$ 项和为 $S_n$，若 $a_2 = -3$，$S_5 = -10$，则 $a_5 = $ _____，$S_n$ 的最小值为 _____。

答案：由 $a_2 = -3$，$S_5 = -10$ 得 $5a_3 = -10$，所以 $a_1 = -4$，$d = 1$，

则 $a_5 = 0$，且 $S_n = -4n + \dfrac{n(n-1)}{2} = \dfrac{1}{2}\left(n - \dfrac{9}{2}\right)^2 - \dfrac{81}{8}$，

所以当 $n = 4$ 或 $n = 5$ 时 $S_n$ 最小，最小值为 $S_4 = S_5 = -10$。

**高考链接 2**：2018 年·新课标全国卷三·17

记 $S_n$ 为等差数列 $\{a_n\}$ 的前 $n$ 项和，已知 $a_1 = -7$，$S_3 = -15$。

（1）求 $\{a_n\}$ 的通项公式；

（2）求 $S_n$，并求 $S_n$ 的最小值。

答案：（1）因为 $S_3 = -15$，则 $3a_2 = -15$，所以 $a_2 = -5$。

因为 $a_1 = -7$，$a_2 = -5$，所以 $d = 2$，则 $a_n = 2n - 9$。

（2）因为 $S_n = na_1 + \dfrac{n(n-1)}{2}d = n^2 - 8n = (n-4)^2 - 16$，

所以当 $n = 4$ 时，前 $n$ 项和 $S_n$ 的最小值为 $-16$。

**高考链接 3**：2020 年·北京卷·8

在等差数列 $\{a_n\}$ 中，$a_1 = -9$，$a_5 = -1$，记 $T_n = a_1a_2\cdots a_n (n = 1, 2, \cdots)$，

则数列 $\{T_n\}$（　　）

A. 有最大项，有最小项　　　　　　B. 有最大项，无最小项

C. 无最大项，有最小项　　　　　　D. 无最大项，无最小项

答案：B。

因为 $a_1 = -9$，$a_5 = -1$，所以 $d = 2$，所以 $a_n = 2n - 11$。

则数列 $\{a_n\}$ 递增，且前 5 项为负，第 6 项开始为正，

且因为 $T_1 < 0$，$T_2 > 0$，$T_3 < 0$，$T_4 = 945 > 0$，从第 5 项开始 $T_n < 0$，

所以数列 $\{T_n\}$ 中有最大项，无最小项。

**典例 14 - 4**：《选择性必修第二册》第 30 页例 2

已知等比数列 $\{a_n\}$ 的公比为 $q$，试用 $\{a_n\}$ 的第 $m$ 项 $a_m$ 表示 $a_n$。

答案：由题意得

$$a_m = a_1 q^{m-1}，\quad a_n = a_1 q^{n-1}，$$

两式相除得 $\dfrac{a_n}{a_m} = q^{n-m}$，所以 $a_n = a_m q^{n-m}$。

**引申**：《选择性必修第二册》第 37 页例 9

已知等比数列 $\{a_n\}$ 的公比 $q \neq -1$，前 $n$ 项和为 $S_n$，证明 $S_n$，$S_{2n} - S_n$，$S_{3n} - S_{2n}$ 成等比数列，并求这个等比数列的公比。

答案：当 $q = 1$ 时，$S_n = na_1$，所以 $S_{2n} - S_n = na_1$，$S_{3n} - S_{2n} = na_1$，

则 $S_n$，$S_{2n} - S_n$，$S_{3n} - S_{2n}$ 成等比数列，公比为 1。

当 $q \neq -1$ 时，$S_n = \dfrac{a_1(1 - q^n)}{1 - q}$，则

$$S_{2n} - S_n = \frac{a_1 q^n (1 - q^n)}{1 - q} = q^n S_n，$$

$$S_{3n} - S_{2n} = \frac{a_1 q^{2n}(1 - q^n)}{1 - q} = q^n(S_{2n} - S_n)，$$

所以 $S_n$，$S_{2n} - S_n$，$S_{3n} - S_{2n}$ 成等比数列，公比为 $q^n$。

【等比数列的通项公式可扩展为 $a_n = a_m q^{n-m}$，可以根据等比数列中的任一项和公比求出通项公式；对于等比数列的前 $n$ 项和，对应的性质 $S_n$，$S_{2n} - S_n$，$S_{3n} - S_{2n}$…成等比数列，类似地，可积累一些判断等比数列的方法。公式与性质的综合运用会简化运算过程】

**高考链接 1**：2021 年·新课标全国卷甲·7

等比数列 $\{a_n\}$ 的公比为 $q$，前 $n$ 项和为 $S_n$。设甲：$q > 0$；乙：$\{S_n\}$ 是递

增数列，则（　　）

A. 甲是乙的充分条件但不是必要条件

B. 甲是乙的必要条件但不是充分条件

C. 甲是乙的充要条件

D. 甲既不是乙的充分条件也不是乙的必要条件

答案：B。

$\{S_n\}$ 是递增数列，$S_{n+1} - S_n = a_1 q^n > 0$，则 $a_1 > 0$，$q > 0$。因为 $q > 0$ 是 $a_1 > 0$，$q > 0$ 的必要不充分条件，所以甲是乙的必要条件但不是充分条件。

**高考链接 2**：2016 年·新课标全国卷一·15

设等比数列 $\{a_n\}$ 满足 $a_1 + a_3 = 10$，$a_2 + a_4 = 5$，则 $a_1 a_2 \cdots a_n$ 的最大值为

_____。

答案：64。

由 $a_1 + a_3 = 10$，$a_2 + a_4 = 5$ 得 $q = \dfrac{1}{2}$，$a_1 = 8$，

则 $a_1 a_2 \cdots a_n = a_1{}^n q^{1+2+\cdots+(n-1)} = 8^n \left(\dfrac{1}{2}\right)^{\frac{n(n-1)}{2}} = 2^{\frac{7n-n^2}{2}}$。

所以当 $n = 3$ 或 $n = 4$ 时，$a_1 a_2 \cdots a_n$ 取得最大值 64。

**典例 14－5**：《选择性必修第二册》第 35 页例 7

已知数列 $\{a_n\}$ 是等比数列。

（1）若 $a_1 = \dfrac{1}{2}$，$q = \dfrac{1}{2}$，求 $S_8$；

（2）若 $a_1 = 27$，$a_9 = \dfrac{1}{243}$，$q < 0$，求 $S_8$；

（3）若 $a_1 = 8$，$q = \dfrac{1}{2}$，$S_n = \dfrac{31}{2}$，求 $n$。

答案：（1）因为 $a_1 = \dfrac{1}{2}$，$q = \dfrac{1}{2}$，所以

$$S_8 = \dfrac{\dfrac{1}{2} \times \left[ 1 - \left(\dfrac{1}{2}\right)^8 \right]}{1 - \dfrac{1}{2}} = \dfrac{255}{256}。$$

（2）由 $a_1 = 27$，$a_9 = \dfrac{1}{243}$，可得

$27 \times q^8 = \dfrac{1}{243}$，即 $q^8 = \left(\dfrac{1}{3}\right)^8$，$\because q < 0$，

所以 $q = -\dfrac{1}{3}$ ，则 $S_8 = \dfrac{1640}{81}$ 。

（3）把 $a_1 = 8$ ，$q = \dfrac{1}{2}$ ，$S_n = \dfrac{31}{2}$ 代入 $S_n = \dfrac{a_1(1-q^n)}{1-q}$ ，得

$$\dfrac{8 \times \left[1 - \left(\dfrac{1}{2}\right)^n\right]}{1 - \dfrac{1}{2}} = \dfrac{31}{2}$$ ，解得 $n = 5$ 。

**引申**：《选择性必修第二册》第 41 页习题 4.3 综合运用第 6 题

求下面数列的一个通项公式和一个前 $n$ 项和公式：

1，11，111，1111，11111，…

答案：$a_n = \dfrac{10^n - 1}{9}$ ，

$S_n = \dfrac{1}{9} \times \left[(10 + 10^2 + \cdots + 10^n) - n\right] = \dfrac{10^{n+1} - 9n - 10}{81}(n \in \mathbf{N}^*)$ 。

【等比数列的前 $n$ 项和公式的推导采用的是错位相减法，公式的使用与公比的大小有关。当 $q = 1$ 时，等比数列的前 $n$ 项和公式为 $S_n = na_1$ ；当 $q \neq 1$ 时，等比数列的前 $n$ 项和公式为 $S_n = \dfrac{a_1(1-q^n)}{1-q} = \dfrac{a_1 - a_n q}{1-q}$ 】

**高考链接 1**：2019 年·新课标全国卷三·5

已知各项均为正数的等比数列 $\{a_n\}$ 的前 4 项和为 15 ，且 $a_5 = 3a_3 + 4a_1$ ，则 $a_3 = ($　　$)$

A. 16　　　　B. 8　　　　C. 4　　　　D. 2

答案：C。

根据题意得 $a_1 + a_1 q + a_1 q^2 + a_1 q^3 = 15$ ，$a_1 q^4 = 3a_1 q^2 + 4a_1$ ，

解得 $a_1 = 1$ ，$q = 2$ ，所以 $a_3 = 4$ 。

**高考链接 2**：2019 年·新课标全国卷一·14

记 $S_n$ 为等比数列 $\{a_n\}$ 的前 $n$ 项和。若 $a_1 = \dfrac{1}{3}$ ，$a_4^2 = a_6$ ，则 $S_5 = $_____。

答案：$\dfrac{121}{3}$ 。

根据 $a_4^2 = a_6$ 得 $a_2 a_6 = a_6$ ，所以 $a_2 = 1$ ，$a_1 = \dfrac{1}{3}$ ，则 $q = 3$ ，所以 $S_5 = \dfrac{121}{3}$ 。

**典例 14 - 6**:《选择性必修第二册》第 32 页例 5

已知数列 $\{a_n\}$ 的首项 $a_1 = 3$。

(1) 若 $\{a_n\}$ 为等差数列，公差 $d = 2$，证明数列 $\{3^{a_n}\}$ 为等比数列；

(2) 若 $\{a_n\}$ 为等比数列，公比 $q = \dfrac{1}{9}$，证明数列 $\{\log_3 a_n\}$ 为等差数列。

答案：由 $a_1 = 3$，$d = 2$ 得 $a_n = 2n + 1$，

设 $b_n = 3^{a_n}$，则 $\dfrac{b_{n+1}}{b_n} = \dfrac{3^{2n+3}}{3^{2n+1}} = 9$，且 $b_1 = 27$，

所以，数列 $\{3^{a_n}\}$ 是首项为 27，公比为 9 的等比数列。

(2) 由 $a_1 = 3$，$q = \dfrac{1}{9}$ 得 $a_n = 3 \times \left(\dfrac{1}{9}\right)^{n-1} = 3^{3-2n}$，

所以 $\log_3 a_n = \log_3 3^{3-2n} = 3 - 2n$，

$\log_3 a_{n+1} - \log_3 a_n = -2$ 且 $\log_3 a_1 = 1$，

所以 $\{\log_3 a_n\}$ 是首项为 1，公差为 $-2$ 的等差数列。

**引申 1**:《选择性必修第二册》第 41 页习题 4.3 综合运用第 7 题

已知数列 $\{a_n\}$ 的首项 $a_1 = 1$，且满足 $a_{n+1} + a_n = 3 \cdot 2^n$。

(1) 求证：$\{a_n - 2^n\}$ 是等比数列。

(2) 求数列 $\{a_n\}$ 的前 $n$ 项和 $S_n$。

答案：(1) 设 $b_n = a_n - 2^n$，则

$\dfrac{b_{n+1}}{b_n} = \dfrac{a_{n+1} - 2^{n+1}}{a_n - 2^n} = \dfrac{3 \cdot 2^n - a_n - 2^{n+1}}{a_n - 2^n} = -1$，且 $b_1 = a_1 - 2^1 = -1$，

所以，数列 $\{a_n - 2^n\}$ 是以 $-1$ 为首项，$-1$ 为公比的等比数列。

(2) 由 (1) 知 $a_n - 2^n = (-1)^n$，所以 $a_n = 2^n + (-1)^n$，

$S_n = \dfrac{2 \times (1 - 2^n)}{1 - 2} + \dfrac{(-1)[1 - (-1)^n]}{1 - (-1)}$。

$n$ 为奇数，$S_n = 2^{n+1} - 3$；$n$ 为偶数，$S_n = 2^{n+1} - 2$。

**引申 2**:《选择性必修第二册》第 41 页习题 4.3 拓广探索第 11 题

已知数列 $\{a_n\}$ 的首项 $a_1 = \dfrac{3}{5}$，且满足 $a_{n+1} = \dfrac{3a_n}{2a_n + 1}$。

(1) 求证：数列 $\left\{\dfrac{1}{a_n} - 1\right\}$ 为等比数列；

(2) 若 $\dfrac{1}{a_1} + \dfrac{1}{a_2} + \dfrac{1}{a_3} + \cdots + \dfrac{1}{a_n} < 100$，求满足条件的最大整数 $n$。

答案：（1）根据 $a_{n+1} = \dfrac{3a_n}{2a_n + 1}$ 得 $\dfrac{1}{a_{n+1}} = \dfrac{2a_n + 1}{3a_n} = \dfrac{2}{3} + \dfrac{1}{3a_n}$，

所以 $\dfrac{1}{a_{n+1}} - 1 = \dfrac{1}{3}\left(\dfrac{1}{a_n} - 1\right)$ 且 $\dfrac{1}{a_1} - 1 = \dfrac{2}{3}$。

所以数列 $\left\{\dfrac{1}{a_n} - 1\right\}$ 为首项是 $\dfrac{2}{3}$，公比是 $\dfrac{1}{3}$ 的等比数列。

（2）由（1）知 $\dfrac{1}{a_n} - 1 = \dfrac{2}{3} \times \left(\dfrac{1}{3}\right)^{n-1} = \dfrac{2}{3^n}$，

所以 $\dfrac{1}{a_n} = \dfrac{2}{3^n} + 1$，$\dfrac{1}{a_1} + \dfrac{1}{a_2} + \dfrac{1}{a_3} + \cdots + \dfrac{1}{a_n} = n + 1 - \left(\dfrac{1}{3}\right)^n < 100$，

所以最大的整数 $n$ 为 99。

**引申 3**：《选择性必修第二册》第 40 页习题 4.3 第 3 题

求和：

（1）$(2 - 3 \times 5^{-1}) + (4 - 3 \times 5^{-2}) + \cdots + (2n - 3 \times 5^{-n})$；

（2）$1 + 2x + 3x^2 + \cdots + nx^{n-1}$。

答案：（1）$(2 - 3 \times 5^{-1}) + (4 - 3 \times 5^{-2}) + \cdots + (2n - 3 \times 5^{-n})$

$= (2 + 4 + \cdots + 2n) - (3 \times 5^{-1} + 3 \times 5^{-2} + \cdots + 3 \times 5^{-n})$

$= n^2 + n - \dfrac{3}{4}\left(1 - \dfrac{1}{5^n}\right)$。

（2）令 $T_n = 1 + 2x + 3x^2 + \cdots + nx^{n-1}$，

当 $x = 0$ 时，$T_n = 1$。

当 $x = 1$ 时，$T_n = \dfrac{n(n+1)}{2}$。

当 $x \neq 0$ 且 $x \neq 1$ 时，$T_n = 1 + 2x + 3x^2 + \cdots + nx^{n-1}$ ①，

$xT_n = x + 2x^2 + 3x^3 + \cdots + nx^n$ ②，

①-②得：

$(1 - x)T_n = 1 + x + x^2 + \cdots + x^{n-1} - nx^n = \dfrac{1 - x^n}{1 - x} - nx^n$，

所以 $T_n = \dfrac{1 - x^n}{(1 - x)^2} - \dfrac{nx^n}{1 - x}$。

【等比数列的判定可利用等比数列的定义，即证 $\dfrac{a_{n+1}}{a_n} = q$；数列求和的常用方法：分组求和、错位相减法求和、裂项相消法求和等，在选用求和方法时，应先求数列的通项，确定通项后，根据通项公式的特征确定求和方法】

**高考链接1**：2020年·上海卷·18（2）

已知各项均为正数的数列 $\{a_n\}$，其前 $n$ 项和为 $S_n$，$a_1 = 1$，若数列 $\{a_n\}$ 为等比数列，$a_4 = \dfrac{1}{8}$，求满足 $S_n > 100a_n$ 时 $n$ 的最小值。

答案：由 $a_4 = \dfrac{1}{8}$，$a_1 = 1$，得 $q = \dfrac{1}{2}$，$a_n = \left(\dfrac{1}{2}\right)^{n-1}$，$S_n = 2 - \left(\dfrac{1}{2}\right)^{n-1}$，

$S_n > 100a_n$，即 $2 - \left(\dfrac{1}{2}\right)^{n-1} > 100 \cdot \left(\dfrac{1}{2}\right)^{n-1}$，化简得 $2^n > 101$，

所以 $n$ 的最小值为 7。

**高考链接2**：2020年·新课标全国卷一·17

设 $\{a_n\}$ 是公比不为 1 的等比数列，$a_1$ 为 $a_2$，$a_3$ 的等差中项。

（1）求 $\{a_n\}$ 的公比；

（2）若 $a_1 = 1$，求数列 $\{na_n\}$ 的前 $n$ 项和。

答案：（1）根据题意知 $2a_1 = a_2 + a_3$，即 $2a_1 = a_1q + a_1q^2$，

化简得 $2 = q + q^2$，所以 $q = -2$，

所以 $\{a_n\}$ 的公比 $q = -2$。

（2）由（1）知：$na_n = n \cdot (-2)^{n-1}$，

利用错位相减法：$S_n = \dfrac{1 - (1 + 3n) \cdot (-2)^n}{9}$。

**高考链接3**：2021年·新课标全国卷乙·17

已知数列 $\{a_n\}$ 满足 $a_1 = 1$，$a_{n+1} = \begin{cases} a_n + 1 \text{，} n \text{ 为奇数，} \\ a_n + 2 \text{，} n \text{ 为偶数。} \end{cases}$

（1）记 $b_n = a_{2n}$，写出 $b_1$，$b_2$，并求数列 $\{b_n\}$ 的通项公式；

（2）求 $\{a_n\}$ 的前 20 项和。

答案：（1）由题意知：$a_1 = 1$，$a_2 = 2$，$a_3 = 4$，$a_4 = 5$，

所以 $b_1 = a_2 = 2$，$b_2 = a_4 = 4$，

$b_n - b_{n-1} = a_{2n} - a_{2n-2} = a_{2n} - a_{2n-1} + a_{2n-1} - a_{2n-2} = 1 + 2 = 3$，

所以数列 $\{b_n\}$ 是公差为 3 的等差数列，故 $b_n = 2 + 3(n - 1) = 3n - 1$。

（2）由（1）知 $a_{2n} = 3n - 1$，$a_{2n-1} = a_{2n-2} + 2 = 3n - 2$，

故 $\{a_n\}$ 的奇数项和偶数项分别为等差数列，

所以 $\{a_n\}$ 的前 20 项和为

$$a_1 + a_2 + \cdots + a_{20} = (a_1 + a_3 + \cdots + a_{19}) + (a_2 + a_4 + \cdots + a_{20}) = 300 \text{。}$$

**典例 14－7**：《选择性必修第二册》第 6 页例 5

已知数列 $\{a_n\}$ 的首项 $a_1 = 1$，$a_n = 1 + \dfrac{1}{a_{n-1}}(n \geqslant 2)$，写出这个数列的前 5 项。

答案：$a_1 = 1$，$a_2 = 1 + \dfrac{1}{a_1} = 2$，$a_3 = 1 + \dfrac{1}{a_2} = \dfrac{3}{2}$，

$a_4 = 1 + \dfrac{1}{a_3} = \dfrac{5}{3}$，$a_5 = 1 + \dfrac{1}{a_4} = \dfrac{8}{5}$。

**引申**：《选择性必修第二册》第 8 页练习第 2 题

根据下列条件，写出数列 $\{a_n\}$ 的前 5 项：

（1）$a_1 = 1$，$a_n = a_{n-1} + 2^{n-1}(n \geqslant 2)$；

（2）$a_1 = 3$，$a_n = \dfrac{2}{3}a_{n-1} + 1(n \geqslant 2)$。

答案：（1）1，3，7，15，31；

（2）3，3，3，3，3。

【递推公式与通项公式之间有关联也有本质的不同，高考中的一个热点就是利用递推公式求出数列的通项公式，常用的方法有累加法、累乘法和待定系数法，有时根据数列递推公式求数列中的项时，数列可能会有周期】

**高考链接**：2021 年・新课标全国卷乙・19

记 $S_n$ 为数列 $\{a_n\}$ 的前 $n$ 项和，$b_n$ 为数列 $\{S_n\}$ 的前 $n$ 项积，已知 $\dfrac{2}{S_n} + \dfrac{1}{b_n} = 2$，

（1）证明：数列 $\{b_n\}$ 是等差数列；

（2）求 $\{a_n\}$ 的通项公式。

答案：（1）当 $n = 1$ 时，$b_1 = S_1$，由 $\dfrac{2}{S_n} + \dfrac{1}{b_n} = 2$ 得 $b_1 = \dfrac{3}{2}$。

当 $n \geqslant 2$ 时，$\dfrac{b_n}{b_{n-1}} = S_n$，代入 $\dfrac{2}{S_n} + \dfrac{1}{b_n} = 2$ 得 $b_n - b_{n-1} = \dfrac{1}{2}$，

所以数列 $\{b_n\}$ 是首项 $b_1 = \dfrac{3}{2}$，公差为 $\dfrac{1}{2}$ 的等差数列。

(2) $a_1 = S_1 = b_1 = \dfrac{3}{2}$，由（1）知，$b_n = \dfrac{n+2}{2}$，

所以 $S_n = \dfrac{n+2}{n+1} = 1 + \dfrac{1}{n+1}$，

所以 $a_n = \begin{cases} \dfrac{3}{2}, & n = 1, \\ -\dfrac{1}{n(n+1)}, & n \geqslant 2。 \end{cases}$

# 第十五章
# 一元函数的导数及其应用

　　微积分的创建是数学史上的里程碑，它的出现与任意时刻的速度与加速度、曲线的切线、函数的最值等问题均有关。导数是微积分的核心内容之一，也是现代数学的基本概念，定量地刻画了函数局部的变化。导数这一章的命题也是高考的重点，甚至很多年高考的压轴题都是导数的应用。对于本章的学习，应从三个方面出发：一是认识导数；二是会求导；三是导数的应用，要能够利用导数判断函数的单调区间，求函数的极值最值等，比较复杂的是含参的问题。知识层面上，在《普通高中数学课程标准》中有如下具体的要求：

　　（1）导数概念及其意义：①通过实例分析，经历由平均变化率过渡到瞬时变化率的过程，了解导数概念的实际背景，知道导数是关于瞬时变化率的数学表达，体会导数的内涵与思想。②体会极限思想。③通过函数图像直观理解导数的几何意义。

　　（2）导数运算：①能根据导数定义求函数 $y = c$，$y = x$，$y = x^2$，$y = x^3$，$y = \dfrac{1}{x}$，$y = \sqrt{x}$ 的导数。②能利用给出的基本初等函数的导数公式和导数的四则运算法则求简单函数的导数，能求简单的复合函数［限于形如 $f(ax + b)$ 的导数］。③会使用导数公式表。

　　（3）导数在研究函数中的应用：①结合实例，借助几何直观了解函数的单调性与导数的关系，能利用导数研究函数的单调性；对于多项式函数，能求不超过三次的多项式函数的单调区间。②借助函数的图像，了解函数在某点取得极值的必要条件和充分条件；能利用导数求某些函数的极大值或极小值以及给定闭区间上不超过三次的多项式函数的最大值或最小值，体会导数与单调性、极值、最大（小）值的关系。

　　学会求导是利用导数解决问题的第一步，一定不要忽略函数的定义域。导数的几何意义和导数的应用是考查的重点，本章的学习，主要培养学生函数与方程以及转化的数学思想，提升学生数学运算、逻辑推理和直观想象等学科素养。

**典例 15 - 1**：《选择性必修第二册》第 65 页例 1

设 $f(x) = \dfrac{1}{x}$，求 $f'(1)$。

答案：$f'(1) = \lim\limits_{\Delta x \to 0} \dfrac{f(1 + \Delta x) - f(1)}{\Delta x}$

$$= \lim\limits_{\Delta x \to 0} \dfrac{\dfrac{1}{1 + \Delta x} - 1}{\Delta x} = \lim\limits_{\Delta x \to 0}\left(-\dfrac{1}{1 + \Delta x}\right) = -1 \text{。}$$

**引申**：《选择性必修第二册》第 81 页习题 5.2 第 2 题

求下列函数的导数：

(1) $y = (x + 1)^{99}$；　　　　(2) $y = \dfrac{x}{\sqrt{2x + 1}}$；

(3) $y = (2x - 3)\sin(2x + 5)$；　　(4) $y = \dfrac{\cos(3x - 2)}{2x}$；

(5) $y = (3x + 1)^2 \ln(3x)$；　　(6) $y = 3^x e^{-3x}$。

答案：(1) $y' = 99(x + 1)^{98}$；　　(2) $y' = \dfrac{x + 1}{(2x + 1)\sqrt{2x + 1}}$；

(3) $y' = 2\sin(2x + 5) + (4x - 6)\cos(2x + 5)$；

(4) $y' = \dfrac{-3x\sin(3x - 2) - \cos(3x - 2)}{2x^2}$；

(5) $y' = 6(3x + 1)\ln(3x) + \dfrac{(3x + 1)^2}{x}$；

(6) $y' = 3^x e^{-3x}(\ln 3 - 3)$。

【求导是导数应用的切入点，要了解导数的定义求导，但通常不用定义来求导。掌握常用导数的求法，8 种常见函数的导数，4 种运算法则，同时也能求简单复合函数的导数】

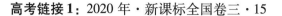

**高考链接 1**：2020 年·新课标全国卷三·15

设函数 $f(x) = \dfrac{e^x}{x+a}$，若 $f'(1) = \dfrac{e}{4}$，则 $a =$ _____。

答案：1。

先对函数 $f(x) = \dfrac{e^x}{x+a}$ 求导，即 $f'(x) = \dfrac{e^x(x+a-1)}{(x+a)^2}$，

所以 $f'(1) = \dfrac{e(1+a-1)}{(1+a)^2} = \dfrac{e}{4}$，解得 $a = 1$。

**高考链接 2**：2018 年·天津卷·10

已知函数 $f(x) = e^x \ln x$，$f'(x)$ 为 $f(x)$ 的导数，则 $f'(1)$ 的值为_____。

答案：e。

对函数 $f(x) = e^x \ln x$ 求导，即 $f'(x) = e^x \left( \ln x + \dfrac{1}{x} \right)$，

则 $f'(1) = e(\ln 1 + 1) = e$。

**典例 15-2**：《选择性必修第二册》第 70 页练习题第 3 题

求曲线 $y = -2x^2 + 1$ 在点 $(1, -1)$ 处的切线方程。

答案：根据 $y = -2x^2 + 1$，可得 $y' = -4x$，

所以在点 $(1, -1)$ 处切线的斜率为 $k = -4$，

则切线方程为 $y + 1 = -4(x-1)$，即 $4x + y - 3 = 0$。

**引申 1**：《选择性必修第二册》第 70 页习题 5.1 第 7 题

求曲线 $y = \dfrac{1}{2}x^2 - 2$ 在点 $\left( 1, -\dfrac{3}{2} \right)$ 处切线的倾斜角。

答案：根据 $y = \dfrac{1}{2}x^2 - 2$，可得 $y' = x$，

所以在点 $\left( 1, -\dfrac{3}{2} \right)$ 处的切线的斜率为 $k = 1$。

设切线的倾斜角为 $\alpha$，因为 $\alpha \in [0, \pi)$，

所以切线的倾斜角为 $\dfrac{\pi}{4}$。

**引申 2**：《选择性必修第二册》第 82 页习题 5.2 拓广探索第 11 题

设曲线 $y = e^{2ax}$ 在点 $(0, 1)$ 处的切线与直线 $2x - y + 1 = 0$ 垂直，求 $a$ 的值。

答案：因为点 $(0, 1)$ 是曲线上的点，即点 $(0, 1)$ 为切线的切点。

函数 $y = e^{2ax}$ 的导数为 $y' = 2ae^{2ax}$，

故切线的斜率为 $k = 2a$ 。

因为切线与直线 $2x - y + 1 = 0$ 垂直，所以 $2a \times 2 = -1$ ，即 $a = -\dfrac{1}{4}$ 。

**引申3**：《选择性必修第二册》第 104 页复习参考题 5 综合运用第 13 题

已知曲线 $y = x + \ln x$ 在点（1，1）处的切线与曲线 $y = ax^2 + (2a + 3)x + 1$ 只有一个公共点，求 $a$ 的值。

答案：函数 $y = x + \ln x$ 的导数为 $y' = 1 + \dfrac{1}{x}$ ，

在点（1，1）处的切线的斜率为 $k = 2$ ，

所以切线方程为 $y - 1 = 2(x - 1)$ ，即 $y = 2x - 1$ 。

当 $a = 0$ 时，切线与曲线相交，只有一个公共点，符合题意；

当 $a \neq 0$ 时，切线与曲线只有一个公共点，联立方程得

$ax^2 + (2a + 1)x + 2 = 0$ 。

因为 $\Delta = (2a + 1)^2 - 8a = 4a^2 - 4a + 1 = 0$ ，解得 $a = \dfrac{1}{2}$ 。

综上所述，$a = 0$ 或 $a = \dfrac{1}{2}$ 。

【导数的几何意义是导数考查的一个重点，解决这一问题首先确定切点 $(x_0, y_0)$ ，然后根据切点在切线上、切点在曲线上、切点的导数值是切线的斜率列出三个方程，即可解决切线问题。在解题过程中，要注意审清题意，"在点处"和"过点"是不一样的】

**高考链接1**：2021 年·新课标全国卷甲·13

曲线 $y = \dfrac{2x - 1}{x + 2}$ 在点（-1，-3）处的切线方程为_____。

答案：$y = 5x + 2$ 。

$y' = \dfrac{5}{(x + 2)^2}$ ，所以所求切线的斜率为 $k = 5$ ，

则所求切线方程为 $y = 5x + 2$ 。

**高考链接2**：2021 年·天津卷·20.1

已知 $a > 0$ ，函数 $f(x) = ax - xe^x$ 。求曲线 $f(x)$ 在点 $(0, f(0))$ 处的切线方程。

答案：因为 $f(0) = 0$ ，函数的导数为 $f'(x) = a - (x + 1)e^x$ ，

所以所求切线的斜率为 $k = f'(0) = a - 1$ ，

则所求切线的方程为 $y = (a - 1)x$。

**高考链接 3**：2021 年·新课标全国卷乙·22.2

已知函数 $f(x) = x^3 - x^2 + ax + 1$，求曲线 $f(x)$ 过原点的切线与曲线 $y = f(x)$ 的公共点的坐标。

答案：设切点为 $P(x_0, f(x_0))$，函数的导数为 $f'(x) = 3x^2 - 2x + a$。

根据题意可得：

$f(x_0) = x_0^3 - x_0^2 + ax_0 + 1$ ①，

$k = 3x_0^2 - 2x_0 + a$ ②，

$0 - (x_0^3 - x_0^2 + ax_0 + 1) = k(0 - x_0)$ ③，

解得 $x_0 = 1$，则切线的方程为 $y = (a + 1)x$，

将切线方程代入曲线方程得 $x^3 - x^2 + ax + 1 = (a + 1)x$，

所以 $x_1 = 1$ 或 $x_2 = -1$，则交点坐标为 $(1, a + 1)$ 或 $(-1, -a - 1)$。

**高考链接 4**：2020 年·新高考卷·21.1

已知函数 $f(x) = ae^{x-1} - \ln x + \ln a$，当 $a = e$ 时，求曲线 $y = f(x)$ 在点 $(1, f(1))$ 处的切线与两坐标轴围成的三角形的面积。

答案：当 $a = e$ 时，函数 $f(x) = e^x - \ln x + 1$，其导数为 $f'(x) = e^x - \dfrac{1}{x}$，

切点为 $(1, e + 1)$，切线的斜率为 $k = e - 1$，

切线方程为 $y = (e - 1)x + 2$。

当 $x = 0$ 时，$y = 2$；当 $y = 0$ 时，$y = \dfrac{2}{1 - e}$。

所以切线与两坐标轴围成的三角形的面积为

$$S = \frac{1}{2} \times 2 \times \frac{2}{e - 1} = \frac{2}{e - 1}。$$

**高考链接 5**：2020 年·新课标全国卷一·15

曲线 $y = \ln x + x + 1$ 的一条切线的斜率为 2，则该切线的方程为_____。

答案：$y = 2x$。

设切点为 $(x_0, y_0)$，函数 $y = \ln x + x + 1$ 的导数为 $y = \dfrac{1}{x} + 1$，

则切线的斜率为 $k = \dfrac{1}{x_0} + 1 = 2$，

解得 $x_0 = 1$，所以切点为 $(1, 2)$，

则切线方程为 $y = 2x$。

**典例 15 - 3**：《选择性必修第二册》第 87 页例 3

求函数 $f(x) = \frac{1}{3}x^3 - \frac{1}{2}x^2 - 2x + 1$ 的单调区间。

答案：函数 $f(x) = \frac{1}{3}x^3 - \frac{1}{2}x^2 - 2x + 1$ 的定义域为 **R**，对函数求导得

$f'(x) = x^2 - x - 2 = (x + 1)(x - 2)$。

令 $f'(x) > 0$ 得 $x > 2$ 或 $x < -1$，令 $f'(x) < 0$ 得 $-1 < x < 2$，

所以函数 $f(x) = \frac{1}{3}x^3 - \frac{1}{2}x^2 - 2x + 1$ 的单调增区间为 $(-\infty, -1)$，$(2, +\infty)$，减区间为 $(-1, 2)$。

**引申 1**：《选择性必修第二册》第 103 页复习参考题 5 复习巩固第 7 题

求函数 $f(x) = \sqrt[3]{x^2}$ 的单调区间。

答案：函数 $f(x) = \sqrt[3]{x^2}$ 的定义域为 **R**，对函数求导得

$f'(x) = \frac{2}{3}x^{-\frac{1}{3}}$，

令 $f'(x) > 0$ 得 $x > 0$，令 $f'(x) < 0$ 得 $x < 0$，

所以函数 $f(x) = \sqrt[3]{x^2}$ 的单调增区间为 $(0, +\infty)$，减区间为 $(-\infty, 0)$。

**引申 2**：《选择性必修第二册》第 104 页复习参考题 5 拓广探索第 19 题（1）

已知函数 $f(x) = ae^{2x} + (a - 2)e^x - x$。讨论 $f(x)$ 的单调性。

答案：函数 $f(x) = ae^{2x} + (a - 2)e^x - x$ 的定义域为 **R**，对函数求导得

$f'(x) = 2ae^{2x} + (a - 2)e^x - 1 = (ae^x - 1)(2e^x + 1)$，

因为 $2e^x + 1$ 恒大于零，所以：

① 当 $a \leqslant 0$ 时，$f'(x) < 0$，$f(x)$ 在 $(-\infty, +\infty)$ 上单调递减；

② 当 $a > 0$ 时，令 $f'(x) < 0$ 得 $x < -\ln a$，令 $f'(x) > 0$ 得 $x > -\ln a$，

则 $f(x)$ 在 $(-\infty, -\ln a)$ 上单调递减，在 $(-\ln a, +\infty)$ 上单调递增。

【导数的一个重要应用就是利用导数判断原函数的单调性。对于不含参的函数，通常分三步来解决，第一步：求函数的定义域；第二步：对函数求导，并求导函数的零点；第三步：令导数大于零、小于零分别求出原函数的增区间和减区间。对于含参的函数，一般求完导数要进行分类讨论，通常讨论最高次幂系数，导数等于零是否有根以及根的大小问题等】

**高考链接 1**：2021 年·新高考全国卷一·22.1

已知函数 $f(x) = x(1 - \ln x)$。

（1）讨论 $f(x)$ 的单调性。

答案：函数 $f(x) = x(1 - \ln x)$ 的定义域为 $(0，+\infty)$，对函数求导得

$f'(x) = -\ln x$，

令 $f'(x) > 0$ 得 $0 < x < 1$，令 $f'(x) < 0$ 得 $x > 1$，

所以函数 $f(x) = x(1 - \ln x)$ 的单调增区间为 $(0，1)$，

减区间为 $(1，+\infty)$。

**高考链接2**：2021年·新课标全国卷甲·20.1

已知 $a > 0$ 且 $a \neq 1$，函数 $f(x) = \dfrac{x^a}{a^x}(x > 0)$。当 $a = 2$ 时，求 $f(x)$ 的单调区间。

答案：对函数 $f(x) = \dfrac{x^2}{2^x}(x > 0)$ 求导得

$f'(x) = \dfrac{x(2 - x\ln 2)}{2^x}(x > 0)$，

令 $f'(x) > 0$ 得 $0 < x < \dfrac{\ln 2}{2}$，令 $f'(x) < 0$ 得 $x > \dfrac{\ln 2}{2}$，

所以函数 $f(x) = \dfrac{x^a}{a^x}(x > 0)$ 的单调增区间为 $\left(0，\dfrac{\ln 2}{2}\right)$，

减区间为 $\left(\dfrac{\ln 2}{2}，+\infty\right)$。

**高考链接3**：2021年·新课标全国卷乙·21.1

已知函数 $f(x) = x^3 - x^2 + ax + 1$。讨论 $f(x)$ 的单调性。

答案：对函数 $f(x) = x^3 - x^2 + ax + 1$ 求导得：

$f'(x) = 3x^2 - 2x + a$，

$f'(x) = 3x^2 - 2x + a = 0$ 对应判别式 $\Delta = 4 - 12a$。

① $\Delta \leqslant 0$ 时，即 $a \geqslant \dfrac{1}{3}$，$f'(x) \geqslant 0$ 恒成立，故 $f(x)$ 在 $(-\infty，+\infty)$ 上单调递增；

② $\Delta > 0$ 时，即 $a < \dfrac{1}{3}$，$f'(x) = 3x^2 - 2x + a = 0$ 的两根为

$x_1 = \dfrac{1 - \sqrt{1 - 3a}}{3}$，$x_2 = \dfrac{1 + \sqrt{1 - 3a}}{3}$，且 $x_1 < x_2$，

令 $f'(x) > 0$ 得 $x < \dfrac{1 - \sqrt{1 - 3a}}{3}$ 或 $x > \dfrac{1 + \sqrt{1 - 3a}}{3}$，令 $f'(x) < 0$ 得

$$\frac{1 - \sqrt{1 - 3a}}{3} < x < \frac{1 + \sqrt{1 - 3a}}{3}。$$

所以函数 $f(x)$ 在 $a < \frac{1}{3}$ 时的单调增区间为 $\left(\frac{1 + \sqrt{1 - 3a}}{3}, +\infty\right)$，

$\left(-\infty, \frac{1 - \sqrt{1 - 3a}}{3}\right)$，减区间为 $\left(\frac{1 - \sqrt{1 - 3a}}{3}, \frac{1 + \sqrt{1 - 3a}}{3}\right)$。

**高考链接 4：** 2021 年·新课标全国卷二·22.1

已知函数 $f(x) = (x - 1)e^x - ax^2 + b$。

（1）讨论 $f(x)$ 的单调性。

答案：对函数 $f(x) = (x - 1)e^x - ax^2 + b$ 求导得

$f'(x) = x(e^x - 2a)$。

① 当 $a \leqslant 0$ 时，$e^x - 2a > 0$，

令 $f'(x) > 0$ 得 $x > 0$，令 $f'(x) < 0$ 得 $x < 0$，

所以 $a \leqslant 0$ 时，函数 $f(x) = (x - 1)e^x - ax^2 + b$ 的单调增区间为 $(0, +\infty)$，减区间为 $(-\infty, 0)$。

② 当 $a > 0$ 时，$f'(x) = x(e^x - 2a) = 0$ 的两根为

$x_1 = 0$，$x_2 = \ln 2a$。

若 $0 < a < \frac{1}{2}$，则 $0 > \ln 2a$，

令 $f'(x) > 0$ 得 $x < \ln 2a$ 或 $x > 0$，令 $f'(x) < 0$ 得 $\ln 2a < x < 0$，

所以函数 $f(x)$ 在 $0 < a < \frac{1}{2}$ 时的单调增区间为 $(0, +\infty)$，$(-\infty, \ln 2a)$，

减区间为 $(\ln 2a, 0)$。

若 $a = \frac{1}{2}$，则 $0 = \ln 2a$，$f'(x) \geqslant 0$ 恒成立，

故 $f(x)$ 在 $(-\infty, +\infty)$ 上单调递增。

若 $a > \frac{1}{2}$，则 $0 < \ln 2a$，

令 $f'(x) > 0$ 得 $x < 0$ 或 $x > \ln 2a$，令 $f'(x) < 0$ 得 $0 < x < \ln 2a$，

所以函数 $f(x)$ 在 $a > \frac{1}{2}$ 时的单调增区间为 $(\ln 2a, +\infty)$，$(-\infty, 0)$，

减区间为 $(0, \ln 2a)$。

**典例 15－4**：《选择性必修第二册》第 86 页例 2

已知函数 $f'(x)$ 的下列信息：

当 $1 < x < 4$ 时，$f'(x) > 0$；

当 $x < 1$ 或 $x > 4$ 时，$f'(x) < 0$；

当 $x = 1$ 或 $x = 4$ 时，$f'(x) = 0$。

试画出函数 $f(x)$ 图像的大致形状。

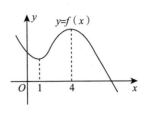

图 15－1

答案：当 $1 < x < 4$ 时，$f'(x) > 0$，可知 $f(x)$ 在区间（1，4）上单调递增；

当 $x < 1$ 或 $x > 4$ 时，$f'(x) < 0$，可知 $f(x)$ 在区间（$-\infty$，1）和（4，$+\infty$）上单调递减；

当 $x = 1$ 或 $x = 4$ 时，$f'(x) = 0$，这两个点比较特殊，我们称它们为"临界点"。

综上，函数图像的大致形状如图 15－1 所示。

**引申**：《选择性必修第二册》第 103 页复习参考题 5 巩固练习第 3 题

已知函数 $y = f(x)$ 的图像是下列四个图像之一，且其导函数 $y = f'(x)$ 的图像如图 15－2 所示，则该函数的图像是（　　　）

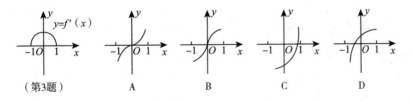

图 15－2

答案：B。

从导函数的图像可以看出，导函数值先增大后减小，$x = 0$ 时最大，所以原函数的变化率先增大后减小，在 $x = 0$ 时变化率最大。

【导函数和原函数之间的关系，通常用导函数的正负判断原函数的单调性，所以在判断单调性时先求解出导函数的正负】

**高考链接**：2017 年·浙江卷·7

函数 $y = f(x)$ 的导函数 $y = f'(x)$ 的图像如图 15－3 所示，则函数的图像可能是（　　　）

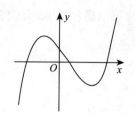

图 15 – 3

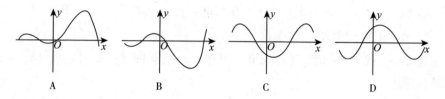

答案：D。

设导函数的零点为 $a$，$b$，$c$，且 $a < 0 < b < c$，则 $y = f(x)$ 在 $(a，b)$ 上递增，在 $(b，c)$ 上递减，在 $(c，+\infty)$ 上递增，根据单调性可选出答案为 D。

**典例 15 – 5**：《选择性必修第二册》第 91 页例 5

求函数 $f(x) = \dfrac{1}{3}x^3 - 4x + 4$ 的极值。

答案：因为 $f(x) = \dfrac{1}{3}x^3 - 4x + 4$，

所以 $f'(x) = x^2 - 4 = (x - 2)(x + 2)$。

令 $f'(x) = 0$，解得 $x = -2$ 或 $x = 2$。

当自变量 $x$ 变化时，$f'(x)$，$f(x)$ 的变化情况如表 15 – 1 所示：

表 15 – 1

| $x$ | $(-\infty，-2)$ | $-2$ | $(-2，2)$ | $2$ | $(2，+\infty)$ |
|---|---|---|---|---|---|
| $f'(x)$ | 正 | 0 | 负 | 0 | 正 |
| $f(x)$ | 递增 | $\dfrac{28}{3}$ | 递减 | $-\dfrac{4}{3}$ | 递增 |

因此，当 $x = -2$ 时，$f(x)$ 有极大值，并且极大值为 $f(-2) = \dfrac{28}{3}$；

当 $x = 2$ 时，$f(x)$ 有极小值，并且极小值为 $f(2) = -\dfrac{4}{3}$。

**引申 1：**《选择性必修第二册》第 93 页例 6

求函数 $f(x) = \frac{1}{3}x^3 - 4x + 4$ 在区间 $[0, 3]$ 上的最大值与最小值。

答案：由上例可知，在区间 $[0, 3]$ 上，当 $x = 2$ 时，$f(x) = \frac{1}{3}x^3 - 4x + 4$

有极小值，并且极小值为 $f(2) = -\frac{4}{3}$，又由于 $f(0) = 4$，$f(3) = 1$，

所以函数 $f(x) = \frac{1}{3}x^3 - 4x + 4$ 在区间 $[0, 3]$ 上的最大值为 4，最小值为

$-\frac{4}{3}$。

**引申 2：**《选择性必修第二册》第 104 页复习参考题第 8 题

已知函数 $f(x) = x^2 + px + q$，试确定 $p$，$q$ 的值，使得当 $x = 1$ 时，$f(x)$ 有最小值 4。

答案：根据题意知，函数 $f(x) = x^2 + px + q$ 在 $x = 1$ 处的导数值为 0，即

$f'(x) = 2x + p$，$f'(1) = 2 + p = 0$，

所以 $p = -2$，且 $f(1) = 1 + p + q = 4$，则 $q = 5$，

综上，$p = -2$，$q = 5$。

**引申 3：**《选择性必修第二册》第 104 页复习参考 5 复习巩固题第 9 题

已知函数 $f(x) = x(x - c)^2$ 在 $x = 2$ 处有极大值，求 $c$ 的值。

答案：函数 $f(x) = x(x - c)^2$ 的导函数为 $f'(x) = 3x^2 - 4cx + c^2$，

根据题意知：$f'(2) = 0$，即 $12 - 8c + c^2 = 0$。

解得 $c = 2$ 或 $c = 6$。

当 $c = 2$ 时，函数 $f(x) = x(x - 2)^2$ 在 $x = 2$ 取得极小值，故 $c = 6$。

【函数的极值是导数的重要应用之一，通过求导分析函数的增减区间，确定函数的极值点。注意导数为 0 的点和极值点之间的关系，并不等价。这部分要会求极值，同时也能根据极值确定参数取值或范围】

**高考链接 1：**2021 年·新课标全国卷乙·20（1）

设函数 $f(x) = \ln(a - x)$，已知 $x = 0$ 是函数 $y = xf(x)$ 的极值点，求 $a$。

答案：根据题意知 $y = xf(x) = x\ln(a - x)$，则 $y' = \ln(a - x) - \frac{x}{a - x}$。

因为 $x = 0$ 是函数 $y = xf(x)$ 的极值点，则将 $x = 0$ 代入得

$y' = \ln a = 0$，所以 $a = 1$。

**高考链接 2**：2021 年·北京卷·19 (2)

已知函数 $f(x) = \dfrac{3-2x}{x^2+a}$。

若函数 $f(x)$ 在 $x = -1$ 处取得极值，求 $f(x)$ 的单调区间，以及最大值和最小值。

答案：对函数 $f(x) = \dfrac{3-2x}{x^2+a}$ 求导得：$f'(x) = \dfrac{2x^2-6x-2a}{(x^2+a)^2}$，

根据题意知 $f'(-1) = 0$，解得 $a = 4$，经检验 $a = 4$ 符合题意。

此时 $f'(x) = \dfrac{2x^2-6x-8}{(x^2+4)^2} = \dfrac{2(x+1)(x-4)}{(x^2+4)^2}$。

令 $f'(x) > 0$ 得 $x < -1$ 或 $x > 4$，令 $f'(x) < 0$ 得 $-1 < x < 4$，

从而可知函数 $f(x)$ 的增区间是 $(-\infty, -1)$ 和 $(4, +\infty)$，减区间是 $(-1, 4)$，最大值为 1，最小值为 $-\dfrac{1}{4}$。

**高考链接 3**：2017 年·新课标全国卷二·11

若 $x = -2$ 是函数 $f(x) = (x^2+ax-1)e^{x-1}$ 的极值点，则 $f(x)$ 的极小值为（  ）

A. $-1$      B. $-2e^{-3}$      C. $5e^{-3}$      D. 1

答案：A。

对函数 $f(x) = (x^2+ax-1)e^{x-1}$ 求导得 $f'(x) = (x^2+2x+ax+a-1)e^{x-1}$，

根据题意得 $f'(-2) = 0$，即 $(-a-1)e^{-3} = 0$，所以 $a = -1$，

则 $f(x) = (x^2-x-1)e^{x-1}$，$f'(x) = (x^2+x-2)e^{x-1}$，

函数在 $(-\infty, -2)$ 和 $(1, +\infty)$ 上递增，在 $(-2, 1)$ 上递减，所以在函数 $x = 1$ 取得极小值 $-1$。

**高考链接 4**：2016 年·四川卷·6

已知 $a$ 是函数 $f(x) = x^3-12x$ 的极小值点，则 $a = （  ）$

A. $-4$      B. $-2$      C. 4      D. 2

答案：D。

对函数 $f(x) = x^3-12x$ 求导得 $f'(x) = 3x^2-12 = 3(x-2)(x+2)$。

令 $f'(x) > 0$ 得 $x < -2$ 或 $x > 2$，令 $f'(x) < 0$ 得 $-2 < x < 2$，

函数的单调增区间为 $(-\infty, -2)$ 和 $(2, +\infty)$，减区间为 $(-2, 2)$，所以极小值点 $a = 2$。

**典例 15 −6：**《选择性必修第二册》第 95 页例 7（3）

给定函数 $f(x) = (x + 1)e^x$，求出方程 $f(x) = a(a \in \mathbf{R})$ 的解的个数。

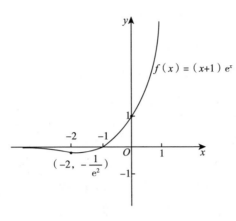

**图 15 −4**

答案：函数 $f(x) = (x + 1)e^x$ 的导数为 $f'(x) = (x + 2)e^x$，

令 $f'(x) > 0$ 得 $x > -2$，令 $f'(x) < 0$ 得 $x < -2$。

可知函数的单调增区间为 $(-2, +\infty)$，减区间为 $(-\infty, -2)$，

函数在 $x = -2$ 处取得极小值 $-\dfrac{1}{e^2}$。

函数的大概图像如图 15 −4 所示。

当 $a < -\dfrac{1}{e^2}$ 时，解为 0 个；

当 $a = -\dfrac{1}{e^2}$ 或 $a \geqslant 0$ 时，解为 1 个；

当 $-\dfrac{1}{e^2} < a < 0$ 时，解为 2 个。

**引申：**《选择性必修第二册》第 104 页复习参考题 5 拓广探索第 19 题（2）

已知函数 $f(x) = ae^{2x} + (a - 2)e^x - x$，若 $f(x)$ 有两个零点，求 $a$ 的取值范围。

答案：函数 $f(x) = ae^{2x} + (a - 2)e^x - x$ 的导数为

$f'(x) = 2ae^{2x} + (a - 2)e^x - 1 = (2e^x + 1)(ae^x - 1)$。

当 $a \leqslant 0$ 时，$f'(x) \leqslant 0$，函数单调递减，至多一个零点，不合题意；

当 $a > 0$ 时，$f'(x) = 0$ 得 $x = -\ln a$，且 $f(-\ln a) = \ln a + 1 - \dfrac{1}{a}$；

$a \geq 1$ 时，$f(-\ln a) = \ln a + 1 - \dfrac{1}{a} \geq 0$，至多一个零点，不合题意；

$0 < a < 1$ 时，$f(-\ln a) = \ln a + 1 - \dfrac{1}{a} < 0$，

且 $f(-2) = a\mathrm{e}^{-4} + (a-2)\mathrm{e}^{-2} + 2 > -2\mathrm{e}^{-2} + 2 > 0$，

所以 $f(x)$ 在 $(-\infty, -\ln a)$ 上有一个零点；

设正整数 $n$ 满足 $n > \ln\left(\dfrac{3}{a} - 1\right)$，则

$f(n) = \mathrm{e}^n(a\mathrm{e}^n + a - 2) - n > \mathrm{e}^n - n > 2n - n > 0$，

所以 $f(x)$ 在 $(-\ln a, +\infty)$ 上有一个零点；

综上，当 $0 < a < 1$ 时，函数 $f(x)$ 有两个零点。

【含参范围问题是整个导数应用中最难的一类，有时候需要对参数进行讨论，这时候的难点是在对含参函数值取值的判断上；有时候进行主参分离，通过主参分离求新函数的最值，从而求参数的范围。这类问题中涉及函数值正负判断时，有时候需要进行放缩，比如 $\mathrm{e}^x > x > \ln x$ 等】

**高考链接 1**：2021 年·新课标全国卷甲·20（2）

已知 $a > 0$ 且 $a \neq 1$，函数 $f(x) = \dfrac{x^a}{a^x}(x > 0)$，若曲线 $y = f(x)$ 与直线 $y = 1$ 有且仅有两个交点，求 $a$ 的取值范围。

答案：根据题意可知：方程 $\dfrac{x^a}{a^x} = 1(x > 0)$ 有两个根，即 $x^a = a^x$，

两边取对数得 $a\ln x = x\ln a$，两边同乘以 $\dfrac{1}{ax}$，则 $\dfrac{\ln a}{a} = \dfrac{\ln x}{x}$，

即 $y = \dfrac{\ln a}{a}$ 的图像与 $g(x) = \dfrac{\ln x}{x}$ 的图像有两个交点。

由 $g'(x) = \dfrac{1 - \ln x}{x^2}$，得 $g(x) = \dfrac{\ln x}{x}$ 在 $(0, \mathrm{e})$ 上递增，在 $(\mathrm{e}, +\infty)$ 上递减，

故 $g(x)$ 的最大值为 $g(\mathrm{e}) = \dfrac{1}{\mathrm{e}}$，

所以当 $0 < \dfrac{\ln a}{a} < \dfrac{1}{\mathrm{e}}$ 时有两个交点，此时 $a > 1$ 且 $a \neq \mathrm{e}$。

**高考链接 2**：2020 年·新课标全国卷二·21（1）

已知函数 $f(x) = 2\ln x + 1$。若 $f(x) \leq 2x + c$，求 $c$ 的取值范围。

答案：由 $f(x) \leqslant 2x + c$，得 $2\ln x + 1 \leqslant 2x + c$，

即 $\ln x - x \leqslant \dfrac{c-1}{2}$，设 $g(x) = \ln x - x$，

转化为 $x > 0$ 时，$g(x) = \ln x - x$ 的图像在直线 $y = \dfrac{c-1}{2}$ 的下方。

因为 $g'(x) = \dfrac{1}{x} - 1 = \dfrac{1-x}{x}$，易知 $g(x)$ 在 $(0, 1)$ 上递增，在 $(1, +\infty)$ 上递减，故函数 $g(x)$ 的最大值为 $g(x)_{\max} = g(1)$，

根据题意，只需 $g(1) \leqslant \dfrac{c-1}{2}$ 即可，得 $-1 \leqslant \dfrac{c-1}{2}$，所以 $c \geqslant -1$。

**典例 15 – 7**：《选择性必修第二册》第 89 页例 4

设 $x > 0$，$f(x) = \ln x$，$g(x) = 1 - \dfrac{1}{x}$，两个函数的图像如图 15 – 5 所示，判断 $f(x)$，$g(x)$ 的图像与 $C_1$，$C_2$ 之间的对应关系。

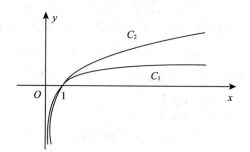

图 15 – 5

答案：因为 $f(x) = \ln x$，$g(x) = 1 - \dfrac{1}{x}$，

所以 $f'(x) = \dfrac{1}{x}$，$g'(x) = \dfrac{1}{x^2}$。

当 $x = 1$ 时，$f'(x) = g'(x) = 1$；

当 $0 < x < 1$ 时，$1 < f'(x) < g'(x)$；

当 $x > 1$ 时，$1 > f'(x) > g'(x) > 0$。

所以，在 $(0, 1)$ 上，$g(x)$ 的图像更"陡峭"；

在 $(1, +\infty)$ 上，$g(x)$ 的图像更"平缓"。

则 $f(x)$，$g(x)$ 的图像依次对应的是图像中的 $C_2$，$C_1$。

**引申 1**：《选择性必修第二册》第 99 页习题 5.5 综合运用第 12 题

利用函数的单调性，证明下列不等式。

(1) $e^x > 1 + x$，$x \neq 0$；

(2) $\ln x < x < e^x$，$x > 0$。

答案：(1) 设 $f(x) = e^x - 1 - x$，则 $f'(x) = e^x - 1$，

易得函数 $f(x)$ 在 $(0, +\infty)$ 上单调递增，在 $(-\infty, 0)$ 上单调递减，则

$f(x) = e^x - 1 - x$ 在 $x = 0$ 处取得最小值 $f(0) = 0$。

因为 $x \neq 0$，所以 $f(x) > 0$，即 $e^x > 1 + x$，$x \neq 0$。

(2) 设 $g(x) = x - \ln x$，则 $g'(x) = 1 - \dfrac{1}{x} = \dfrac{x-1}{x}$，

易得函数 $g(x)$ 在 $(1, +\infty)$ 上单调递增，在 $(0, 1)$ 上单调递减，则

$g(x) = x - \ln x$ 在 $x = 1$ 处取得最小值 $g(1) = 1 > 0$，

所以 $g(x) > 0$，即 $x > \ln x$。

由 (1) 知，$e^x > 1 + x > x$，综上，$\ln x < x < e^x$，$x > 0$。

**引申 2**：《选择性必修第二册》第 104 页复习参考题 5 拓广探索第 18 题

已知函数 $f(x) = e^x - \ln(x + m)$，当 $m \leqslant 2$ 时，求证：$f(x) > 0$。

答案：因为 $e^x \geqslant 1 + x$，设函数 $g(x) = x + 1 - \ln(x + 2)$，

则 $g'(x) = 1 - \dfrac{1}{x+2} = \dfrac{x+1}{x+2}$，

易得函数 $g(x)$ 在 $(-1, +\infty)$ 上单调递增，在 $(-2, -1)$ 上单调递减，

则 $g(x) = x + 1 - \ln(x + 2)$ 在 $x = -1$ 处取得最小值 $g(-1) = 0$，

即 $x + 1 \geqslant \ln(x + 2)$。又因为 $x = 0$ 时不等式 $e^x \geqslant 1 + x$ 取等号，

因为等号不能同时取到，所以 $e^x > 1 + x > \ln(x + 2)$，

综上，当 $m \leqslant 2$ 时，$f(x) > 0$。

【不等式的证明可构造新函数，通过求解新函数的最值证明不等式，如要证明 $f(x) \geqslant g(x)$，可设 $h(x) = f(x) - g(x)$，求新函数的最小值非负，从而证明不等式，不等式的证明能够培养逻辑推理和转化的能力】

**高考链接**：2021 年·新课标全国卷甲·20 (2)

设函数 $f(x) = a^2 x^2 + ax - 3\ln x + 1$，其中 $a > 0$。

若 $y = f(x)$ 的图像与 $x$ 轴没有公共点，求 $a$ 的取值范围。

答案：对函数 $f(x) = a^2 x^2 + ax - 3\ln x + 1$ 求导得

$f'(x) = 2a^2 x + a - \dfrac{3}{x}(x > 0)$，$f'(x) = 0$ 的两根为 $x_1 = -\dfrac{3}{2a}$，$x_2 = \dfrac{1}{a}$，

显然，$-\dfrac{3}{2a} < 0 < \dfrac{1}{a}$，则 $f(x)$ 在 $\left(\dfrac{1}{a}, +\infty\right)$ 上单调递增，在 $\left(0, \dfrac{1}{a}\right)$ 上单调递减，故函数的最小值为 $f(x)_{\min} = f\left(\dfrac{1}{a}\right) = 3 - 3\ln\dfrac{1}{a}$。

因为 $y = f(x)$ 的图像与 $x$ 轴没有公共点，$f(x)_{\min} > 0$，

即 $3 - 3\ln\dfrac{1}{a} > 0$，所以 $a > \dfrac{1}{e}$。

## 第十六章

# 计数原理

两个计数原理是排列、组合与二项式定理的基础，也是和现实生活关联比较大的，比如车牌号的排列，信号灯的排列，打比赛的场数统计，分组和分配的种树问题等。二项式定理中，杨辉三角及其性质的探究，可以让同学们感受到数字排列的奇妙，同时也能感受到中国数学家杨辉发现的"开方作法本源图"的伟大。和杨辉三角类似的，法国数学家帕斯卡也制作了帕斯卡三角，这种知识无国界的共鸣，更能说明数学的重要性以及数学与社会发展息息相关。知识层面上，在《普通高中数学课程标准》中有如下具体的要求：

（1）分类加法计数原理和分步乘法计数原理是解决计数问题的基础，称为基本计数原理。本单元的学习，可以帮助学生理解两个基本计数原理，并学会运用计数原理探索排列、组合、二项式定理等问题。其内容包括两个基本计数原理、排列组合、二项式定理。

（2）两个基本计数原理：通过实例了解分类加法计数原理、分步乘法计数原理及其意义。

（3）排列组合：通过实例理解排列、组合的概念；能利用计数原理推导排列数公式、组合数公式。

（4）二项式定理：能用多项式运算法则和计数原理证明二项式定理，会用二项式定理解决与二项式展开有关的简单问题。

可以看出，这部分内容很注重与生活实际的结合。

**典例 16 –1**：《选择性必修第三册》第 5 页例 3

书架的第 1 层放有 4 本不同的计算机书，第 2 层放有 3 本不同的文艺书，第 3 层放有 2 本不同的体育书。

（1）从书架上任取 1 本书，有多少种不同的取法？

（2）从书架的第 1 层、第 2 层、第 3 层各取 1 本书，有多少种不同的取法？

答案：（1）根据分类加法计数原理，不同取法的种数为 $N = 4 + 3 + 2 = 9$。

（2）根据分步乘法计数原理，不同取法的种数为 $N = 4 \times 3 \times 2 = 24$。

**引申 1**：《选择性必修第三册》第 12 页习题 6.1 综合运用第 8 题

（1）4 名同学分别报名参加学校的足球队、篮球队、乒乓球队，每人限报其中的一个运动队，不同选法的总数是 $3^4$ 还是 $4^3$？

（2）3 个班分别从 5 个景点中选择一处游览，不同选法的总数是 $3^5$ 还是 $5^3$？

答案：（1）每位同学都有 3 种选择，根据分步乘法计数原理，不同选法的总数是 $3^4$；（2）每班都有 5 种选择，据分步乘法计数原理，不同选法的总数是 $5^3$。

**引申 2**：《选择性必修第三册》第 12 页习题 6.1 综合运用第 9 题

（1）从 5 件不同的礼物中选出 4 件送给 4 位同学，每人 1 件，有多少种不同的送法？

（2）有 5 个编了号的抽屉，要放进 3 本不同的书，不同的方法有多少种？（一个抽屉可放多本书）

答案：（1）根据分步乘法计数原理，不同送法的总数是 $N = 5 \times 4 \times 3 \times 2 = 120$。

（2）根据分步乘法计数原理，不同的方法有 $N = 5 \times 5 \times 5 = 125$。

**引申 3**：《选择性必修第三册》第 12 页习题 6.1 拓广探索第 12 题

2160 有多少个不同的正因数？

答案：$\because 2160 = 2^4 \times 5 \times 3^3$，所以分为三步，选 2 有 5 种情况，选 5 有 2 种情况，选 3 有 4 种情况，所以根据分步计数原理 2160 一共有 $N = 4 \times 5 \times 2 = 40$ 个不同的正因数。

【两个计数原理的选择，首先要理清题意，看清题目中的要求是分类还是分步，然后再决定用加法计数还是用乘法计数】

**高考链接 1**：2016 年·新课标全国卷二·5

如图 16 − 1 所示，小明从街道的 $E$ 处出发，先到 $F$ 处与小红会合，再一起到位于 $G$ 处的老年公寓参加志愿者活动，则小明到老年公寓可以选择的最短路径条数为（　　）

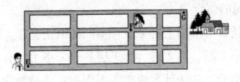

图 16 – 1

A. 24　　　　　B. 18　　　　　C. 12　　　　　D. 9

答案：B。

第一步有 $3 \times 2 = 6$ 种选法，第二步有 $3 \times 1 = 3$ 种选法，根据分步计数原理，共有 $6 \times 3 = 18$ 条最短路径。

**高考链接2**：2017 年·天津卷·14

用数字 1，2，3，4，5，6，7，8，9 组成没有重复数字，且至多有一个数字是偶数的四位数，这样的四位数一共有_____个。（用数字作答）

答案：分成两类，第一类：没有偶数：有 $A_5^4 = 120$ 个；第二类：有一个偶数：有 $C_5^3 C_4^1 A_4^4 = 960$ 个，根据分类加法计数原理，共有 $N = 120 + 960 = 1080$ 个。

**典例 16 – 2**：《选择性必修第三册》第 22 页例 5

平面内有 $A$，$B$，$C$，$D$ 共 4 个点。

（1）以其中 2 个点为端点的有向线段共多少条？

（2）以其中 2 个点为端点的线段有多少条？

答案：（1）一条有向线段的两个端点分起点和终点，所以有向线段条数为 $A_4^2 = 4 \times 3 = 12$；

（2）线段的两个端点不考虑顺序，所以线段的条数为

$$C_4^2 = \frac{4 \times 3}{2} = 6。$$

**引申1**：《选择性必修第三册》第 26 页习题 6.2 复习巩固第 4 题

（1）有 3 张参观券，要在 5 人中确定 3 人去参观，不同方法的总数是_____。

（2）要从 5 件不同的礼物中选出 3 件，分别送 3 位同学。不同方法的总数是_____。

（3）5 名工人各自在 3 天中选择 1 天休息，不同方法的总数是_____。

（4）集合 $A$ 有 $m$ 个元素，集合 $B$ 中有 $n$ 个元素，从两个集合中各取 1 个元素，不同方法的总数是_____。

答案：（1）参观券没有顺序，所以不同方法的总数是 $C_5^3 = 10$；

（2）礼物是不同的，有顺序，所以不同方法的总数是 $A_5^3 = 120$；

（3）共分 5 步，每步有 3 种不同的选法，所以不同方法的总数是 $3^5 = 243$；

（4）共分 2 步，所以不同方法的总数是 $mn$。

**引申 2**：《选择性必修第三册》第 27 页习题 6.2 拓广探索第 17 题

如图 16 – 2 所示，先要用 5 种不同的颜色对某市的 4 个区县地图进行着色，要求有公共边的两个地区不能用同一种颜色，共有几种不同的着色方法？

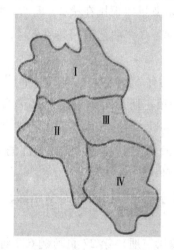

**图 16 – 2**

答案：共有 $3A_5^3 = 180$ 种不同的着色方法。

【排列和组合的共同点是从 $n$ 个不同的元素中选 $m(m \leqslant n)$ 个元素，不同点为排列有序，而组合无序。解题的关键是审清题意，理清研究对象的有序性和无序性】

**高考链接 1**：2007 年·天津卷·16

如图 16 – 3 所示，用 6 种不同的颜色给图中的 4 个格子涂色，每个格子涂一种颜色。要求最多使用 3 种颜色且相邻的 2 个格子颜色不同，则不同的涂色方法共有 _____ 种。（用数字作答）

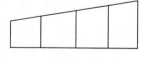

**图 16 – 3**

答案：第一类使用 2 种颜色，有 $C_6^2 \times 2 \times 1^3 = 30$ 种涂色方法；

第二类使用 3 种颜色，有 $C_6^3 (3 \times 2^3 - C_3^2 \times 2 \times 1^3) = 360$ 种涂色方法。

所以共有 390 种不同的涂色方法。

**高考链接 2**：2018 年·新课标全国卷一·15

从 2 位女生、4 位男生中选 3 人参加科技比赛，且至少有 1 位女生入选，则不同的选法共有_____种。（用数字作答）

答案：分为两种情况：1 位女生和 2 位女生。

共有 $C_2^1 C_4^2 + C_2^2 C_4^1 = 16$ 种不同的选法。

**典例 16 – 3**：《选择性必修第三册》第 26 页习题 6.2 综合运用第 9 题

学校要安排一场文艺晚会的 11 个节目的演出顺序，除第 1 个节目和最后 1 个节目已确定外，4 个音乐节目要求排在第 2，5，7，10 的位置，3 个舞蹈节目要求排在第 3，6，9 的位置，2 个曲艺节目排在第 4，8 的位置，有多少种不同的排法？

答案：根据题意可知共有 $A_4^4 \times A_3^3 \times A_2^2 = 288$ 种不同的排法。

**引申 1**：《选择性必修第三册》第 26 页习题 6.2 复习巩固第 5（2）题

一名同学有 4 本不同的数学书、5 本不同的物理书、3 本不同的化学书，现要将这些书放在一个单层的书架上。如果要将全部的书放在书架上，且不使同类的书分开，那么有多少种不同的方法？

答案：不使同类的书分开，即让同类的书相邻，共有 $A_4^4 \times A_5^5 \times A_3^3 \times A_3^3 = 103680$ 种不同的方法。

**引申 2**：《选择性必修第三册》第 27 页习题 6.2 综合运用第 13 题

从 5 名男生和 4 名女生中选出 4 人去参加一项创新大赛。

（1）如果 4 人中男、女生各选 2 人，那么有多少种选法？

（2）如果男生中的甲和女生中的乙必须在内，那么有多少种选法？

（3）如果男生中的甲和女生中的乙至少有 1 人在内，那么有多少种选法？

（4）如果 4 人中必须既有男生又有女生，那么有多少种选法？

答案：（1）如果 4 人中男、女生各选 2 人，那么有 $C_5^2 \times C_4^2 = 60$ 种选法。

（2）如果男生中的甲和女生中的乙必须在内，那么有 $C_7^2 = 21$ 种选法。

（3）法一（间接法）：如果男生中的甲和女生中的乙至少有 1 人在内，那么有 $C_9^4 - C_7^4 = 91$ 种选法；

法二（直接法）：$C_7^3 C_2^1 + C_7^2 = 91$。

（4）如果 4 人中必须既有男生又有女生，那么有 $C_5^1 C_4^3 + C_5^2 C_4^2 + C_5^3 C_4^1 = 120$ 种选法。

【按题意求排列数问题，相邻问题利用"捆绑法"，让相邻的元素捆绑，注意内外部的全排；不相邻问题用"插空法"，先排其他元素，然后让不相邻的

元素插空；如果有特殊元素和特殊位置的，优先安排特殊元素和特殊位置】

**高考链接1**：2012年·大纲卷·7

6名选手依次演讲，其中选手甲不在第一个也不在最后一个演讲，则不同的演讲次序共有（　　）种

A. 240　　　　　　B. 360　　　　　　C. 480　　　　　　D. 720

答案：C。

法一：直接法：$C_4^1 A_5^5 = 480$。

法二：间接法：$A_6^6 - C_2^1 A_5^5 = 480$。

**高考链接2**：2013年·大纲卷·14

6人排成一行，其中甲、乙两人不相邻的不同排法共有_____种。（用数字作答）

答案：480。

共有 $A_4^4 A_5^2 = 480$ 种排法。

**高考链接3**：2014年·重庆卷·15

某次联欢会要安排3个歌舞类节目、2个小品类节目和1个相声类节目的演出顺序，则同类节目不相邻的排法总数为（　　）

A. 72　　　　　　B. 120　　　　　　C. 144　　　　　　D. 168

答案：B。

先排歌舞类节目有 $A_3^3 = 6$ 种排法，再把剩余节目插空排进去，但歌舞类节目的两个空之间必须有节目，分两类，一空排一个有 $C_2^1 A_3^3 = 12$ 种，一空排多个节目有 $C_2^1 A_2^1 A_2^2 = 8$ 种，则排法总数为 $A_3^3 (12 + 8) = 120$。

**高考链接4**：2014年·北京卷·13

把5件不同的产品摆成一排，若产品A与产品B相邻，产品A与产品C不相邻，则不同的摆法有_____种。

答案：36。

根据题意，用产品A与产品B相邻，其他产品任意排的种数减去产品A与产品B相邻且产品A与产品C相邻的种数，得 $A_4^4 A_2^2 - A_3^3 A_2^1 = 36$。

**典例16-4**：《选择性必修第三册》第25页例7

在100件产品中，有98件合格品，2件次品。从这100件产品中任意抽出3件。（1）有多少种不同的抽法？（2）抽出的3件中恰好有1件是次品的抽法有多少种？（3）抽出的3件中至少有1件次品的抽法有多少种？

答案：（1）有 $C_{100}^3 = 161700$ 种不同的抽法；

（2）有 $C_2^1 \times C_{98}^2 = 9506$ 种不同的抽法；

（3）法一：（直接法）有 $C_2^1 \times C_{98}^2 + C_2^2 \times C_{98}^1 = 9604$ 种抽法；

法二：有 $C_{100}^3 - C_{98}^3 = 9604$ 种抽法。

**引申 1**：《选择性必修第三册》第 27 页习题 6.2 综合运用第 15 题

从含有 3 件次品的 100 件产品中，任意抽取 5 件进行检验。

（1）抽出的产品都是合格品的抽法有多少种？

（2）抽出的产品中恰好有 2 件是次品的抽法有多少种？

（3）抽出的产品中至少有 2 件是次品的抽法有多少种？

（4）抽出的产品中至多有 2 件是次品的抽法有多少种？

答案：（1）有 $C_{97}^5$ 种抽法；

（2）有 $C_3^2 C_{97}^3$ 种；

（3）有 $C_3^2 C_{97}^3 + C_3^3 C_{97}^2$ 种；

（4）有 $C_{97}^5 + C_3^2 C_{97}^3 + C_3^1 C_{97}^4$ 种。

**引申 2**：《选择性必修第三册》第 27 页习题 6.2 综合运用第 10 题

班上每个小组有 12 名同学，现要从每个小组选 4 名同学代表本组与其他小组进行辩论赛。

（1）每个小组有多少种选法？

（2）如果还要从选出的同学中指定 1 名作替补，那么每个小组有多少种选法？

（3）如果还要将选出的同学分别指定为第一、二、三、四辩手，那么每个小组有多少种选法？

答案：（1）$C_{12}^4 = 495$；（2）$C_{12}^4 C_4^1 = 495 \times 4 = 1980$；（3）$C_{12}^4 A_4^4 = 495 \times 24 = 11880$。

【组合中的抽样和分组分配问题是重要的考点，抽样也为几何分布列的学习打下了基础；分组和分配问题中的平均分组问题是难点，解决实际问题时，通常先分组再分配，避免重复求解】

**高考链接 1**：2020 年·新高考全国卷一·3

6 名同学到甲、乙、丙三个场馆做志愿者，每名同学只去 1 个场馆，甲场馆安排 1 名，乙场馆安排 2 名，丙场馆安排 3 名，则不同的安排方法共有（　　）

A. 120 种　　　　B. 90 种　　　　C. 60 种　　　　D. 30 种

答案：C。

共有 $C_6^1 C_5^2 C_3^3 = 60$ 种。

**高考链接 2：** 2021 年·新高考全国卷乙·6

将 5 名北京冬奥会志愿者分配到花样滑冰、短道速滑、冰球和冰壶 4 个项目进行培训。每名志愿者只分配到 1 个项目，每个项目至少分配 1 名志愿者，则不同的分配方案共有（　　）

A. 60 种　　　　　B. 120 种　　　　　C. 240 种　　　　　D. 480 种

答案：C。

根据题意可知，有两名志愿者需要分到一组，即共有 $C_5^2 A_4^4 = 240$ 种分配方案。

**高考链接 3：** 2020 年·新课标全国卷二·14

4 名同学到 3 个小区参加垃圾分类宣传活动，每名同学只去 1 个小区，每个小区至少安排 1 名同学，则不同的安排方法共有_____种。

答案：36。

根据题意可知，共有 $C_4^2 A_3^3 = 36$ 种安排方法。

**典例 16−5：**《选择性必修第三册》第 30 页例 2

(1) 求 $(1 + 2x)^7$ 的展开式的第 4 项的系数；

(2) 求 $\left(2\sqrt{x} - \dfrac{1}{\sqrt{x}}\right)^6$ 的展开式中 $x^2$ 的系数。

答案：(1) $(1 + 2x)^7$ 的展开式的第 4 项是 $T_{3+1} = C_7^3 \times 1^{7-3} \times (2x)^3 = 280x^3$，因此，展开式中第 4 项的系数是 280。

(2) $\left(2\sqrt{x} - \dfrac{1}{\sqrt{x}}\right)^6$ 的展开式的通项是

$$C_6^k (2\sqrt{x})^{6-k} \left(-\frac{1}{\sqrt{x}}\right)^k = (-1)^k 2^{6-k} C_6^k x^{3-k},$$

根据题意得，$3 - k = 2$，$\therefore k = 1$，因此，$x^2$ 的系数是 $(-1) \times 2^5 \times C_6^1 = -192$。

**引申：**《选择性必修第三册》第 38 页复习参考题 6 综合运用第 5 题

(1) 求 $(1 - 2x)^5 (1 + 3x)^4$ 的展开式中按 $x$ 的升幂排列的第 3 项；

(2) 求 $\left(9x + \dfrac{1}{3\sqrt{x}}\right)^{18}$ 的展开式中的常数项；

(3) 已知 $(1 + \sqrt{x})^n$ 的展开式中的第 9 项、第 10 项、第 11 项的二项式系数成等差数列，求 $n$；

（4）求 $(1 + x + x^2)(x - x)^{10}$ 的展开式中 $x^4$ 的系数；

（5）求 $(x^2 + x + y)^5$ 的展开式中 $x^5 y^2$ 的系数。

答案：（1）根据题意可知，所求项为展开式中的 $x^2$ 项，

$x^2$ 项的系数为 $C_4^2 3^2 + C_5^1 1^4 \times (-2)^1 \times C_4^1 3^1 + C_5^2 (-2)^2 = -26$，

因此，$(1 - 2x)^5 (1 + 3x)^4$ 的展开式中按 $x$ 的升幂排列的第 3 项为 $-26x^2$。

（2）$\left(9x + \dfrac{1}{3\sqrt{x}}\right)^{18}$ 的展开式中的通项是 $C_{18}^k (9x)^{18-k} \left(\dfrac{1}{3\sqrt{x}}\right)^k = C_{18}^k 3^{36-3k} x^{18-\frac{3}{2}k}$，

根据题意得，$18 - \dfrac{3}{2}k = 0$，$\therefore k = 12$，因此常数项为 $T_{13} = C_{18}^6$。

（3）$(1 + \sqrt{x})^n$ 的展开式中的第 9 项、第 10 项、第 11 项的二项式系数分别为

$C_n^8$，$C_n^9$，$C_n^{10}$，根据题意得 $2C_n^9 = C_n^8 + C_n^{10}$，解得：$n = 14$ 或 $n = 23$。

（4）根据题设得 $x^4$ 的系数为 $C_{10}^4 + C_{10}^3 (-1)^3 + C_{10}^2 = 135$，

因此，$(1 + x + x^2)(1 - x)^{10}$ 的展开式中 $x^4$ 的系数为 135。

（5）$(x^2 + x + y)^5$ 的展开式中 $x^5 y^2$ 的系数为 $C_5^2 C_3^2 = 30$。

【二项展开式中求指定项的系数、二项式系数、项，此类问题的解决要牢记二项展开式的通项，即 $(a + b)^n$ 展开式的通项为 $T_{r+1} = C_n^r a^{n-r} b^r$。在具体问题中按照要求代入通项公式解决，在求解过程中注意组合数和幂值求解的正确性】

**高考链接 1：** 2019 年·天津卷·10

$\left(2x - \dfrac{1}{8x^3}\right)^8$ 的展开式中的常数项为 _____。

答案：28。

因为 $T_{r+1} = C_8^r (2x)^{8-r} \left(-\dfrac{1}{8x^3}\right)^r = (-1)^r C_8^r 2^{8-4r} x^{8-4r}$，所以 $r = 2$，$T_3 = 28$。

**高考链接 2：** 2018 年·新课标全国卷三·5

$\left(x^2 + \dfrac{2}{x}\right)^5$ 的展开式中 $x^4$ 的系数为（     ）

A. 10　　　　　　B. 20　　　　　　C. 40　　　　　　D. 80

答案：C。

因为 $T_{r+1} = C_5^r (x^2)^{5-r} \left(\dfrac{2}{x}\right)^r = C_5^r 2^r x^{10-3r}$，则 $10 - 3r = 4$，$r = 2$，$T_5 = 40x^4$。

**高考链接 3：** 2019 年·新课标全国卷三·4

$(1 + 2x^2)(1 + x)^4$ 的展开式中 $x^3$ 的系数为（     ）

A. 12　　　　　　B. 16　　　　　　C. 20　　　　　　D. 24

答案：A。

根据题设知，$x^3$ 的系数为 $C_4^3 + 2C_4^1 = 12$。

**高考链接 4**：2020 年·新课标全国卷一·8

$\left(x + \dfrac{y^2}{x}\right)(x + y)^5$ 的展开式中 $x^3 y^3$ 的系数为（　　　　）

A. 5　　　　　　　B. 10　　　　　　C. 15　　　　　　D. 20

答案：C。

根据题设知，$x^3 y^3$ 的系数为 $C_5^2 + C_5^4 = 15$。

**典例 16 − 6**：《选择性必修第三册》第 33 页例 3

求证：在 $(a + b)^n$ 展开式中，奇数项的二项式系数的和等于偶数项的二项式系数的和。

答案：在展开式中，$(a + b)^n = C_n^0 a^n + C_n^1 a^{n-1} b + C_n^2 a^{n-2} b^2 + \cdots + C_n^n b^n$。

令 $a = 1$，$b = -1$，则得

$(1 - 1)^n = C_n^0 - C_n^1 + C_n^2 + \cdots + (-1)^n C_n^n$，

即 $(C_n^0 + C_n^2 + C_n^4 + \cdots) - (C_n^1 + C_n^3 + C_n^5 + \cdots) = 0$，

因此 $C_n^0 + C_n^2 + C_n^4 + \cdots = C_n^1 + C_n^3 + C_n^5 + \cdots$。

即在 $(a + b)^n$ 展开式中，奇数项的二项式系数的和等于偶数项的二项式系数的和。

**引申 1**：《选择性必修第三册》第 38 页复习参考题 6 复习巩固第 3 题（5）

在 $(1 - 2x)^n$ 的展开式中，各项系数之和是＿＿＿＿＿＿。

答案：$(-1)^n$。

因为 $(1 - 2x)^n = C_n^0 + C_n^1(-2x) + C_n^2(-2x)^2 + \cdots + C_n^n(-2x)^n$，

令 $x = 1$ 得，系数之和为 $(-1)^n$。

**引申 2**：《选择性必修第三册》第 38 页复习参考题 6 拓广探索第 9 题

在 $(1 + x)^3 + (1 + x)^4 + \cdots + (1 + x)^{n+2}$ 展开式中，含 $x^2$ 项的系数是多少？

答案：含 $x^2$ 项的系数是 $C_3^2 + C_4^2 + \cdots + C_{n+2}^2 = C_4^3 + \cdots + C_{n+2}^2 - 1 = C_{n+3}^3 - 1$。

【$(a + b)^n$ 二项展开式的二项式系数之和为 $2^n$，其中奇数项的二项式系数之和等于偶数项的二项式系数之和，即都等于 $2^{n-1}$；在求二项展开式的系数之和用到的方法是赋值法。另外在解题过程中，也会用到组合数的两个性质：① $C_n^m = C_n^{n-m}$；② $C_n^m + C_n^{m-1} = C_{n+1}^m$】

**高考链接1**：2015 年·新课标全国卷二·15

$(a + x)(1 + x)^4$ 的展开式中，$x$ 的奇数次幂项的系数之和为 32，则 $a$ = _____。

答案：3。

$f(x) = (a + x)(1 + x)^4 = a_0 + a_1 x + a_2 x^2 + a_3 x^3 + a_4 x^4 + a_5 x^5$，

分别令 $x = \pm 1$，可得 $f(1) = (a + 1)2^4$，$f(-1) = 0$，$\dfrac{f(1) - f(-1)}{2} = 2^3(a + 1) = 32$，$\therefore a = 3$。

**高考链接2**：2016 年·上海卷·8

在 $\left( \sqrt[3]{x} - \dfrac{2}{x} \right)^n$ 的二项式中，所有项的二项式系数之和为 256，则常数项等于 _____。

答案：112。

根据题意知 $2^n = 256$，$\therefore n = 8$，展开式的通项为 $T_{r+1} = C_8^r (\sqrt[3]{x})^{8-r} \left( -\dfrac{2}{x} \right)^r = C_8^r (-2)^r x^{\frac{8-4r}{3}}$，所以 $r = 2$ 时，常数项为 112。

**高考链接3**：2015 年·湖北卷·3

已知 $(1 + x)^n$ 的展开式中，第 4 项与第 8 项的二项式系数相等，则奇数项的二项式系数和为（　　）

A. $2^{12}$　　　　　　B. $2^{11}$　　　　　　C. $2^{10}$　　　　　　D. $2^9$

答案：D。

根据题意知 $C_n^3 = C_n^7$，$\therefore n = 10$，则奇数项的二项式系数之和为 $2^9$。

# 第十七章

# 随机变量及其分布

随机变量的分布列问题经常出现在高考试题中的应用题目里，这类问题与现实生活结合紧密，题目设置往往阅读量比较大，需要在审题时快速准确地筛选出关键信息，明确随机变量分布列的类型，并按规范的要求完成解答。知识层面上，在《普通高中数学课程标准》中有如下具体的要求：

（1）随机事件的条件概率：①结合古典概型，了解条件概率，能计算简单随机事件的条件概率。②结合古典概型，了解条件概率与独立性的关系。③结合古典概型，会利用乘法公式计算概率。④结合古典概型，会利用全概率公式计算概率。了解贝叶斯公式。

（2）离散型随机变量及其分布列：①通过具体实例，了解离散型随机变量的概念，理解离散型随机变量分布及其数字特征（均值、方差）。②通过具体实例，了解伯努利试验，掌握二项分布及其数字特征，并能解决简单的实际问题。③通过具体实例，了解超几何分布及其均值，并能解决简单的实际问题。

（3）正态分布：①通过误差模型，了解服从正态分布的随机变量。通过具体实例，借助频率直方图的几何直观，了解正态分布的特征。②了解正态分布的均值、方差及其含义。

这部分内容的学习，有利于提升学生数学建模和数据分析的学科素养，解决问题时要认真审题，分清类型，规范书写。

**典例 17 - 1：**《选择性必修第三册》第 47 页例 2

已知三张奖券中只有一张有奖，甲、乙、丙三名同学依次不放回地各随机抽取 1 张，他们中奖的概率与抽奖的次序有关吗？

答案：用 $A$，$B$，$C$ 分别表示甲、乙、丙中奖的事件，则 $B = \overline{A}B$，$C = \overline{A}\,\overline{B}$

$$P(A) = \frac{1}{3}；P(B) = P(\overline{A}B) = P(\overline{A})P(B \mid \overline{A}) = \frac{2}{3} \times \frac{1}{2} = \frac{1}{3}；$$

$$P(C) = P(\overline{A}\,\overline{B}) = P(\overline{A})P(\overline{B} \mid \overline{A}) = \frac{2}{3} \times \frac{1}{2} = \frac{1}{3}。$$

因为 $P(A) = P(B) = P(C)$，所以中奖的概率与抽奖的次序无关。

**引申：**《选择性必修第三册》第 52 页习题 7.1 复习巩固第 3 题

甲、乙两人向同一目标各射击 1 次，已知甲命中目标的概率为 0.6，乙命中目标的概率为 0.5，已知目标至少被命中 1 次，求甲命中目标的概率。

答案：设事件 $A$：目标至少被命中 1 次，事件 $B$：甲命中目标。

则 $P(A) = 0.6 \times 0.5 + 0.6 \times (1 - 0.5) + (1 - 0.6) \times 0.5 = 0.8$，$P(AB)$
$= 0.6 \times 0.5 + 0.6 \times (1 - 0.5) = 0.6$，

$$P(B \mid A) = \frac{P(AB)}{P(A)} = \frac{0.6}{0.8} = 0.75。$$

所以目标至少被命中 1 次时，甲命中目标的概率为 0.75。

【相互独立事件的乘法公式：事件 $A$，$B$ 相互独立，则 $A$，$B$ 同时发生的概率为 $P(AB) = P(A)P(B)$；条件概率公式：在事件 $A$ 发生的条件下，事件 $B$ 发生的概率为 $P(B \mid A) = \dfrac{P(AB)}{P(A)}$。解题过程中，要理清时间关系，选用合适的公式作答】

**高考链接：** 2014 年 · 新课标全国卷二 · 5

某地区空气质量监测资料表明，一天的空气质量为优良的概率是 0.75，连续两天为优良的概率是 0.6，已知某天的空气质量为优良，则随后一天的空气质量为优良的概率是 （ 　　 ）

A. 0.8　　　　　B. 0.75　　　　　C. 0.6　　　　　D. 0.45

答案：A。

记事件 $A$ 为第一天空气质量为优良，事件 $B$ 为第二天空气质量为优良，

因此 $P(B \mid A) = \dfrac{P(AB)}{P(A)} = \dfrac{0.6}{0.75} = 0.8$。

**典例 17 - 2：**《选择性必修第三册》第 69 页例 6

投资 $A$，$B$ 两种股票，每股收益的分布列如表 17 - 1、表 17 - 2 所示：

表 17 – 1

| 收益 $X$/元 | – 1 | 0 | 2 |
|---|---|---|---|
| 概率 | 0.1 | 0.3 | 0.6 |

表 17 – 2

| 收益 $Y$/元 | 0 | 1 | 2 |
|---|---|---|---|
| 概率 | 0.3 | 0.4 | 0.3 |

（1）投资哪种股票的期望收益大？

（2）投资哪种股票的风险较高？

答案：（1）股票 $A$ 和股票 $B$ 投资收益的期望分别为：

$E(X) = (-1) \times 0.1 + 0 \times 0.3 + 2 \times 0.6 = 1.1$，

$E(Y) = 0 \times 0.3 + 1 \times 0.4 + 2 \times 0.3 = 1$。

因为 $E(X) > E(Y)$，所以投资股票 $A$ 的期望收益大。

（2）股票 $A$ 和股票 $B$ 投资收益的方差分别为

$D(X) = (-1)^2 \times 0.1 + 0^2 \times 0.3 + 2^2 \times 0.6 - 1.1^2 = 1.29$，

$D(Y) = 0^2 \times 0.3 + 1^2 \times 0.4 + 2^2 \times 0.3 - 1^2 = 0.6$。

因为 $E(X)$ 和 $E(Y)$ 相差不大，且 $D(X) > D(Y)$，所以投资股票 $A$ 比投资股票 $B$ 的风险高。

**引申**：《选择性必修第三册》第 71 页习题 7.3 复习巩固第 1 题

某品牌手机投放市场，每部手机可能发生按定价售出、打折后售出、没有售出而收回三种情况。按定价售出每部利润 100 元，打折后售出每部利润 0 元，没有售出而收回每部利润 – 300 元。据市场分析，发生这三种情况的概率分别为 0.6，0.3，0.1，求每部手机获利的均值和方差。

答案：设每部手机获利为 $X$ 元，$X$ 的分布列如表 17 – 3 所示：

表 17 – 3

| $X$ | 100 | 0 | – 300 |
|---|---|---|---|
| $P$ | 0.6 | 0.3 | 0.1 |

则 $E(X) = 100 \times 0.6 + 0 \times 0.3 - 300 \times 0.1 = 30$（元），

$D(X) = (100 - 30)^2 \times 0.6 + (0 - 30)^2 \times 0.3 + (-300 - 30)^2 \times 0.1 = 14100$。

【随机变量的期望和方差求解步骤，需要先解决随机变量的分布列问题，然后代入期望 $E(X)\sum_{i=1}^{n}x_i p_i$ 和方差 $D(X)=\sum_{i=1}^{n}(x_i-E(x))^2 p_i$ 的公式求解】

**高考链接1**：2020年·浙江卷·16

一个盒子里有1个红、1个绿、2个黄四个相同的球，每次拿一个，不放回，拿出红球即停，设拿出黄球的个数为 $\xi$，则 $P(\xi=0)=$ _____；$E(\xi)=$ _____。

答案：$\dfrac{1}{3}$  1。

根据题意知，$P(\xi=0)=\dfrac{1}{4}+\dfrac{1}{4}\times\dfrac{1}{3}=\dfrac{1}{3}$，

$P(\xi=1)=\dfrac{2}{4}\times\dfrac{1}{3}+\dfrac{2}{4}\times\dfrac{1}{3}\times\dfrac{1}{2}+\dfrac{1}{4}\times\dfrac{2}{3}\times\dfrac{1}{2}=\dfrac{1}{3}$，

$P(\xi=2)=1-\dfrac{1}{3}-\dfrac{1}{3}=\dfrac{1}{3}$，$\therefore E(\xi)=1$。

**高考链接2**：2016年·新课标全国卷二·18.3

某保险的基本保费为 $a$（单位：元），继续购买保险的投保人称为续保人，续保人本年度的保费与其上年度出险次数的关联如表17−4所示：

表17−4

| 上年度出险次数 | 0 | 1 | 2 | 3 | 4 | ≥5 |
|---|---|---|---|---|---|---|
| 保费 | 0.85a | a | 1.25a | 1.5a | 1.75a | 2a |

设该险种一续保人一年内的出险次数与相应概率如表17−5所示：

表17−5

| 一年内出险次数 | 0 | 1 | 2 | 3 | 4 | ≥5 |
|---|---|---|---|---|---|---|
| 概率 | 0.30 | 0.15 | 0.20 | 0.20 | 0.10 | 0.05 |

求续保人本年度的平均保费与基本保费的比值。

答案：1.23。

记续保人本年度的保费为 $X$，则 $X$ 的分布列如表17−6所示：

表 17 - 6

| $X$ | 0.85$a$ | $a$ | 1.25$a$ | 1.5$a$ | 1.75$a$ | 2$a$ |
|---|---|---|---|---|---|---|
| $P$ | 0.30 | 0.15 | 0.20 | 0.20 | 0.10 | 0.05 |

则 $E(X) = 1.23a$，所以续保人本年度的平均保费与基本保费的比值为 1.23。

**典例 17 - 3：**《选择性必修第三册》第 75 页例 3

甲、乙两选手进行象棋比赛，如果每局比赛甲获胜的概率为 0.6，乙获胜的概率为 0.4，那么采用 3 局 2 胜制还是采用 5 局 3 胜制对甲更有利？

答案：法一：采用 3 局 2 胜制，甲获胜情况为 2：0 或 2：1，因为每局比赛的结果是独立的，甲最终获胜的概率为

$$p_1 = 0.6^2 + C_2^1 \times 0.6^2 \times 0.4 = 0.648；$$

采用 5 局 3 胜制，甲获胜的情况为 3：0，3：1 或 3：2，每局比赛的结果是独立的，甲最终获胜的概率为

$$p_2 = 0.6^3 + C_3^2 \times 0.6^3 \times 0.4 + C_4^2 \times 0.6^3 \times 0.4^2 = 0.68256。$$

法二：采用 3 局 2 胜制，不妨设赛满三局，用 $X$ 表示 3 局比赛中甲胜的局数，则 $X \sim B(3, 0.6)$，甲最终获胜概率为

$$p_2 = P(X = 2) + P(X = 3) = C_3^2 \times 0.6^2 \times 0.4 + C_3^3 \times 0.6^3 = 0.648；$$

采用 5 局 3 胜制，不妨设赛满 5 局，用 $X$ 表示 5 局比赛中甲胜的局数，则 $X \sim B(5, 0.6)$，甲最终获胜概率为

$$p_2 = P(X = 3) + P(X = 4) + P(X = 5) = C_5^3 \times 0.6^3 \times 0.4^2 + C_5^4 \times 0.6^4 \times 0.4 + C_5^5 \times 0.6^5 = 0.68526。$$

所以，5 局 3 胜制对甲有利。

**引申：**《选择性必修第三册》第 81 页习题 7.4 综合运用第 5 题

某射手每次射击击中目标的概率为 0.8，共进行 10 次射击，求（精确到 0.01）：

（1）恰有 8 次击中目标的概率；

（2）至少有 8 次击中目标的概率。

答案：根据题意知，设击中目标的次数为随机变量 $X$，则：

（1）$P(X = 8) = C_{10}^8 \times 0.8^8 \times (1 - 0.8)^2 \approx 0.30$。

（2）$P(X \geqslant 8) = P(X = 8) + P(X = 9) + P(X = 10)$

$$= C_{10}^8 \times 0.8^8 \times 0.2^2 + C_{10}^9 \times 0.8^9 \times 0.2 + C_{10}^{10} \times 0.8^{10} \approx 0.68。$$

【二项分布是独立重复试验背景下，事件 $A$ 发生的次数的分布列问题，牢记 $X \sim B(n, p)$ 时，$P(X = k) = C_n^k \times p^k \times (1 - p)^{n-k}$，$k = 0, 1, 2, \cdots, n$；二项分布的期望和方差公式分别为 $E(X) = np$，$D(X) = np(1 - p)$】

**高考链接 1：** 2021 年·天津卷·14

甲、乙两人在每次猜谜活动中各猜一个谜语，若一方猜对另一方猜错，则猜对的一方获胜，否则本次平局。已知每次活动中，甲、乙猜对的概率分别为 $\dfrac{5}{6}$ 和 $\dfrac{3}{5}$，且每次活动中甲、乙猜对与否互不影响，各次活动也互不影响，则一次活动中甲获胜的概率为＿＿＿＿，在 3 次活动中，甲至少获胜两次的概率为＿＿＿＿。

答案：$\dfrac{1}{3}$　$\dfrac{7}{27}$。

记"甲猜对""乙猜对""甲获胜"分别为事件 $A$，$B$，$C$，且 $A$，$B$ 相互独立，且 $P(A) = \dfrac{5}{6}$，$P(B) = \dfrac{3}{5}$，则 $P(C) = P(A\bar{B}) = \dfrac{1}{3}$；甲获胜的次数为 $X$，$X \sim B\left(3, \dfrac{1}{3}\right)$，所以甲至少获胜两次的概率为 $p = P(X = 2) + P(X = 3) = \dfrac{7}{27}$。

**高考链接 2：** 2017 年·新课标全国卷二·13

一批产品的二等品率为 0.02，从这批产品中每次随机抽取一件，有放回地抽取 100 次，$X$ 表示抽到的二等品件数，则 $D(X)$ ＿＿＿＿。

答案：1.96。

根据题意知，$X \sim B(100, 0.02)$，则根据方差公式得：$D(X) = 100 \times 0.02 \times 0.98 = 1.96$。

**高考链接 3：** 2018 年·新课标全国卷三·8

某群体中的每位成员使用移动支付的概率都为 $p$，各成员的支付方式相互独立。设 $X$ 为该群体的 10 位成员中使用移动支付的人数，则 $D(X) = 2.4$，$P(X = 4) < P(X = 6)$，则 $p = (\qquad)$

A. 0.7　　　　　B. 0.6　　　　　C. 0.4　　　　　D. 0.3

答案：B。

根据题意知，$X \sim B(n, p)$，$D(X) = 10p(1 - p) = 2.4$，$C_{10}^4 p^4 (1 - p)^6 < C_{10}^6 p^6 (1 - p)^4$，所以 $p = 0.6$。

**高考链接 4**：2019 年·天津卷·16（1）

设甲、乙两位同学上学期间，每天 7：30 之前到校的概率为 $\dfrac{2}{3}$，假定甲、乙两位同学到校情况互不影响，且任一同学每天到校情况相互独立。用 $X$ 表示甲同学上学期间的三天中 7：30 之前到校的天数，求随机变量 $X$ 的分布列和数学期望。

答案：根据题意知，$X \sim B\left(3, \dfrac{2}{3}\right)$，则随机变量 $X$ 的分布列如表 17 – 7 所示：

表 17 – 7

| $X$ | 0 | 1 | 2 | 3 |
|---|---|---|---|---|
| $p$ | $\dfrac{1}{27}$ | $\dfrac{2}{9}$ | $\dfrac{4}{9}$ | $\dfrac{8}{27}$ |

所以随机变量 $X$ 的数学期望 $E(X) = 3 \times \dfrac{2}{3} = 2$。

**典例 17 – 4**：《选择性必修第三册》第 79 页例 6（1）

一个袋子中有 100 个大小相同的球，其中有 40 个黄球、60 个白球，从中随机地摸出 20 个球作为样本，用 $X$ 表示样本中黄球的个数，分别就有放回摸球和不放回摸球求 $X$ 的分布列。

答案：对于有放回摸球，每次摸到黄球的概率为 0.4，且各次试验之间的结果是独立的，因此 $X \sim B(20, 0.4)$，$X$ 的分布列为

$p_{1k} = P(X = k) = C_{20}^{k} \times 0.4^{k} \times 0.6^{20-k}$，$k = 0$，1，2，…，20；

对于不放回摸球，各次试验的结果不独立，$X$ 服从超几何分布，分布列为

$p_{2k} = P(X = k) = \dfrac{C_{40}^{k} C_{60}^{20-k}}{C_{100}^{20}}$，$k = 0$，1，2，…，20。

**引申**：《选择性必修第三册》第 81 页习题 7.4 综合运用第 7 题

一个车间有 3 台车床，它们各自独立工作，设同时发生故障的车床数为 $X$，在下列两种情形下分别求 $X$ 的分布列：

（1）假设这 3 台车床型号相同，它们发生故障的概率都是 20%；

（2）这 3 台车床中有 $A$ 型号 2 台，$B$ 型号 1 台，$A$ 型号车床发生故障的概率是 10%，$B$ 型车床发生故障的概率为 20%。

答案：（1）$X \sim B(3, 0.2)$，所以 $X$ 的分布列为

$P(X = k) = C_3^k \times 0.2^k \times 0.8^{3-k}$，$k = 0$，$1$，$2$，$3$；

（2）$X$ 服从超几何分布，分布列如表 17－8 所示：

表 17－8

| $X$ | 0 | 1 | 2 | 3 |
|---|---|---|---|---|
| $p$ | 0.648 | 0.306 | 0.044 | 0.002 |

【区分二项分布和超几何分布，二项分布背景是独立重复试验，有放回抽样，其分布列为 $P(X = k) = C_n^k p^k (1 - p)^{n-k}$；而超几何分布是在两类产品之间进行的不放回抽样，超几何分布的分布列为 $P(X = k) = \dfrac{C_M^k C_{N-M}^{n-k}}{C_N^n}$，$k = 0$，$1$，$2$，$\cdots$，$n$】

**高考链接：** 2018 年·天津卷·16

已知某单位甲、乙、丙三个部门的员工人数分别为 24，16，16。现采用分层抽样的方法从中抽取 7 人，进行睡眠时间的检查。

（1）应从甲、乙、丙三个部门的员工中分别抽取多少人？

（2）若抽出的 7 人中有 4 人睡眠不足，3 人睡眠充足，现从这 7 人中随机抽取 3 人做进一步的身体检查。用 $X$ 表示抽取的 3 人中睡眠不足的员工人数，求随机变量 $X$ 的分布列与数学期望。

答案：（1）从甲、乙、丙三个部门的员工中分别抽取 3 人、2 人、2 人。

（2）根据题意知，$X$ 服从超几何分布，其分布列如表 17－9 所示：

表 17－9

| $X$ | 0 | 1 | 2 | 3 |
|---|---|---|---|---|
| $p$ | $\dfrac{1}{35}$ | $\dfrac{12}{35}$ | $\dfrac{18}{35}$ | $\dfrac{4}{35}$ |

$X$ 的期望为 $E(X) = 3 \times \dfrac{4}{7} = \dfrac{12}{7}$。

**典例 17－5：**《选择性必修第三册》第 86 页例题

李明上学时有时坐公交车，有时骑自行车。他各记录了 50 次坐公交车和骑自行车所花的时间，经数据分析得到：坐公交车平均用时 30min，样本方差为 36，骑自行车平均用时 34min，样本方差为 4，假设坐公交车用时 $X$ 和骑自行车用时 $Y$ 都服从正态分布。

（1）估计 $X$，$Y$ 的分布中的参数；

（2）根据（1）中的估计结果，利用信息技术画出 $X$ 和 $Y$ 分布密度曲线；

（3）如果某天有 $38\text{min}$ 可用，李明应选择哪种交通工具？如果只有 $34\text{min}$ 可用，又应该选择哪种交通工具？请说明理由。

答案：（1）根据题意可知，

$X \sim N(30, 6^2)$，$Y \sim N(34, 2^2)$。

（2）$X$ 和 $Y$ 分布密度曲线如图 $17-1$ 所示：

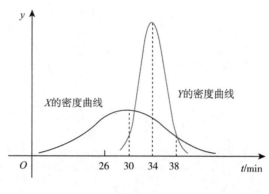

**图 17 - 1**

（3）应选择在给定时间内不迟到的概率大的交通工具，

因为 $P(X \leqslant 38) < P(Y \leqslant 38)$，$P(X \leqslant 34) > P(Y \leqslant 34)$，

所以，如果有 $38\text{min}$ 可用，选择自行车；如果只有 $34\text{min}$ 可用，选择公交车。

**引申：**《选择性必修第三册》第 87 页习题 7.5 第 2 题

某市高二年级男生的身高 $X$（单位：cm）近似服从正态分布 $N(170, 5^2)$，随机选择一名本市高二年级的男生，求下列事件的概率：

（1）$\{165 < X \leqslant 175\}$；（2）$\{X \leqslant 165\}$；（3）$\{X > 175\}$。

答案：由题意可得：身高符合均值 $\mu = 170$，标准差 $\delta = 5$ 的正态分布。

（1）$P(165 < X \leqslant 175) = P(\mu - \delta \leqslant X \leqslant \mu + \delta) = 0.6827$；

（2）$P(X \leqslant 165) = 0.5 - \dfrac{1}{2}P(\mu - \delta \leqslant X \leqslant \mu + \delta) = 0.15865$；

（3）$P(X > 175) = 0.5 - \dfrac{1}{2}P(\mu - \delta \leqslant X \leqslant \mu + \delta) = 0.15865$。

**高考链接：** 2015 年·山东卷·8

已知某批零件的长度误差（单位：毫米）服从正态分布 $N(0, 3^2)$，从中

随机取一件，其长度误差落在区间（3，6）内的概率为（　　　）

（附：若随机变量服从正态分布 $N(\mu, \delta^2)$，则 $P(\mu - \delta < \xi < \mu + \delta) = 68.26\%$，$P(\mu - 2\delta < \xi < \mu + 2\delta) = 95.44\%$）

A. 4.56%　　　　B. 13.59%　　　　C. 27.18%　　　　D. 31.74%

答案：B。

$P(3 < \xi < 6) = \dfrac{1}{2} \times (0.9544 - 0.6826) = 0.1359$。

# 第十八章

# 成对数据的统计分析

生活中，我们有时需要了解两个或两个以上变量间的关系，如身高与体重、广告投入与销售量、空气污染指数与汽车排气量等。在本章中，我们学习了借助线性回归模型和二乘二列联表等方法分析变量间的相关性和独立性，知识层面上，在《普通高中数学课程标准》中有如下具体的要求：

（1）成对数据的统计相关性：①结合实例，了解样本相关系数的统计含义，了解样本相关系数与标准化数据向量夹角的关系。②结合实例，会通过相关系数比较多组成对数据的相关性。

（2）一元线性回归模型：①结合具体实例，了解一元线性回归模型的含义，了解模型参数的统计意义，了解最小二乘原理，掌握一元线性回归模型参数的最小二乘估计方法，会使用相关的统计软件。②针对实际问题，会用一元线性回归模型进行预测。

（3）$2 \times 2$ 列联表：①通过实例，理解 $2 \times 2$ 列联表的统计意义。②通过实例，了解 $2 \times 2$ 列联表独立性检验及其应用。

对实际问题的分析，提升了数学建模、数据分析等学科素养。

**典例 18 − 1**：《选择性必修第三册》第 103 页习题 8.1 复习巩固第 1 题

在如图 18 − 1 所示的 4 幅散点图中，推断哪些图中的 $y$ 和 $x$ 之间存在相关关系？其中哪些正相关？哪些负相关？哪些图所对应的成对样本数据呈现出线性相关关系？哪些图所对应的成对样本数据呈现出非线性相关关系？

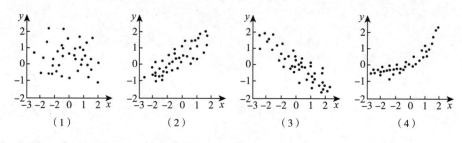

图 18 - 1

答案：由图 18 - 1 推断，（2）（3）（4）存在相关关系；

其中，（2）（4）呈正相关，（3）呈负相关；

（2）（3）呈线性相关关系，（4）呈非线性相关关系。

**引申：**《选择性必修第三册》第 138 页复习参考题 8 复习巩固第 1 题

变量 $x$ 和 $y$ 的成对样本数据的散点图如图 18 - 2 所示，据此可以推断变量 $x$ 和 $y$ 之间（　　　）

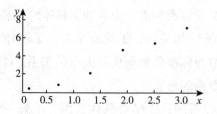

图 18 - 2

A. 很可能存在负相关　　　　　　B. 一定存在正相关

C. 很可能存在正相关　　　　　　D. 一定不存在负相关

答案：C。

【判断两变量的相关性，可通过成对数据画出散点图，通过散点图判断相关性，左下到右上呈上升趋势正相关，左上到右下呈下降趋势负相关。散点落在一条直线附近为线性相关。除此之外，还有非线性相关或曲线相关，散点杂乱无章无规律可言，则看不出两变量有相关性】

**高考链接 1：**2020 年·新课标全国卷一·5

某校一个课外学习小组为研究某作物种子的发芽率 $y$ 和温度 $x$（单位：℃）的关系，在 20 个不同的温度条件下进行种子发芽实验，由实验数据 $(x_i, y_i)$（$i$ =1，2，…，20）得到图 18 - 3 的散点图：

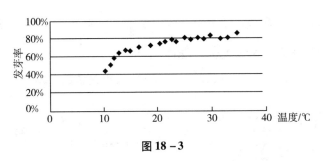

图 18 - 3

由此散点图，在 10~40℃之间，下面四个回归方程类型中最适宜作为发芽率 $y$ 和温度 $x$ 回归方程类型的是（   ）

A. $y = a + bx$

B. $y = a + bx^2$

C. $y = a + be^x$

D. $y = a + b\ln x$

答案：D。

根据散点图特征，非线性正相关，且增长趋势渐缓。

**高考链接 2**：2020 年·新课标全国卷二·18

某沙漠地区经过治理，生态系统得到很大改善，野生动物数量有所增加。为调查该地区某种野生动物的数量，将其分成面积相近的 200 个地块，从这些地块中用简单随机抽样的方法抽取 20 个作为样区，调查得到样本数据 $(x_i, y_i)$ $(i = 1, 2, \cdots, 20)$，其中 $x_i$ 和 $y_i$ 分别表示第 $i$ 个样区的植物覆盖面积（单位：公顷）和这种野生动物的数量，并计算得，

$$\sum_{i=1}^{20} y_i = 1200 \ , \quad \sum_{i=1}^{20} (x_i - \bar{x})^2 = 80 \ , \quad \sum_{i=1}^{20} (y_i - \bar{y}) = 9000 \ ,$$

$$\sum_{i=1}^{20} (x_i - \bar{x})(y_i - \bar{y}) = 800 \ 。$$

（1）求该地区这种野生动物数量的估计值（这种野生动物数量的估计值等于样区这种野生动物数量的平均数乘以地块数）；

（2）求样本 $(x_i, y_i)$ $(i = 1, 2, \cdots, 20)$ 的相关系数（精确到 0.01）；

（3）根据现有统计资料，各地块间植物覆盖面积差异很大，为提高样本的代表性以获得该地区这种野生动物数量更准确的估计，请给出一种你认为更合理的抽样方法，并说明理由。

附：相关系数 $r = \dfrac{\sum_{i=1}^{n} (x_i - \bar{x})(y_i - \bar{y})}{\sqrt{\sum_{i=1}^{n} (x_i - \bar{x})^2 \sum_{i=1}^{n} (y_i - \bar{y})^2}}$，$\sqrt{2} = 1.414$。

答案：（1）由已知得，样本平均数 $\bar{y} = \frac{1}{20} \times 1200 = 60$，从而该地区这种野生动物数量的估计值为 $60 \times 200 = 12000$。

（2）样本 $(x_i, y_i)$（$i = 1, 2, \cdots, 20$）的相关系数

$$r = \frac{\sum\limits_{i=1}^{n}(x_i - \bar{x})(y_i - \bar{y})}{\sqrt{\sum\limits_{i=1}^{n}(x_i - \bar{x})^2 \sum\limits_{i=1}^{n}(y_i - \bar{y})^2}} = \frac{80}{\sqrt{80 \times 9000}} = \frac{2\sqrt{2}}{3} \approx 0.94。$$

（3）分层抽样：根据植物覆盖面积的大小对地块分层，再对 200 个地块进行分层抽样。理由如下：由（2）知各样区的这种野生动物数量与植物覆盖面积有很强的正相关。由于各地块间植物覆盖面积差异很大，从而可知各地块间这种野生动物数量差异也很大，采用分层抽样的方法较好地保持了样本结构与总体结构的一致性，提高了样本的代表性，从而可以获得该地区这种野生动物数量更准确的估计。

**典例 18 – 2：**《选择性必修第三册》第 132 页例 3

某儿童医院用甲、乙两种疗法治疗小儿消化不良，采用有放回简单随机抽样的方法对治疗情况进行检查，得到了如下数据：抽到接受甲种疗法的患儿 67 名，其中未治愈 15 名，治愈 52 名；抽到接受乙种疗法的患儿 69 名，其中未治愈 6 名，治愈 63 名。试根据小概率值 $\alpha = 0.005$ 的独立性检验，分析乙种疗法的效果是否比甲种疗法好。

答案：零假设为 $H_0$：疗法与疗效独立，即两种疗法效果没有差异。

将所给数据进行整理，得到两种疗法治疗数据的列联表如表 18 – 1 所示：

表 18 – 1

| 疗法 | 疗效 | | 合计 |
| --- | --- | --- | --- |
| | 未治愈 | 治愈 | |
| 甲 | 15 | 52 | 67 |
| 乙 | 6 | 63 | 69 |
| 合计 | 21 | 115 | 137 |

根据列联表中的数据，经计算得到

$\chi^2 \approx 4.881 < 7.879 = x_{0.005}$，

根据小概率值 $\alpha = 0.005$ 的独立性检验，没有充分证据推断 $H_0$ 不成立。因

此可以认为 $H_0$ 成立，即认为两种疗法效果没有差异。

引申：《选择性必修第三册》第139页复习参考题8复习巩固第3题

根据分类变量 $x$ 与 $y$ 的成对样本数据，计算得到 $\chi^2 = 2.974$，依据 $\alpha = 0.005$ 的独立性检验，结论为（　　）

A. 变量 $x$ 与 $y$ 不独立

B. 变量 $x$ 与 $y$ 不独立，这个结论犯错误的概率不超过 0.05

C. 变量 $x$ 与 $y$ 独立

D. 变量 $x$ 与 $y$ 独立，这个结论犯错误的概率不超过 0.05

答案：C。

【独立性检验是通过假设分类变量独立，根据题意完成列联表，根据表中数据求出 $\chi^2$ 值，与临界值表中数据对比得出结论】

高考链接：2020 年·新课标全国卷三·18

某学生兴趣小组随机调查了某市 100 天中每天的空气质量等级和当天到某公园锻炼的人次，整理数据得到表 18 - 2（单位：天）：

表 18 - 2

| 空气质量等级 ＼ 锻炼人次 | [0，200] | (200，400] | (400，600] |
|---|---|---|---|
| 1（优） | 2 | 16 | 25 |
| 2（良） | 5 | 10 | 12 |
| 3（轻度污染） | 6 | 7 | 8 |
| 4（中度污染） | 7 | 2 | 0 |

（1）分别估计该市一天的空气质量等级为 1，2，3，4 的概率；

（2）求一天中到该公园锻炼的平均人次的估计值（同一组中的数据以该组区间的中点值为代表）；

（3）若某天的空气质量等级为 1 或 2，则称这天"空气质量好"；若某天的空气质量等级为 3 或 4，则称这天"空气质量不好"。根据所给数据，完成下面的 2×2 列联表（如图 18 - 3 所示），并根据列联表，判断是否有 95% 的把握认为一天中到该公园锻炼的人次与该市当天的空气质量有关？

表 18 – 3

|  | 人次≤400 | 人次 >400 |
|---|---|---|
| 空气质量好 |  |  |
| 空气质量不好 |  |  |

附：$K^2 = \dfrac{n(ad - bc)^2}{(a + b)(c + d)(a + c)(b + d)}$，如表 18 – 4 所示数据。

表 18 – 4

| $P(K^2 \geqslant k)$ | 0.050 | 0.010 | 0.001 |
|---|---|---|---|
| $k$ | 3.841 | 6.635 | 10.828 |

答案：（1）由所给数据，该市一天的空气质量等级为 1，2，3，4 的概率的估计值如表 18 – 5 所示：

表 18 – 5

| 空气质量等级 | 1 | 2 | 3 | 4 |
|---|---|---|---|---|
| 概率的估计值 | 0.43 | 0.27 | 0.21 | 0.09 |

（2）一天中到该公园锻炼的平均人次的估计值为

$\dfrac{1}{100} \times (100 \times 20 + 300 \times 35 + 500 \times 45) = 350$。

（3）根据所给数据，可得 2×2 列联表如表 18 – 6 所示：

表 18 – 6

|  | 人次≤400 | 人次 >400 |
|---|---|---|
| 空气质量好 | 33 | 37 |
| 空气质量不好 | 22 | 8 |

根据列联表得，$K^2 = \dfrac{100 \times (33 \times 8 - 22 \times 37)^2}{55 \times 45 \times 70 \times 30} \approx 5.820$。

由于 5.820 > 3.840，故有 95% 的把握认为一天中到该公园锻炼的人次与该市当天的空气质量有关。